COORDENADOR
PAULO CÉSAR BUSATO

LEI ANTITERROR ANOTADA
LEI 13.260 DE 16 DE MARÇO DE 2016

2018 © Editora Foco
Coordenador: Paulo César Busato
Autores: Acácio Miranda da Silva Filho, Alex Wilson Duarte Ferreira, Alexey Choi Caruncho, Andressa Paula de Andrade, Bruno Augusto Vigo Milanez, Bruno Augusto Vigo Milanez, Décio Franco David, Evandro Vinicius Leonel dos Santos, Gabriel Rodrigues de Carvalho, Giulliana Gadelha Pereira, Gustavo Britta Scandelari, Leonardo Henriques da Silva, Luiza Borges Terra, Marion Bach, Patrícia Possatti Ferrigolo, Paulo Cesar Busato, Pedro Fauth Manhães Miranda, Pedro Luciano Evangelista Ferreira, Priscilla Placha Sá, Priscilla Conti Bartolomeu e Rodrigo Jacob Cavagnari
Diretor Acadêmico: Leonardo Pereira
Editor: Roberta Densa
Assistente Editorial: Paula Morishita
Capa Criação: Leonardo Hermano
Diagramação e Revisão: Victor Silva Busato
Impressão miolo e capa: Gráfica EXPRESSÃO E ARTE

Dados Internacionais de Catalogação na Publicação (CIP)
Vagner Rodolfo CRB-8/9410

L525

Lei Antiterror Anotada: Lei 13.260 de 16 de março de 2016 / Acácio Miranda da Silva Filho ... [et al.] ; organizado por Paulo Cesar Busato. - Indaiatuba, SP : Editora Foco, 2018.

Vários autores.

ISBN: 978-85-8242-222-9

1. Direito. 2. Leis. 3. Lei Antiterror. I. Silva Filho, Acácio Miranda da. II. Ferreira, Alex Wilson Duarte. III. Caruncho, Alexey Choi. IV. Andrade, Andressa Paula de. V. Milanez, Bruno Augusto Vigo. VI. David, Décio Franco. VII. Santos, Evandro Vinicius Leonel dos. VIII. Carvalho, Gabriel Rodrigues de. IX. Pereira, Giulliana Gadelha. X. Scandelari, Gustavo Britta. XI. Silva, Leonardo Henriques da. XII. Terra, Luiza Borges. XIII. Bach, Marion. XIV. Ferrigolo, Patrícia Possatti. XV. Busato, Paulo Cesar. XVI. Miranda, Pedro Fauth Manhães. XVII. Evangelista, Pedro Luciano. XVIII. Sá, Priscilla Placha. XIX. Bartolomeu, Priscilla Conti. XX. Cavagnari, Rodrigo Jacob. XXI. Título.

2017-623   CDD 340   CDU 34

Índices para Catálogo Sistemático:
1. Direito 340   2. Direito 34

DIREITOS AUTORAIS: É proibida a reprodução parcial ou total desta publicação, por qualquer forma ou meio, sem a prévia autorização da Editora FOCO, com exceção do teor das questões de concursos públicos que, por serem atos oficiais, não são protegidas como Direitos Autorais, na forma do Artigo 8º, IV, da Lei 9.610/1998. Referida vedação se estende às características gráficas da obra e sua editoração. A punição para a violação dos Direitos Autorais é crime previsto no Artigo 184 do Código Penal e as sanções civis às violações dos Direitos Autorais estão previstas nos Artigos 101 a 110 da Lei 9.610/1998. Os comentários das questões são de responsabilidade dos autores.

NOTAS DA EDITORA:

Atualizações e erratas: A presente obra é vendida como está, atualizada até a data do seu fechamento, informação que consta na página II do livro. Havendo a publicação de legislação de suma relevância, a editora, de forma discricionária, se empenhará em disponibilizar atualização futura.

Bônus ou Capítulo On-line: Excepcionalmente, algumas obras da editora trazem conteúdo no *on-line*, que é parte integrante do livro, cujo acesso será disponibilizado durante a vigência da edição da obra.

Erratas: A Editora se compromete a disponibilizar no site www.editorafoco.com.br, na seção Atualizações, eventuais erratas por razões de erros técnicos ou de conteúdo. Solicitamos, outrossim, que o leitor faça a gentileza de colaborar com a perfeição da obra, comunicando eventual erro encontrado por meio de mensagem para contato@editorafoco.com.br. O acesso será disponibilizado durante a vigência da edição da obra.

Impresso no Brasil (11.2017) – Data de Fechamento (10.2017)

2018
Todos os direitos reservados à
Editora Foco Jurídico Ltda.
Al. Júpiter 542 – American Park Distrito Industrial
CEP 13347-653 – Indaiatuba – SP
E-mail: contato@editorafoco.com.br
www.editorafoco.com.br

AUTORES

Acácio Miranda da Silva Filho

Mestre em Direito Penal pela Universidade de Granada/Espanha, especialista em Processo Penal pela Escola Paulista da Magistratura, em Direito Penal pela Escola Superior do Ministério Público do Estado de São Paulo, em Política Criminal pela Universidade de Salamanca/Espanha e em Direito Penal Econômico pela Universidade de Coimbra/Portugal. Professor na Unifmu, no Getussp, Federal Concursos, Focus e Puc/Poços. Membro do Conselho Superior do Direito da Fecomercio, Conselheiro Editorial do Ibccrim e Conselheiro do Instituto Brasileiro da Advocacia Pública. Advogado Criminalista.

Alex Wilson Duarte Ferreira

Assessor Jurídico do Ministério Público do Estado do Paraná.

Alexey Choi Caruncho

Doutorando em Ciências Jurídicas e Políticas pela Universidade Pablo de Olavide (Sevilha/Espanha) e mestre em Criminologia e Ciências Forenses pela mesma Instituição e em Ciências Sociais Aplicadas pela Universidade Estadual de Ponta Grossa/PR. É especialista em Direito Penal Econômico e Empresarial pela Universidade de Castilla-La Mancha (Toledo/Espanha) e em Direito Penal Econômico e Europeu pela Universidade de Coimbra (Coimbra/Portugal). É Promotor de Justiça no Estado do Paraná e Professor da Fundação Escola do Ministério Público do Estado do Paraná (FEMPAR);
alexey_sp@hotmail.com.

Andressa Paula de Andrade

Especialista em Ciências Penais pela Universidade Estadual de Maringá. Bacharela em Direito pela Universidade Estadual de Maringá. Membro do Núcleo de Estudos Penais (NEP/UEM) e do Núcleo de Estudos em Direito e Ambiente (NEAMBI/UEM). Membro do Grupo Modernas Tendências do Sistema Criminal (GMTSC/FAE). Advogada.

Bruno Augusto Vigo Milanez

Especialista em Direito Penal e Criminologia (ICPC/UFPR). Mestre e Doutorando em Direito Processual Penal (UFPR). Professor dos Cursos de Graduação em Direito da Unibrasil e Uninter. Professor convidado dos cursos de especialização em Direito Penal e Processual Penal da Abdconst, Curso Luiz Carlos e CESUL. Advogado;
bruno@mfadvocacia.adv.br

Décio Franco David

Doutorando em Ciência Jurídica pela Universidade Estadual do Norte do Paraná (UENP). Mestre em Direito Penal pela Universidade de São Paulo (USP). Mestre em Ciência Jurídica pela Universidade Estadual do Norte do Paraná (UENP). Pós-graduado em Gestão de Direito Empresarial pela FAE Centro Universitário. Graduado em Direito pela Universidade Estadual de Ponta Grossa (UEPG). Professor Substituto de Direito Penal da Universidade Federal do Paraná (UFPR). Professor de Direito Penal da Faculdade de Educação Superior do Paraná (FESP). Professor de diversos cursos de Pós-graduação lato sensu em Direito Penal e Processual Penal. Membro do Grupo de Estudos Modernas Tendências do Sistema Criminal – FAE. Membro do Instituto Brasileiro de Direito Penal Econômico (IBDPE). Advogado. contato@professordeciodavid.com

Evandro Vinicius Leonel dos Santos

Graduado em Direito pela Universidade Federal do Paraná. Estagiário de pós-graduação do Ministério Público do Estado do Paraná.

Gabriel Rodrigues de Carvalho

Advogado (OAB/PR). Pós-graduado em Direito Penal e Processual Penal pela UniCuritiba. Graduado em Direito pelo Centro Universitário Franciscano – UniFAE.

Giulliana Gadelha Pereira

Acadêmica de direito da Universidade Federal do Paraná – UFPR.

Gustavo Britta Scandelari

Mestre em Direito pela UFPR. Professor de Direito Penal do do Centro Universitário Curitiba (UNICURITIBA). Advogado.

Leonardo Henriques da Silva

Mestre e Doutorando em Direito Penal pela USP; Pós-Graduado em Direito Penal Econômico e em Direitos Fundamentais pela Universidade de Coimbra; Especialista em Direito Penal e em Direito Público pela Escola Superior do Ministério Público - SP; Membro do Grupo Modernas Tendências do Sistema Criminal (GMTSC/FAE). Advogado e professor universitário.

Luiza Borges Terra

Doutoranda em Ciências Jurídicas e Políticas pela Universidade Pablo de Olavide (Sevilha/Espanha) e mestre em Criminologia e Ciências Forenses pela mesma Instituição. É advogada no Estado do Paraná e Professora do Centro Universitário Filadélfia - UNIFIL. Membro do Grupo de Estudos Modernas Tendências do Sistema Criminal – FAE e Parecerista da Revista Brasileira de Ciências Criminais

- RBCCRIM;
luizaborgesterra@gmail.com

Marion Bach
Mestre em Direito do Estado pela Universidade Federal do Paraná. É especialista em Direito Penal e Processual Penal pelo Centro Universitário Curitiba (UNICURITIBA). É Advogada Criminal e Professora na graduação e na pós-graduação do Centro Universitário Curitiba (UNICURITIBA) e da UNIFAE; *marionbach@gmail.com.*

Patrícia Possatti Ferrigolo

Graduada em Direito pela Universidade Luterana do Brasil - ULBRA. Especialista em Direito Penal e Processo Penal pela Fundação Escola Superior do Ministério Público – FMP/RS. Especialista em Direito Tributário, com formação para o Magistério Superior, pela Universidade Anhanguera. Advogada. Professora do curso de Direito, do Centro de Ensino Superior dos Campos Gerais - CESCAGE.

Paulo Cesar Busato
Professor de Direito penal da Graduação, Mestrado e Doutorado da Universidade Federal do Paraná, Chefe do Departamento de Direito penal e Processual Penal da Universidade Federal do Paraná, Professor de Graduação da UNIFAE/Centro Universitário Franciscano, Procurador de Justiça do Ministério Público do Paraná, Doutor em Problemas atuais do Direito penal pela Universidad Pablo de Olavide, Sevilha, Espanha, Coordenador do Grupo de Pesquisas Modernas Tendências do Sistema Criminal, membro do Conselho Científico de Pós-Graduação da Universidade de Toledo, Espanha, Membro do Conselho Científico do CEDPAL – Centro de Estudos de Direito penal Latinoamericano da Georg-August Universität, de Göttingen, Alemanha.

Pedro Fauth Manhães Miranda
Graduado em Direito pela Universidade Estadual de Londrina - UEL. Graduando em Ciência Política pelo Centro Universitário Internacional - UNINTER. Mestre em Ciências Sociais Aplicadas pela Universidade Estadual de Ponta Grossa - UEPG. Professor do curso de Direito da Faculdade Santa Amélia - SECAL.

Pedro Luciano Evangelista Ferreira
Graduado em Direito pela Universidade Estadual de Ponta Grossa. Mestre em Ciências Penais (Criminologia e Direito Penal) pela Universidade Cândido Mendes-RJ. Atualmente é Advogado, Coach para Concursos Públicos e Professor da Escola da Magistratura do Paraná (EMAP), do Curso Preparatório Prof. Luiz Carlos, do Curso APROVA Concursos e da FESP (Faculdade de Educação Superior do Paraná), além outros cursos de Pós-Graduação e preparatórios para Concursos Públicos. Tem experiência na área de Direito, com ênfase em Direito Penal, atuando

principalmente nos seguintes temas: Concursos Públicos, Direito Penal Econômico e Criminologia Crítica. Membro do Conselho Editorial da revista indexada Panóptica (ISSN 1980-7775) e do Grupo de Estudos Modernas Tendências do Sistema Criminal – FAE.

Priscilla Placha Sá

Doutora em Direito do Estado pela UFPR. Professora Adjunta de Direito Penal da PUCPR e da UFPR (graduação). Vice-Chefe do Departamento de Direito Penal e Processual Penal da UFPR (2015-2016). Professora da Pós-graduação lato sensu da PUCPR e da Universidade Positivo. Professora do Mestrado em Direitos Humanos e Políticas Públicas da PUCPR. Coordenadora do Projeto de Extensão Igualdade e Gênero: enfrentando a violência contra a mulher. Membro do Grupo de Estudos Modernas Tendências do Sistema Criminal – FAE. Vice-Coordenadora do Núcleo de Criminologia e Política Criminal da UFPR. Advogada. Presidente da Comissão de Defesa das Prerrogativas Profissionais da OABPR (2016-2018).

Priscilla Conti Bartolomeu

Acadêmica de Direito da Faculdade de Direito da Universidade Federal do Paraná (UFPR). Bolsista do Projeto de Extensão Igualdade e Gênero: enfrentando a violência contra a mulher. Membro do Grupo de Estudos Modernas Tendências do Sistema Criminal - FAE. Membro do Grupo de Estudos Antígona e do Núcleo de Criminologia e Política Criminal, ambos da UFPR.

Rodrigo Jacob Cavagnari

Assessor jurídico do Ministério Público do Estado do Paraná. Graduado em Direito pela Universidade Estadual de Ponta Grossa (UEPG).

Sumário

Art. 1º. 9
por Alex Wilson Duarte Ferreira, Alexey Choi Caruncho,
Gustavo Britta Scandelari e Rodrigo Jacob Cavagnari

Art. 2º, caput e § 1º. 20
por Décio Franco David, Evandro Vinicius Leonel dos Santos, Giulliana Gadelha Pereira,
Marion Bach, Priscilla Conti Bartolomeu e Priscilla Placha Sá

Art. 2, § 2º. 54
por Patrícia Possatti Ferrigolo

Art. 2, § 2º. 57
por Priscilla Placha Sá

Art. 2, § 2º. 58
por Pedro Fauth Manhães Miranda

Art. 2, § 2º. 66
por Priscilla Conti Bartolomeu e
Priscilla Placha Sá

Art. 2, § 2º. 73
por Patrícia Possatti Ferrigolo

Art. 2, § 2º. 77
por Marion Bach

Art. 3º. 81
por Décio Franco David e Luiza Borges Terra

Art. 5º. 89
por Paulo César Busato

Art. 6º, caput...102
por Andressa Paula de Andrade e
Leonardo Henriques da Silva

Art. 6º, parágrafo único.................................111
por Andressa Paula de Andrade e
Leonardo Henriques da Silva

Art. 7º. 114
por Priscilla Placha Sá

Art. 10...118
por Paulo César Busato

Art. 11...121
por Bruno Augusto Vigo Milanez

Art. 12...144
por Gabriel Rodrigues de Carvalho

Art. 13...154
por Leonardo Henriques da Silva

Art. 14...157
por Leonardo Henriques da Silva

Art. 15...159
por Acácio Miranda da Silva Filho

Art. 16...164
por Acácio Miranda da Silva Filho

Art. 17...171
por Acacio Miranda da Silva Filho e
Pedro Luciano Evangelista Ferreira

Art. 18...179
por Gabriel Rodrigues de Carvalho

Art. 19...181
por Paulo César Busato

Referencias Bibliograficas 183

Art. 1º.
Esta Lei regulamenta o disposto no inciso XLIII do art. 5º da Constituição Federal, disciplinando o terrorismo, tratando de disposições investigatórias e processuais e reformulando o conceito de organização terrorista.

por Alex Wilson Duarte Ferreira, Alexey Choi Caruncho, Gustavo Britta Scandelari e Rodrigo Jacob Cavagnari

1. Constituição e Direito Penal.

As Constituições contemporâneas desempenham um papel central no ordenamento jurídico. Elas passam a ser enxergadas como a encarnação dos valores superiores da comunidade política, fundantes de todo o sistema jurídico-normativo[1]. No Brasil, a constitucionalização do Direito é uma realidade e repercute no âmbito do Direito Penal. A Constituição representa a primeira manifestação legal da política penal[2], prevê um amplo catálogo de garantias e impõe ao legislador o dever de criminalizar determinadas condutas (mandados de criminalização)[3]. Imperioso, portanto, contextualizar o Direito Penal no território constitucional, porquanto, a partir daí partirão as bases legitimadoras de sua operacionalização[4].

2. Constituição e mandados de criminalização.

Os mandados de criminalização expressam, no campo jurídico-penal, os deveres estatais de proteção. Delineiam-se, *ipso facto*, como uma projeção da dimensão objetiva dos direitos fundamentais. Garantem, assim, tanto a legitimidade quanto a necessidade constitucional de uma proteção normativa de índole jurídico-penal de um determinado bem jurídico. O conteúdo dele é um comando genérico de tutela penal a determinado valor constitucional; não define os preceitos primário e secundário do tipo penal incriminador. O objeto do mandado de criminalização constitucional retrata uma obrigação de caráter positivo: *legislador, crie a norma incriminadora*. Ao mesmo tempo, delimita, de um lado, um limite garantista intransponível e, de outro, um conteúdo mínimo irrenunciável de coerção[5].

---

1 SARMENTO, Daniel; SOUZA NETO, Cláudio Pereira de. *Direito constitucional: teoria, história e métodos de trabalho.* 2 ed. Belo Horizonte: Fórum, 2014, p. 43.
2 ZAFFARONI, Eugenio Raúl; PIERANGELI, José Henrique. *Manual de direito penal brasileiro: parte geral.* 5 ed. São Paulo: Revista dos Tribunais, 2004, p. 132.
3 BARROSO, Luís Roberto. *Curso de direito constitucional contemporâneo: os conceitos fundamentais e a construção do novo modelo.* 3 ed. São Paulo: Saraiva, 2011, p. 401.
4 FELDENS, Luciano. Constituição e direito penal: o legislador entre a proibição, a legitimidade e a obrigação de penalizar. *In:* SCHMIDT, Andrei Zenkner (Coord.). *Novos rumos do direito penal contemporâneo: livro em homenagem ao Prof. Dr. Cezar Roberto Bitencourt.* Rio de Janeiro: Lumen Juris, 2006, p. 376.
5 FELDENS, Luciano. Comentário ao artigo 5º, inciso XLIII. *In:* CANOTILHO, J.J. Gomes; MENDES, Gilmar F.; SARLET, Ingo W.; STRECK, Lenio L. (Coords.). *Comentários à Constituição do Brasil.* São Paulo: Saraiva/Almedina, 2013, pp. 1450-1451.

3. Art. 5°, XLIII, CR/88 (origem).

Essa síntese explica a origem do art. 5º, XLIII, da CR/88[6], veiculada pelo poder constituinte originário: *"No seio da Assembleia Nacional Constituinte, dois grupos políticos aparentemente antagônicos (porém essencialmente unidos na crença de que a criminalização severa de uma conduta constitua um expediente eficaz para evitá-la) propunham obrigações constitucionais de criminalização. Um desses grupos, pela esquerda, sensibilizado pelo preconceito e pelas discriminações raciais entranhadas na formação social brasileira, e também pela inauguração do ciclo político que então se encerrava através de um golpe de estado, ao longo de cujo regime pessoas que por sua classe e condição historicamente estariam isentas da tortura para fins de investigação, resolveu propor a criminalização, sob cláusulas duras, das manifestações de racismo, da quartelada e da tortura. O outro grupo, pela direita, reagiu, propondo que às mesmas cláusulas duras se sujeitassem a luta revolucionária, referida através do emprego da expressão corrente 'terrorismo', o tráfico de drogas ilícitas e alguns crimes comuns particularmente graves, optando-se afinal pela designação – até então estranha ao discurso jurídico-penal e ao discurso criminológico – de 'crimes hediondos'.[7]"*

4. Art. 5°, XLIII, CR/88 (mandado de criminalização).

A norma do art. 5º, XLIII, da CR/88 expressa um comando claro: *legislador, edite uma lei que dificulte a situação daqueles que cometeram o crime de terrorismo.* Lastreado nesta premissa, com a edição da Lei n. 13.260, de 16 de março de 2016, o legislador buscou atender a ordem contida no referido mandado de criminalização, criando tipos penais que regulam a conduta de terrorismo. Não é demais recordar que, até então, havia uma polêmica acerca da existência ou não da tipificação do terrorismo, envolvendo tanto o art. 20 da Lei n. 7.170/83 – que, em tese, criminalizava a vaga expressão *"atos de terrorismo"* –, quanto o art. 1º, § 4º, da Lei n. 10.744/03. Neste sentido, o Supremo Tribunal Federal já havia se manifestado pela inexistência daquela tipificação penal, especialmente a partir de julgamento em 2014 da Questão de Ordem na Prisão Preventiva para Extradição n. 730, de relatoria do Min. Celso de Mello; um fator que, inclusive, viria a determinar o não conhecimento do pedido, por ausência do requisito da dupla tipicidade (ou dupla incriminação).

5. Art. 5°, XLIII, CR/88 (âmbito de proteção).

Além da criminalização do terrorismo, o constituinte predefiniu um regime penal mais rigoroso (*insuscetíveis de fiança, graça e anistia*). Especificamente em relação à abrangência do conceito de *terrorismo* e de sua extensão ao *crime*

---

6   Art. 5o, XLIII - a lei considerará crimes inafiançáveis e insuscetíveis de graça ou anistia a prática da tortura, o tráfico ilícito de entorpecentes e drogas afins, o terrorismo e os definidos como crimes hediondos, por eles respondendo os mandantes, os executores e os que, podendo evitá-los, se omitirem".

7   ZAFFARONI, Eugenio Raúl; BATISTA, Nilo; ALAGIA, Alejandro; SLOKAR, Alejandro. *Direito penal brasileiro:* teoria geral do direito penal. Vol. 1. 2 ed. Rio de Janeiro: Revan, 2003, pp. 331-322.

político, manifestou-se o Supremo Tribunal Federal de forma positiva[8], conforme se observa do julgamento da Extradição n. 855, de relatoria do Min. Celso de Mello. A vida, a dignidade humana, a segurança, a paz dos cidadãos e das sociedades organizadas seriam apontadas como as *objetividades jurídicas de tutela da norma*, que, nas diversas manifestações de violência, estariam colocadas sob risco, individual ou coletivo[9]. Acerca do *bem jurídico tutelado*, ver comentários dos tipos penais individualmente enfrentados nesta obra.

6. Criminalização do terrorismo (argumentos estatais).

A edição da Lei n. 13.260, de 16 de março de 2016 se fez acompanhar de uma justificativa formal afeta à sua criação. Subscrita pelos então Ministros José Eduardo Martins Cardozo e Joaquim Vieira Ferreira Levy, esta *justificativa* lastreia-se, dentre outros, nos seguintes aspectos: (*i*) as organizações terroristas caracterizaram-se nos últimos anos em uma das maiores ameaças para os direitos humanos e o fortalecimento da democracia; (*ii*) o Brasil deve estar atento aos fatos ocorridos no exterior, em que pese nunca ter sofrido nenhum ato em seu território; (*iii*) deve haver a proteção do indivíduo, da sociedade como um todo, bem como seus diversos segmentos, sejam eles social, racial, religioso, ideológico, político ou de gênero.

7. Criminalização do terrorismo (argumentos jurídicos).

O terrorismo é a mais recente erupção de um problema social persistente: o conflito armado internacional[10]. Neste sentido, coloca-se em perigo a manutenção da paz e da segurança nacional e internacional e, não por outra razão, acaba sendo abordado tanto por regras de Direito Penal nacional, quando de Direito Penal internacional. Como assinala Peter Häberle, uma das características de um Estado Constitucional Cooperativo é a atividade solidária estatal, na cooperação para além dos limites fronteiriços, dentre elas, a luta contra o terrorismo[11]. Nesses termos, o Estado Democrático de Direito deve combater todas as formas de terrorismo, para garantir a democracia constitucional e dar efetividade aos direitos fundamentais.

O repúdio ao terrorismo, ademais, afigura-se como um compromisso ético-jurídico assumido também pelo Estado brasileiro. De modo que, além da efetivação de um mandado de criminalização previsto no art. 5º, XLIII, da CR/88, com o advento da Lei n. 13.260/16, a República Federativa do Brasil coloriu de sentido a norma contida no art. 4º, VIII, da CR/88, atendendo a um só tempo tanto à Convenção Internacional sobre a Supressão de Atentados Terroristas com Bombas (1998), quanto à Convenção Interamericana contra o Terrorismo (2002),

---

8   MENDES, Gilmar Ferreira. *Direitos fundamentais e controle de constitucionalidade*. 4 ed. São Paulo: Saraiva, 2012, p. 398.
9   FELDENS, Luciano. *Comentário ao artigo 5º, inciso XLIII*, pp.1483-1484.
10   YOO, John, HO, James C. The Status of Terrorists. In: *Virginia Journal of International Law*, Agosto/2003, p. 1.
11   HÄBERLE, Peter. *Estado constitucional cooperativo*. Trad. Marcos Augusto Maliska e Elisete Antoniuk. Rio de Janeiro: Renovar, 2007, pp. 70-71.

diplomas nos quais figura como uma das signatárias.

Acentue-se que a Organização das Nações Unidas tem exercido uma significativa influência sobre as ações dos Estados, com foco no debate de ações de respostas ao terrorismo e em um número de instrumentos internacionais que constituam um estímulo para que os Estados apresentem respostas ao terrorismo por intermédio de seus respectivos regimes jurídicos nacionais. Um dos mais importantes instrumentos, neste sentido, é a Resolução n.º 1.373 da *United Nations Security Council (2001)*, a qual determina que os Estados-parte deverão *"prevenir e suprimir o financiamento de atos terroristas, criminalizando a concessão de fundos que possam ser utilizados para a realização de atos terroristas"*[12]. Foi esta mesma Resolução que criou o *Comitê de Combate ao Terrorismo* para monitorar ações nessa matéria e receber relatórios dos Estados sobre as medidas tomadas. Cumpre, por isso, aos Estados o fiel cumprimento dos tratados de direitos humanos por eles ratificados, *ex vi* do núcleo inderrogável de tais tratados[13].

8. Criminalização do terrorismo (argumentos supranacionais).

Outro fator que impulsionou o advento da Lei n. 13.260/16 foi a crescente adesão de vários países a um movimento que se pode chamar de *compliance* internacional, isto é, uma busca pela possibilidade de livre troca de informações – preponderantemente financeiras – entre governos de nacionalidades distintas. O resultado seria a obtenção de um ambiente de transações comerciais transparentes e, por isso, mais seguro. Em março de 2010, os Estados Unidos aprovaram a lei conhecida como *Foreign Account Tax Compliance Act* (FATCA), cujo principal objeto está na fiscalização e repressão a cidadãos e empresas que mantenham, clandestinamente, valores no exterior. Essa lei permite, inclusive, que o governo dos EUA aplique sanções a instituições financeiras estrangeiras que não colaborem com o fornecimento de informações sobre movimentações bancárias de pessoas físicas ou jurídicas norte-americanas. A lei prevê, ainda, a possibilidade de que outros países contribuam com a formação desse ambiente, implementando o FATCA dentro de seus limites domésticos ao firmar o *Intergovernmental Agreement* (IGA) com os EUA. Um legítimo acordo internacional.

Em agosto de 2015, o Brasil promulgou o Decreto n. 8.506, implementando, em nosso ordenamento, o FATCA. A partir daí, ambos os países se comprometeram a trocar informações relevantes, inclusive automaticamente, para fins tributários. De acordo com a Receita Federal brasileira, *"o Acordo está inserido no contexto de um esforço mundial, liderado pelo G-20, de combate a práticas de erosão da base tributária e transferência de lucros. A iniciativa de intercâmbio automático de informações tributárias, inclusive financeiras, lançada à discussão no cenário*

---

12 GOLDER, Ben; WILLIAMS, George. What is "Terrorism"? Problems of Legal Definition. In: *University of New South Wales Law Journal*, Vol. 27, n. 2, 2004, p. 275.

13 PIOVESAN, Flávia. Comentário ao artigo 4º, inciso VIII. In: CANOTILHO, J.J. Gomes; MENDES, Gilmar F.; SARLET, Ingo W.; STRECK, Lenio L. (Coords.). *Comentários à Constituição do Brasil*. São Paulo: Saraiva/Alme-dina, 2013, p. 626-629.

internacional pela instituição do FATCA e dos respectivos IGA, converteu-se no novo padrão global de transparência e intercâmbio de informações, como se pode ver no mais recente comunicado do G-20, por intermédio dos seus Ministros de Fazenda e Presidentes de Banco Central (Sidney, fevereiro de 2014)."[14] Nesse mesmo sentido, a *Organisation for Economic Co-operation and Development* (OECD) e o *Fórum Global sobre Transparência e Intercâmbio de Informações para Fins Tributários* estão divulgando a chamada *Automatic Exchange of Information* (AEOI), que figura como uma ferramenta de suporte *online* para os interessados em se preparar para a troca internacional de informações de cunho tributário.

Neste contexto de *transparência internacional*, o Brasil promulga a Lei n. 13.254, de 13 de janeiro de 2016. Trata-se de outra tentativa de se criar e solidificar a conformidade da economia brasileira com as normas internacionais mais recentes, agora sob o ponto de vista cambiário. Pela oferta de benefícios tributários e criminais aos cidadãos que cumpram com determinados requisitos legais, nota-se que o governo brasileiro almeja não apenas arrecadar fundos, mas, igualmente, informações de valores, contas bancárias, patrimônio e nomes de titulares de ativos em outros países. Esse mecanismo legal já existia em diversos outros países, como Estados Unidos, México, Canadá, Argentina, Alemanha, Itália, dentre outros.

É evidente que, ao promulgar leis que estejam *pari passu* com as normas de segurança fiscal, financeira e patrimonial exigidas pela comunidade internacional o Brasil visa, politicamente, conquistar a imagem de economia sólida, segura e, portanto, atraente para investidores estrangeiros, especialmente daqueles grupos empresariais multinacionais e fundos de investimentos. A aprovação da Lei Antiterror, neste sentido, representaria um instrumento que faltava, já que a segurança do mercado depende não apenas de reguladores econômicos, mas também sociais e de cunho criminal expressos. Nota-se que esses itens legislativos, em seu conjunto, se complementam harmonicamente: a exigência de clareza na trilha que o dinheiro persegue entre contas bancárias ao redor do mundo também tende a facilitar a investigação de crimes graves praticados por grupos terroristas – desde que, por óbvio, a repressão ao crime de terrorismo esteja expressa em lei.

9. Criminalização do terrorismo (argumentos de ciência política).

A teoria jurídica de distúrbios políticos internacionais se encontra no relacionamento de três pontos: a existência de um grupo oprimido, de Estados de suporte e de Estados de opressão. Os *Estados de suporte* promovem objetivos políticos de grupos oprimidos, enquanto que os Estados de opressão os rejeitam. Quando demandas de um determinado grupo são ignoradas, esse termina por direcionar sua violência contra cidadãos e propriedades do Estado opressor. Como

---

14 Notícia *"Acordo Brasil/EUA permitirá troca de informações sobre contribuintes"*, da página do Ministério da Fazenda, Receita Federal do Brasil, seção Notícias (institucional), na Internet. Disponível em <http://idg. receita.fazenda.gov.br/noticias/ascom/2015/agosto/acordo-brasil-eua-permitira-troca-de-informacoes-so-bre-contribuintes>. Acesso em 19 jul. 2016.

nem os *Estados de suporte* nem os *Estados de opressão* conseguem resolver a desordem política, o *grupo lesado* intensifica a sua atividade terrorista. Neste contexto, as *distorções ideológicas* – distintas das manifestações de grupos civis – serão causadas sempre que os grupos revolucionários usarem da violência para registrar a desaprovação a uma ameaça ideológica percebida. Esses distúrbios continuarão a existir a menos que os Estados levem em consideração os princípios do Direito Internacional e se abstenham de apoiar ou de ser coniventes com facções criminosas[15]. Por tais razões, o terrorismo acaba sendo compreendido, politicamente, como o *uso deliberado de violência e intimidação dirigida a um grande público com o fim de coagir uma comunidade ou seu governo para uma concessão, política ou ideológica, de demandas motivadas.*

As principais táticas e metas de curto prazo do terrorismo são (*i*) ganhar publicidade e atenção da mídia; (*ii*) desestabilizar a política existente; (*iii*) prejudicar as economias nacionais. Entre as metas de longo prazo do terrorismo figuram a redistribuição de poder, a influência e a riqueza. Comportamentos táticos terroristas (assassinatos, sequestros de pessoas, etc.) servem para atingir objetivos estratégicos. A violência é, assim, um meio para cumprir os objetivos mais abstratos.

Três tipos de soluções para as questões afetas ao terrorismo são, frequentemente, sugeridos por governos e por acadêmicos: (*i*) todos os terroristas devem ser tratados como criminosos e que punições rígidas devem ser prescritas para todos os atos terroristas; (*ii*) mais tratados de extradição, inclusive no caso de crime político; (*iii*) os Estados que patrocinam o terrorismo devem ser punidos. Adverte-se que, potencialmente, aqueles regimes democráticos frágeis são mais propensos a ataques terroristas. Até porque, a instabilidade política também pode abastecer ataques terroristas[16].

10. Criminalização do terrorismo (argumentos econômicos).

A percepção social, geralmente, relaciona o terrorismo à irracionalidade ou à insanidade. Tal percepção, entretanto, é superficial, enganosa ou, no mínimo, equivocada. Estudos já identificaram a existência de uma estreita correlação entre o *terrorismo* e as *perdas econômicas*[17]. Uma visão econômica sobre o terrorismo assume que os terroristas são atores racionais. A média dos terroristas, neste sentido, se comporta, em tese, como um *homo economicus*, considerando sua resposta e incentivos aos interesses próprios e de racionalidade de suas expectativas. Como atores racionais cometem ações terroristas com o fim de maximizar a sua utilidade, dadas certas vantagens, custos e restrições que estão ligadas a essas ações. O *cálculo* dos terroristas, assim, inclui os seus benefícios marginais e custos. O *nível*

---

15   KHAN, Ali. A Theory of International Terrorism. In: *Connecticut Law Review,* Vol. 19, 1987, p. 13
16   KHAN, Ali. A *Theory of International Terrorism,* p. 9.
17   KAROLYI, George Andrew; MARTELL, Rodolfo. *Terrorism and the Stock Market.* http://dx.doi.org/10.2139/ssrn.823465 (Junho de 2006), p. 16. Os autores observaram a reação de preço das ações de empresas de capital aberto. Concluíram que o valor das ações apresentaram uma perda significativa com ataques terroristas. Acentuaram que as perdas foram maiores quando os ataques terroristas tomam a forma de sequestros e são executados em países com regime democrático.

de maximização de utilidade do terrorismo representa o nível em que os custos marginais são iguais aos benefícios marginais. Enquanto a pacífica cooperação internacional tenta impedir a produção de terrorismo, o terrorismo estaria sendo usado como uma ferramenta econômica em tempos de confronto internacional[18].

11. Criminalização do terrorismo (argumentos contingenciais).

Dentre a infinidade de questões hipotéticas, a referida lei se justifica ainda: *(i)* na orientação do investimento em inteligência, estratégia, prevenção, informação e ações articuladas contra o terrorismo; *(ii)* na medida em que o Estado Brasileiro receberá um evento mundial – Jogos Olímpicos de 2016 no Rio de Janeiro –, cujas proporções figura como um cenário perfeito a ataques terrorista, como conta a história (Munique, 1972). Neste particular, pense-se nas diversas delegações participantes, na quantidade potencial de vítimas e nas notórias falhas de segurança do país; *(iii)* representantes do Ministério da Justiça, do Ministério da Defesa e da Agência Brasileira de Inteligência (ABIN) concluíram a proposta de criação do Comitê Integrado de Enfrentamento ao Terrorismo (CIET), estrutura que reunirá todas as capacidades de prevenção e reação do país contra as ameaças terroristas durante os Jogos Olímpicos; *(iv)* a Associação Brasileira de Inteligência (ABIN) já confirmou a existência de ameaça terrorista em território brasileiro; *(v)* semanas antes do evento olímpico, foi veiculada a notícia de que o Centro Integrado Antiterrorismo (CIANT) teria identificado quatro pessoas comprovadamente relacionadas a grupos terroristas que tentaram obter credenciais para os Jogos Olímpicos.

12. Criminalização do terrorismo (argumentos político-criminais).

Os argumentos até aqui analisados tendem a ser potencializados diante da presença de um contexto político criminal que, por si só, já se mostraria permeável à promulgação da Lei n. 13.260/16. De fato, sem embargo da relevância individual de cada um desses ingredientes, não se pode olvidar que a política criminal na seara do terrorismo insere-se num cenário claro de *precaução* e de *natureza securitária*, inevitavelmente legitimado pelo Moderno Direito Penal e por um contexto sociológico que há algumas décadas vem sendo vivenciado. Afinal, não é de hoje que se denuncia a interface entre a sociedade de risco e o produto legislativo penal[19]. Daí porque, mesmo antes de serem devidamente esclarecidos os contornos de um modelo de *sociedade de prevenção* e seus reflexos para o Direito penal[20], tem início uma paralela identificação de que, independentemente

---

18   MEIERRIEKS, Daniel; KRIEGER, Tim. *What Causes Terrorism?* http://dx.doi.org/10.2139/ssrn.114868, (Junho de 2009), pp. 23-24.

19   Neste sentido, enquanto a denúncia dos contornos da sociedade de risco já estava posta desde a década de oitenta do século passado por BECK, Ulrich. *La sociedad del riesgo: Hacia una nueva modernidade.* Barcelona: Paidós, 1998 (ed. orig. 1986), em especial *Primeira Parte*, foi SILVA SÁNCHEZ, Jesús María. *La expansión del derecho penal: aspectos de la política criminal en las sociedades postindustriales.* Madrid; Montevideo: Edisofer; B de F, 2011 (1ª ed. 1999) quem evidenciou seus reflexos no âmbito político criminal.

20   Uma problemática bem trabalhada por PITCH, Tamar. *La sociedad de la prevención.* Buenos Aires: Ad-Hoc, 2009

de estar dotado de um controle social preventivo, competiria ao Estado adotar uma postura de se *precaver* de certos tipos de comportamentos delitivos, servindo de exemplo aqueles relacionados às figuras identificadas como atos de terrorismo.

Assim, ao tempo em que se assistia a uma intensificação do imperativo da *prevenção*, a questão da *segurança* passou a servir para justificar *tanto políticas de precaução* essencialmente de caráter situacional, quanto *políticas de repressão*, justificadas ainda pelo imperativo da prevenção. Se já sob a perspectiva preventiva passou a existir um evidente e substancial deslocamento para um *direito penal e processual penal do autor*, a retomada do discurso de periculosidade social ao centro do discurso público implicaria numa política tendente a uma definição ainda mais acentuada de grupos sociais que em si mesmos seriam portadores de riscos e perigos para "os bons cidadãos"[21]. Com isto, estaria aberta a possibilidade para uma diferenciação na entrega de *direitos fundamentais* a certos grupos sociais, ignorando-se da imprescindibilidade no reconhecimento global destes direitos como algo inerente a todo e qualquer Estado constitucional[22].

É neste palco que, sem embargo de manter-se no seu tradicional espaço de regência (i.e., no Direito administrativo), a ideia da *precaução* acabaria por impactar de forma cada vez mais frequente a própria configuração do Direito penal. É por isto que, apenas com uma exata compreensão da dimensão do significado desta *precaução*, torna-se possível entender muitas das previsões normativas penais que – não somente no seio da Lei n. 13.260/16, mas em âmbito mundial – passariam a ser cada vez mais corriqueiras em relação ao crime de terrorismo. Afinal, por *precaução* entende-se, justamente, uma aceitação de que o Direito (como estrutura oficial de regulamentação social) possa intervir limitando a liberdade das pessoas, estabelecendo restrições, proibições e, inclusive, prevendo sanções em relação a aquelas condutas sobre as quais exista suspeita ou indícios de que possam gerar a produção de resultados catastróficos e/ou irreversíveis.

Contribui para este contexto, finalmente, uma perspectiva *securitária* que, inevitavelmente, vem acompanhada à toda e qualquer política criminal antiterrorista. Com efeito, fazendo uso de um discurso que auto justifica reformas e apresenta enorme potencial de aceitação social, a ideia central do *argumento securitário* sugere a "identificação de uma causa plausível, real ou construída, de ameaça, de maneira que esta possa ser apresentada publicamente como algo a ser combatido, sendo por isto admitido o uso de meios legais, e inclusive aqueles de discutível legalidade, para a neutralização da ameaça[23].

---

21 PITCH, Tamar. *La sociedad de la prevención*. Buenos Aires: Ad-Hoc, 2009, p. 119.

22 Assim o recorda Luigi Ferrajoli, ao tempo em que reconhece o valor da Constituição como norma voltada à garantia da *separação dos poderes e dos direitos fundamentais de todos*, dois princípios que, não por outro motivo, restaram negados pelo fascismo (FERRAJOLI, Luigi. "Filosofía del mal y garantismo", *in*: FORERO, A.; RIVERA BEIRAS, I.; SILVEIRA, H. C. (Orgs.). *Filosofía del mal y memoria*. Barcelona: Anthropos, 2012, p. 99-125).

23 A respeito do quão permeável se encontra, na atualidade, o discurso securitário, confira-se BÖHM, María Laura. "Securitización", in: AMBOS, K.; BÖHM, M. L.; ZULUAGA, J. E. (Orgs.). *Desarrollos actuales de las ciencias criminales en Alemania: Segunda y Tercera Escuela de Verano en ciencias criminales y dogmática penal alemana*. Göttingen: Göttingen University Press, 2016, v. 1, p. 173-202.

Enfim, se as restrições que daí decorrem já ensejariam dúvida sobre sua legitimidade, até mesmo, no âmbito do Direito administrativo, maiores dúvidas definitivamente vão existir quando servirem ao Direito penal[24].

13. Direitos fundamentais (igualdade e tolerância).

Todas as medidas tomadas pelos Estados para combater o terrorismo devem respeitar os direitos fundamentais. Nesse sentido aponta a Recomendação Geral n. 30 do Comitê sobre a Eliminação de Todas as Formas de Discriminação Racial: *"garantir-se que todas as medidas tomadas na luta contra o terrorismo não gerem discriminação, de causa ou efeito, em razão de raça, cor, descendência ou origem nacional ou étnica e que os não-cidadãos não sejam submetidos a perfis ou estereótipos raciais ou étnicos"*. Desse modo, as estratégias de enfrentamento ao terrorismo devem respeitar o princípio da igualdade, repudiando práticas discriminatórias, racistas, xenófobas, atentatórias ao direito à diversidade e ao direito à identidade, pautadas pela nacionalidade, etnia, raça ou religião[25]. Com acuidade, portanto na análise de um caso de terrorismo, deve o operador do direito compreender a situação de fato à luz do princípio da tolerância (conexo ao princípio de igualdade)[26], sob pena de, em cega intolerância, incorrer numa grave violação de direitos fundamentais.

14. Disposições investigatórias e processuais.

O art. 1º menciona, ainda, que a lei trata de disposições investigatórias e processuais. Tais dispositivos serão aqueles elencados entre os artigos 11 a 18 da lei, a cujos comentários remete-se o leitor nesta ocasião.

15. Reformulação do conceito de organização terrorista.

O art. 1º, finalmente, faz referência à reformulação do conceito de organização terrorista (cf. art. 2º, II, da Lei n. 12.850/13), que passa a ter a seguinte redação, ex vi da regra do art. 19: *"às organizações terroristas, entendidas como aquelas voltadas para a prática dos atos de terrorismo legalmente definidos"*. O texto anterior previa: *"às organizações terroristas internacionais, reconhecidas segundo as normas de direito internacional, por foro do qual o Brasil faça parte, cujos atos de suporte ao terrorismo, bem como os atos preparatórios ou de execução de atos terroristas, ocorram ou possam ocorrer em território nacional"*.

---

24 Certamente este espaço não permite uma digressão a respeito dos limites e reflexos que decorrem da adoção de uma gestão política de riscos que venha a adotar uma concepção "débil" ou "forte" do princípio da precaução no âmbito penal. Para um aprofundamento desta problemática, confira-se GALÁN MUÑOZ, Alfonso. "La problemática utilización del principio de precaución como referente de la política criminal del moderno derecho penal. ¿Hacia un derecho penal del miedo a lo desconocido o hacia uno realmente preventivo? " *Revista General de Derecho Penal*, v. 23, Iustel, 2015.

25 PIOVESAN, Flávia. *Comentário ao artigo 4º, inciso VIII*, p. 626-629.

26 FERRAJOLI, Luigi. *Diritto e ragione*: teoria del garantismo penale. 8 ed. Bari: Laterza, 2004, pp. 947-948.

Referências bibliográficas.

BARROSO, Luís Roberto. *Curso de direito constitucional contemporâneo*: os conceitos fundamentais e a construção do novo modelo. 3 ed. São Paulo: Saraiva, 2011.

BECK, Ulrich. *La sociedad del riesgo: Hacia una nueva modernidade*. Barcelona: Paidós, 1998 (ed. orig. 1986).

BÖHM, María Laura. "Securitización", in: AMBOS, K.; BÖHM, M. L.; ZULUAGA, J. E. (Orgs.). *Desarrollos actuales de las ciencias criminales en Alemania: Segunda y Tercera Escuela de Verano en ciencias criminales y dogmática penal alemana*. Göttingen: Göttingen University Press, 2016, v. 1, p. 173-202.

FELDENS, Luciano. Constituição e direito penal: o legislador entre a proibição, a legitimidade e a obrigação de penalizar. In: SCHMIDT, Andrei Zenkner (Coord.). *Novos rumos do direito penal contemporâneo*: livro em homenagem ao Prof. Dr. Cezar Roberto Bitencourt. Rio de Janeiro: Lumen Juris, 2006.

FELDENS, Luciano. Comentário ao artigo 5º, inciso XLIII. In: CANOTILHO, J.J. Gomes; MENDES, Gilmar F.; SARLET, Ingo W.; STRECK, Lenio L. (Coords.). *Comentários à Constituição do Brasil*. São Paulo: Saraiva/Almedina, 2013.

FERRAJOLI, Luigi. *Diritto e ragione*: teoria del garantismo penale. 8 ed. Bari: Laterza, 2004.

FERRAJOLI, Luigi. "Filosofía del mal y garantismo", in: FORERO, A.; RIVERA BEIRAS, I.; SILVEIRA, H. C. (Orgs.). *Filosofía del mal y memoria*. Barcelona: Anthropos, 2012, p. 99-125.

GALÁN MUÑOZ, Alfonso. "La problemática utilización del principio de precaución como referente de la política criminal del moderno derecho penal. ¿Hacia un derecho penal del miedo a lo desconocido o hacia uno realmente preventivo? ". In: *Revista General de Derecho Penal*, V. 23, Iustel, 2015.

GOLDER, Ben; WILLIAMS, George. What is "Terrorism"? Problems of Legal Definition. In: *University of New South Wales Law Journal*, Vol. 27, n. 2, 2004.

HÄBERLE, Peter. *Estado constitucional cooperativo*. Trad. Marcos Augusto Maliska e Elisete Antoniuk. Rio de Janeiro: Renovar, 2007.

KAROLYI, George Andrew; MARTELL, Rodolfo. *Terrorism and the Stock Market*. http://dx.doi.org/10.2139/ssrn.823465 (Junho de 2006).

KHAN, Ali. A Theory of International Terrorism. In: *Connecticut Law Review*, Vol. 19, 1987.

MENDES, Gilmar Ferreira. *Direitos fundamentais e controle de constitucionalidade.* 4 ed. São Paulo: Saraiva, 2012.

MEIERRIEKS, Daniel; KRIEGER, *Tim. What Causes Terrorism?* http://dx.doi.org/10.2139/ssrn.114868, (Junho de 2009).

PIOVESAN, Flávia. Comentário ao artigo 4º, inciso VIII. *In:* CANOTILHO, J.J. Gomes; MENDES, Gilmar F.; SARLET, Ingo W.; STRECK, Lenio L. (Coords.). *Comentários à Constituição do Brasil.* São Paulo: Saraiva/Almedina, 2013.

PITCH, Tamar. *La sociedad de la prevención.* Buenos Aires: Ad-Hoc, 2009.

SARMENTO, Daniel; SOUZA NETO, Cláudio Pereira de. Direito constitucional: teoria, história e métodos de trabalho. 2 ed. Belo Horizonte: Fórum, 2014.

SILVA SÁNCHEZ, Jesús María. *La expansión del derecho penal: aspectos de la política criminal en las sociedades postindustriales.* Madrid; Montevideo: Edisofer; B de F, 2011.

YOO, John, HO, James C. The Status of Terrorists. In: *Virginia Journal of International Law,* Agosto/2003.

ZAFFARONI, Eugenio Raúl; PIERANGELI, José Henrique. *Manual de direito penal brasileiro:* parte geral. 5 ed. São Paulo: Revista dos Tribunais, 2004.

ZAFFARONI, Eugenio Raúl; BATISTA, Nilo; ALAGIA, Alejandro; SLOKAR, Alejandro. *Direito penal brasileiro:* teoria geral do direito penal. Vol. 1. 2 ed. Rio de Janeiro: Revan, 2003.

Art. 2º, caput e § 1º.

O terrorismo consiste na prática por um ou mais indivíduos dos atos previstos neste artigo, por razões de xenofobia, discriminação ou preconceito de raça, cor, etnia e religião, quando cometidos com a finalidade de provocar terror social ou generalizado, expondo a perigo pessoa, patrimônio, a paz pública ou a incolumidade pública.

§ 1º São atos de terrorismo:

I - usar ou ameaçar usar, transportar, guardar, portar ou trazer consigo explosivos, gases tóxicos, venenos, conteúdos biológicos, químicos, nucleares ou outros meios capazes de causar danos ou promover destruição em massa;

II - (VETADO);

III - (VETADO);

IV - sabotar o funcionamento ou apoderar-se, com violência, grave ameaça a pessoa ou servindo-se de mecanismos cibernéticos, do controle total ou parcial, ainda que de modo temporário, de meio de comunicação ou de transporte, de portos, aeroportos, estações ferroviárias ou rodoviárias, hospitais, casas de saúde, escolas, estádios esportivos, instalações públicas ou locais onde funcionem serviços públicos essenciais, instalações de geração ou transmissão de energia, instalações militares, instalações de exploração, refino e processamento de petróleo e gás e instituições bancárias e sua rede de atendimento;

V - atentar contra a vida ou a integridade física de pessoa:

Pena - reclusão, de doze a trinta anos, além das sanções correspondentes à ameaça ou à violência.

por Décio Franco David, Evandro Vinicius Leonel dos Santos, Giulliana Gadelha Pereira, Marion Bach, Priscilla Conti Bartolomeu e Priscilla Placha Sá

1. A normatização do terrorismo no Brasil: de vácuo legislativo a mandamento constitucional de criminalização.

O terrorismo é um fenômeno que assola as mais diversas sociedades, nos mais distintos períodos. Como destaca José Cretella Neto, uma das primeiras manifestações terroristas pode ser reconhecida no Oriente Médio, no século I, através da seita dos Zelotes, conforme descrito na obra do historiador romano Flavius Josephus. Também aponta acontecimentos ocorridos entre os séculos XI e XIII, praticados pela seita ismaelita dos Assassinos (Hashashin), bem como atentados praticados por cristãos, como os taboristas da Boêmia (século XIV) ou os anabatistas (século XVI). Entretanto, dedica grande parte do capítulo atinente ao terrorismo ao descrever os crimes praticados por anarquistas no século XIX e pelos revolucionários socialistas durante o século XX, movimentos que não possuíam como norte uma causa religiosa[1].

Diante disso, derruba-se a crença popular, tão em voga nos dias de hoje, de que o terrorismo seja um mal que surgiu ao final do século passado, praticado unicamente por fundamentalistas islâmicos. Aliás, cabe salientar que o termo terrorismo surgiu num período em que vigia a laicidade – na Revolução Francesa, no período de 31 de maio de 1793, queda dos girondinos, a 27 de julho de 1794, queda de Robespierre, momento de intenso emprego do terrorismo de estado, levado a cabo pelos revolucionários, os quais supriram todas as garantias processuais, impondo aos dissidentes políticos unicamente a pena de morte, visando consolidar o novo Estado[2].

O que pode ser considerado contemporâneo, portanto, é a forma, o *modus operandi* utilizado para o cometimento de atos terroristas. Como bem pontua Cretella Neto, é possível fazer uma distinção entre "terrorismo tradicional" e "terrorismo moderno", este último pós atentados de 11 de setembro nos EUA. Para o internacionalista, o terrorismo tradicional praticava seus atos dentro de uma esfera local, visando vítimas determinadas - aquelas relacionadas com o status quo que pretendiam mudar – valendo-se de, principalmente, armas brancas, pistolas e bombas, e os recursos financeiros de tais organizações seriam excassos. Por outro lado, o terrorismo moderno tem um campo de atuação transnacional, atingindo pessoas aleatórias, por meio de bombas potentes e armas de destruição em massa, sendo que tais organizações possuem amplos recursos financeiros. Em suma, "as diferenças entre suas várias manifestações, contudo, são apenas de métodos, de procedimentos e de armamentos"[3].

Assim, mesmo com a proliferação recente de diversos atos terroristas, não há uma convenção internacional que se dedique a tipificar o crime de terrorismo, seja por questões políticas-ideológicas, mormente aquelas relacionadas a inserção ou não dos *freedom fighters* na figura típica, seja pelo excesso de elementos subjetivos que a doutrina elenca para a configuração do delito, seja pelas variadas motivações e formas de perpetrar tais práticas. O que temos são diversas conveções que abordam temas pontuais relacionados à temática do terrorismo, como Convenção Internacional contra a Tomada de Reféns, a Convenção Internacional sobre a Supressão de Atentados Terroristas com Bombas, a Resolução 1373 do Conselho de Segurança da ONU – a qual veda que os países signatários financiem ou promovam organizações terroristas, contudo não tipifica tal conduta – dentre outras[4].

---

1 Para maiores informações, consultar: CRETELLA NETO, José. Curso de Direito Internacional Penal. 2. ed. São Paulo: Saraiva, 2014, p. 620-635.

2 GUIMARÃES, Marcello Ovidio Lopes. Tratamento penal do terrorismo. São Paulo: Quartier Latin, 2007, p. 13-14.

3 CRETELLA NETO, José. *Op cit*, p. 648

4 José Cretella Neto destaca mais de três dezenas de instrumentos internacionais que abordam, de maneira pontua, o terrorismo, subdividindo-as em três grupos: os textos adotados dentro do sistema da ONU; as convenções adotadas fora do sistema da ONU; e aqueles assinados dentro da União Europeia, Organização dos Estados Independentes, da Liga Árabe e da SAARC. Para maiores informações: CRETELLA NETO, José. *Op cit*, p. 666-671.

No Brasil também imperou um vácuo legislativo acerca da questão do terrorismo. O que havia antes da Constituição de 1988 eram menções à Segurança Nacional, à Ordem Política, como, por exemplo, no Código Criminal do Império, que em sua Parte II – "Dos Crimes Públicos", reprimia condutas que atentassem contra a independência, integridade e dignidade da nação (arts. 68-84), ou contra a Constituição do Império (arts. 85-86) ou contra o Chefe de Governo (arts. 87-89), ou normas que visavam combater movimentos considerados subversivos, como o Decreto nº 4.269, de 17 de janeiro de 1921, o qual regulava a "Repressão do Anarquismo", punindo crimes de dano, depredação, incêndio e homicídio, praticados com o fito de subverter a organização social, bem como a apologia ao anarquismo.

Nem mesmo o Código Penal vigente preocupou-se com o terrorismo, pois, no máximo, tipifica condutas que tangenciam práticas costumeiras dos terroristas, como incêndio (art. 250), explosão (art. 251), uso de gás tóxico ou asfixiante (art. 252), delitos de atentado contra a segurança de meio de transporte (art. 262), contra segurança de serviço de utilidade pública (art. 265), dentre outras.

Também não é possível considerar que a Lei de Segurança Nacional, Lei nº 7.170/83, em seu art. 20 definiu terrorismo, pois tal dispositivo pune, em verdade, quem, "devastar, saquear, extorquir, roubar, sequestrar, manter em cárcere privado, incendiar, depredar, provocar explosão, praticar atentado pessoal ou **atos de terrorismo**, por inconformismo político ou para obtenção de fundos destinados à manutenção de organizações políticas clandestinas ou subversivas. Pena: reclusão, de 3 a 10 anos. Parágrafo único - Se do fato resulta lesão corporal grave, a pena aumenta-se até o dobro; se resulta morte, aumenta-se até o triplo". O que o legislador fez foi, somente, reprimir a prática de atos terroristas, mas não há qualquer definição sobre o que seriam tais atos.

Só houve uma efetiva atenção ao terrorismo com a promulgação da Constituição da 1988, a qual faz menção expressa ao termo em duas ocasiões: em seu art. 4º, que disciplina os princípios atinentes às relações internacionais, em seu inciso VIII: "repúdio ao terrorismo e ao racismo"; e no art. 5º, XLIII, no qual considera "inafiançáveis e insuscetíveis de graça ou anistia a prática da tortura, o tráfico ilícito de entorpecentes e drogas afins, o terrorismo e os definidos como crimes hediondos, por eles respondendo os mandantes, os executores e os que, podendo evitá-los, se omitirem". Este último dispositivo elevou o terrorismo ao rol dos mandamentos constitucionais expressos de criminalização, limitando, assim, a discricionariedade do legislador ordinário em reprimir tais atos, sendo seu dever em fazê-lo, sob pena de incorrer em inconstitucionalidade por omissão.[5]

---

5   Sobre mandamentos expressos de criminalização e a limitação da autonomia dos nossos legisladores ordiná-rios em reprimir tais atos, relevante a lição de Luiz Carlos dos Santos Gonçalves: "A situação dos mandados expressos de criminalização não é parelha. Neles, a Constituição priva o legislador ordinário da discussão sobre se haverá criminalização, avança no detalhamento do tratamento penal do assunto e não deixa qual-quer opção sobre quando deverá ocorrer a tipificação. Os mandamentos expressos de criminalização trazem decisões constitucionais sobre a maneira como deverão ser protegidos os direitos fundamentais. A atuação do legislador no sentido de promover a proteção desses direitos recebe um elemento de vinculação. (...) Razões

Por 28 anos houve evidente omissão do legislador em dar concretude à norma que pune os atos terroristas. Houve, sim, diversos projetos de lei que objetivaram tipificar atos terroristas, como o PLS nº 499 de 2013[6], e o PLS 236/2012[7] – o Anteprojeto do Novo Código Penal, contudo nenhum deles veio a lume, seja por imprecisões técnicas, excesso de indeterminação nos conceitos, preceitos sancionatórios desproporcionais, previsões redundantes com o ordenamento jurídico, etc.

---

de conveniência, oportunidade, política criminal ou outras não podem ser invocadas para justificar a omissão em dar cumprimento à Lei Magna. A sindicabilidade da não-atuação legislativa, é, no particular, plena, e será competente o Poder Judiciário para verificar a adequação da legislação expedida às ordens constitucionais". In: GONÇALVES, Luiz Carlos dos Santos. Mandamentos expressos de criminalização e a proteção de direitos fundamentais na Constituição brasileira de 1988.Belo Horizonte: Fórum, 2007, p. 138-139.

6   Art. 2º. Provocar ou infundir terror ou pânico generalizado mediante ofensa ou tentativa de ofensa à vida, à integridade física, à saúde ou à liberdade de pessoa, quando: I – tiverem por fim forçar autoridades públicas, nacionais ou estrangeiras, ou pessoas que ajam em nome delas, a fazer o que a lei não exige ou deixar de fazer o que a lei não proíbe; II – tiverem por fim obter recursos para a manutenção de organizações políticas ou grupos armados, civis ou militares, que atuem contra a ordem constitucional e o Estado Democrático; ou III – forem motivadas por preconceito de raça, cor, etnia, religião, nacionalidade, origem, gênero, sexo, identidade ou orientação sexual, condição de pessoa idosa ou com deficiência, ou por razões políticas, ideológicas, filosóficas ou religiosas. Pena - reclusão, de 15 (quinze) a 30 (trinta) anos. § 1º Se resulta morte: Pena - reclusão, de 24 (vinte e quatro) a 30 (trinta) anos. § 2º As penas previstas no caput e no § 1º deste artigo aumentam-se de um terço, se o crime for praticado: I - com emprego de explosivo, fogo, arma química, biológica ou radioativa, por meio informático ou outro meio capaz de causar danos ou promover destruição em massa. II - em meio de transporte coletivo ou sob proteção internacional; III - por agente público, civil ou militar, ou pessoa que aja em nome do Estado; IV - em locais com grande aglomeração de pessoas. V – contra o Presidente e o Vice-Presidente da República, o Presidente da Câmara dos Deputados, o Presidente do Senado Federal ou o Presidente do Supremo Tribunal Federal e o Procurador-Geral da República; VI - contra Chefe de Estado ou Chefe de Governo estrangeiros, agente diplomático ou consular de Estado estrangeiro ou representante de organização internacional da qual o Brasil faça parte. § 3º Se o agente for funcionário público, a condenação acarretará a perda do cargo, função ou emprego público e a interdição para seu exercício pelo dobro do prazo da pena aplicada

7   Art. 239. Causar terror na população mediante as condutas descritas nos parágrafos deste artigo, quando: I – tiverem por fim forçar autoridades públicas, nacionais ou estrangeiras, ou pessoas que ajam em nome delas, a fazer o que a lei não exige ou deixar de fazer o que a lei não proíbe; II – tiverem por fim obter recursos para a manutenção de organizações políticas ou grupos armados, civis ou militares, que atuem contra a ordem constitucionais e o Estado Democrático; ou III – forem motivadas por preconceito de raça, cor, etnia, religião, nacionalidade, origem, gênero, sexo, identidade ou orientação sexual, condição de pessoa idosa ou com deficiência, ou por razões políticas, ideológicas, filosóficas ou religiosas. §1º Sequestrar ou manter alguém em cárcere privado, ou ameaçar de morte ou lesão, pessoas, ainda que indeterminadas; §2º Usar ou ameaçar usar, transportar, guardar, portar ou trazer consigo explosivos, gases tóxicos, venenos, conteúdos biológicos ou químicos ou outros meios capazes de causar danos ou promover destruição ou ofensa massiva ou generalizada; §3º Usar, liberar ou disseminar toxinas, agentes químicos, biológicos, radiológicos ou nucleares, ou outros meios capazes de causar danos à saúde ou ao meio ambiente; §4º Incendiar, depredar, saquear, explodir ou invadir qualquer bem público ou privado; §5º Interferir, sabotar ou danificar sistemas de informática e bancos de dados; ou §6º Sabotar o funcionamento ou apoderar-se, com grave ameaça ou violência a pessoas, do controle, total ou parcial, ainda que de modo temporário, de meios de comunicação ou de transporte, de portos, aeroportos, estações ferroviárias ou rodoviárias, hospitais, casas de saúde, escolas, estádios esportivos, instalações públicas ou locais onde funcionem serviços públicos essenciais, instalações de geração ou transmissão de energia e instalações militares: Pena – prisão, de oito a quinze anos, além das sanções correspondentes à violência, grave ameaça ou dano. Forma qualificada. §6º Se a conduta é praticada pela utilização de arma capaz de causas destruição ou ofensa massiva ou generalizada: Pena – prisão, de doze a vinte anos, além das sanções correspondentes à violência, grave ameaça ou dano. Exclusão de crime. §7º Não constitui crime de terrorismo a conduta individual ou coletiva de pessoas movidas por propósitos sociais ou reivindicatórios, desde que os objetivos e meios sejam compatíveis e adequados à sua finalidade"

GRUPO MODERNAS TENDÊNCIAS DO SISTEMA CRIMINAL

Somente em 2016 é que o legislador deu "efetividade" ao preceito constitucional e tipificou atos terroristas, por meio da Lei 13.260. Todavia, tal diploma apresenta diversas imprecisões, como os Projetos de Lei que não foram aprovados, as quais serão melhor examinadas.

2. Da natureza jurídica do crime de terrorismo.

Questão relevante sobre o terrorismo é discorrer se tal conduta pode ou não ser considerada como crime político, uma vez que tais atos podem ter como mote a repulsa por determinada configuração de Estado.

Tal celeuma revela-se de grande importância, pois, dependendo de qual posição for adotada, diferentes consequências jurídicas podem ser tomadas em relação ao crime de terrorismo: se este for reconhecido como crime político, tais atos não podem ser considerados para efeitos de futura reincidência, conforme o disposto no art. 64, II, do Código Penal, tampouco autorizar a extradição de quem os praticar, de acordo com a disposição do art. 77, VII, da Lei 6815/80, por exemplo.

O nosso ordenamento jurídico, diferentemente do italiano[8], não apresenta um conceito legal de crime político, sendo que a definição mais próxima que temos são os artigos 1º e 2º da Lei 7170/83, que define os crimes contra a segurança nacional, a ordem política e social, que é o parâmetro mais utilizado pela jurisprudência pátria.

Entretanto, a doutrina apresenta conceitos mais amplos e completos acerca da definição de crimes políticos, sendo que tais concepções podem ser classificadas em três distintas teorias:

a) teorias objetivas: definem o crime político tendo em vista o bem jurídico lesado ou exposto a perigo de lesão. Dessa forma, crimes políticos são aqueles que atentam contra a existência do Estado enquanto organismo político, ameaçando sua organização político-jurídica;

b) teorias subjetivas: o decisivo é o fim perseguido pelo autor, qualquer que seja a natureza do bem jurídico efetivamente atingido. Assim, não importa que a conduta constitua crime comum: uma vez impulsionada por motivos políticos, tem-se como perfeitamente caracterizado o delito político;

c) teorias mistas: representam uma combinação das duas teorias expostas, isto é, mesclam na definição de delito político o critério objetivo e o subjetivo. Exigem, de conseguinte, que tanto o bem jurídico atingido como o desiderato do agente sejam de caráter político.[9]

---

8   De acordo com o art. 8º, do Código Penal italiano, "para efeitos da lei penal, é delito político todo delito que ofenda o interesse político do Estado, ou um direito político do cidadão. É igualmente considerado crime político o delito comum determinado, no todo ou em parte, por motivos políticos". No original: *"Art. 8 - Agli effetti della legge penale, è delitto politico ogni delitto, che offende un interesse politico dello Stato, ovvero un diritto politico del cittadino. È altresì considerato delitto politico Il delitto comune determinato, in tutto o in parte, da motivi politici".*

9   PRADO, Luiz Regis, CARVALHO, Érika Mendes de. *Delito político e terrorismo: uma aproximação conceitual,*

Expostos os principais posicionamentos em relação à definição de crime político, parece mais apropriado considerar os atos terroristas como **crimes comuns**. Tal conclusão deve-se, principalmente, às consequências práticas advindas se tais práticas fossem equiparadas aos crimes políticos. Não considerar um atentado terrorista para fins de reincidência não parece uma solução adequada. O mesmo deve ser dito em relação à extradição.

Além disso, o terrorismo não possui como fim desestruturar/aniquilar um dado ordenamento político, mas sim provocar terror perante uma sociedade, criando um clima de insegurança e medo, que pode visar fins políticos, mas também religiosos, ideológicos, ou mesmo discriminatórios, xenófobos e racistas, como prevê o *caput* do art. 2º da lei antiterrorismo.

Por fim, como pontua Luiz Régis Prado, o terrorismo apresenta nítido caráter instrumental, o que significa que as figuras penais eventualmente englobadas por um conceito amplo de delito terrorista visam à consecução de um objetivo que transcende a finalidade intrínseca de cada uma das condutas delitivas individualmente consideradas[10], o que não é tão perceptível nos delitos políticos.

3. Do bem jurídico tutelado.

Com a leitura do tipo incriminador, percebe-se que o delito em questão é pluriofensivo, uma vez que tutela o patrimônio, a vida, a incolumidade pública, etc. Contudo, a proteção a tais valores não é o cerne da norma.

Como definem Cláudio Rogério Sousa Lira e André Luís Callegari, o terrorismo visa "(...) disseminar violência, medo e insegurança contra Estados e seus cidadãos"[11]. É uma prática que visa atingir o âmago de uma sociedade, suas instituições basilares, seu ordenamento político-jurídico. Ou seja, pretende destruir o modo de vida de uma sociedade em prol de ideários políticos, religiosos, econômicos, etc., estes defendidos pelo autor.

Essa ideia de estabilidade político-institucional é traduzida no Código Penal como paz pública, que pode ser conceituada como, "(...) a necessária sensação de tranquilidade, de segurança, de paz, de confiança que a nossa sociedade deve ter em relação à continuidade normal da ordem jurídico-social[12].

A paz pública não se confunde com ordem pública, pois esta é "um estado exterior ao homem, uma situação de obediência às regras de convício social, em que é exercido determinado controle sobre as atitudes, enquanto paz pública é um sentimento, um estado psicológico dos homens"[13]. Diante disso, como a intenção do

---

p. 04-07. Disponível em: http://www.professorregisprado.com/Artigos/Luiz%20Regis%20Prado/Delito%20pol%EDtico%20e%20terrorismo.pdf. Acesso em: 11 de julho de 2016.

10   PRADO, Luiz Regis, CARVALHO, Érika Mendes de. *Op cit*, p. 29-30.

11   CALLEGARI, André Luís; LIRA, Cláudio Rogério Sousa. *Direito Penal antiterror: necessidade de definição jurídico-penal para a tipificação do terrorismo no Brasil*, p. 31. Disponível em: http://www.egov.ufsc.br/portal/conteudo/direito-penal-antiterror-necessidadeefini%C3%A7%C3%A3o-jur%C3%ADdico-penal-para-tipifica%C3%A7%C3%A3o-de. Acesso em: 05 de agosto de 2016.

12   GRECO, Rogério. *Curso de Direito Penal, parte especial*, vol. IV: dos arts. 250 a 361 do Código Penal. 11.ed. Niterói: Impetus,2015, p. 193.

13   BUSATO, Paulo César. *Direito Penal, v. 3, parte especial*: artigos 235 a 361 do Código Penal. São Paulo:

terrorista é provocar uma sensação de "terror social ou generalizado", motivação intimamente relacionada ao estado psicológico dos cidadãos, é perfeitamente possível enquadrar o terrorismo como um crime contra a paz pública.

O legislador pátrio parece que acolhe tal posição, uma vez que iria inserir o crime de terrorismo, no PLS 236/2012, dentro do Título VIII, que tratava justamente dos crimes contra a paz pública. O legislador português também considera o terrorismo uma conduta atentatória à paz pública, pois tipifica tal crime no art. 301, que está dentro da Título V, "Dos crimes contra a ordem e a tranquilidade públicas", Seção II, "Dos crimes contra a paz pública".

4. Dos sujeitos ativo e passivo.

O crime em questão é unissubjetivo, vez que prescinde do concurso de pessoas para a sua realização, em que pese seja plenamente possível sua ocorrência.

A opção do legislador em punir tanto atos coletivos quanto individuais revela uma sintonia com os estratagemas utilizados pelas organizações terroristas. Recentemente em Nice foi praticado um atentado por um só membro, o qual vitimou 84 pessoas[14], todavia é muito comum a prática de atos terroristas por duas ou mais pessoas, como o ataque ao Charlie Hebdo, no começo do ano passado[15].

Ainda sobre o sujeito ativo, o crime em comento é comum, vez que o tipo incriminador não faz qualquer menção à qualidade específica do agente. Assim, o crime de terrorismo pode ser praticado por qualquer um, independentemente de fazer parte ou não de um grupo terrorista.

Acerca do sujeito passivo, dentro de um Estado Democrático de Direito parece que somente pode ser considerada a coletividade como vítima de um atentado terrorista. Como diz René Ariel Dotti, "o homem é o início e o fim da aventura do Direito", logo, inconcebível que se considere o Estado como sujeito de direitos, pois este somente pode ser gestor de direitos em prol da população[16].

5. Do elemento subjetivo.

O caput do art. 2º da Lei 13.260/16 estabelece, além do dolo inerente ao tipo, outros elementos subjetivos correspondentes à finalidade específica exposta pelas elementares "finalidade de provocar terror social ou generalizado"

Atlas, 2016, p. 274.

14 Muçulmanos são um terço dos mortos em atentado terrorista em Nic. UOL. 19 jul. 2016. Inter. Disponível em: <http://noticias.uol.com.br/internacional/ultimas-noticias/2016/07/19/muculmanos-sao-um-terco-dos-mortos-em-atentado-terrorista-em-nice.htm>. Acesso em: 07 out. 2016.

15 Ataque em sede do jornal Charlie Hebdo em Paris deixa mortos. G1. 07 jan. 2015. Mundo. Disponível em: <http://g1.globo.com/mundo/noticia/2015/01/tiroteio-deixa-vitimas-em-paris.html>. Acesso em: 07 out. 2016.

16 De acordo com os ensinamentos de Paulo César Busato: "Ao partir-se do ponto de vista de que vítima é o titular de um bem jurídico como recorte de referência, resulta impossível falar em um bem jurídico que pertença ao Estado. Como muito, o Estado pode ser o gestor de direitos alheios. Assim, jamais poderá agir em interesse próprio. Os bens jurídicos que ele gerencia pertencem, isto sim, à coletividade". In: BUSATO, Paulo César. Op. cit., p. 438

e à motivação especial por *"razões de xenofobia, discriminação ou preconceito de raça, cor, etnia e religião[17]"*.

Observa-se que diante da existência destes elementos específicos, é preciso analisa-los individualmente. Ademais, desde já, é possível atribuir uma crítica ao legislador de forma bastante contundente: a "finalidade de provocar terror social e generalizado" não possui uma mesma matriz epistemológica de compreensão normativa que as finalidades específicas de agir contidas nas expressões "razões de xenofobia, discriminação ou preconceito de raça, cor, etnia e religião". Passemos, então, às análises individualizadas.

5.1. "Por razões de ..."

Embora se verifique que a expressão *"por razões de"* esteja contida apenas no artigo 121, § 2º, VI, do Código Penal – crime de feminicídio –, seu conteúdo faz menção à motivação das condutas delitivas. Em outras palavras, é a demonstração de um elemento subjetivo distinto do dolo, uma motivação subjetiva específica que direciona a finalidade da conduta[18]. Por tal razão, notadamente quanto ao tipo penal em comento, verifica-se que a motivação deverá ser demonstrada claramente, sob pena de não configuração da elementar típica.

5.2. "... xenofobia, discriminação ou preconceito de raça, cor, etnia e religião".

As razões subjetivas motivacionais estão atreladas às seis elementares previstas no artigo: *"xenofobia, discriminação ou preconceito de raça, cor, etnia e religião"*, as quais não são conceitos independentes do ponto de vista teleológico[19]. A expressão *xenofobia*, segundo definição do *Guia de Direitos*[20], "é uma forma de discriminação social que consiste na aversão a diferentes culturas

---

17 Tais elementos subjetivos, na visão de Eugenio Raúl Zaffaroni e José Henrique Pierangeli, integrariam o rol dos elementos subjetivos diversos do dolo, mais precisamente disposições internas do sujeito, vez que necessariamente devem constar para a realização do tipo: "(...) Se o dolo é o querer do resultado típico (a vontade realizadora do tipo objetivo), estes elementos subjetivos serão aqueles exigidos no tipo que forem diferentes do mero querer a realização do tipo objetivo. Esses requisitos podem ter duas naturezas distintas: uns são ultraintencionais, particulares direcionamentos da vontade que vão mais além do mero querer a realização do tipo objetivo; outros são particulares disposições internas do sujeito ativo. Configura ultraintenção, por exemplo, o propósito de ocultar a desonra, que deve acompanhar o dolo na exposição em abandono de recém-nascido no tipo do art. 134 do CP. A traição (inc. IV, primeira hipótese, do §2º do art. 121 do CP), que requer que a morte seja causada aproveitando-se da situação indefesa da vítima e não apenas a conhecendo, é considerada uma disposição interna do sujeito ativo". (ZAFFARONI, Eugenio Raúl; PIERANGELI, José Henrique. *Manual de Direito Penal Brasileiro,* v. 1. Parte Geral. 8. ed. São Paulo: Revista dos Tribunais, 2009, p. 431-432)

18 Nesse diapasão, recorda-se com De Plácido e Silva: "Do latim *motivus*, de *movere* (mover originalmente quer exprimir *tudo que determina o movimento*" (SILVA, Oscar Joseph de Plácido e. *Vocabulário Jurídico.* Atualizadores: Nagib Slaibi Filho e Gláucia Carvalho. 24. ed. Rio de Janeiro:Forense, 2004, p. 932).

19 SILVEIRA, Fabiano Augusto Martins. *Da criminalização do racismo:* Aspectos jurídicos e sociocriminológicos. Belo Horizonte: Del Rey, 2007, p. 77.

20 Projeto NEV-Cidadão, realizado pelo Núcleo de Estudos da Violência da Universidade de São Paulo (NEV-USP) e pela Cátedra Gestão de Cidades (Metodista) com apoio da Fundação de Amparo à Pesquisa de São Paulo (FAPESP). Disponível em <htto:// http://www.guiadedireitos.org/>. Acesso em 25 nov. 2016.

e nacionalidades"[21]. Segundo José Antonio García Andrade, a xenofobia é desenvolvida pela personalidade de toda pessoa como medo do diferente, medo do *outro*[22]. Evidentemente, esse medo não implica, obrigatoriamente, em práticas discriminatórias, mas, sim, em não se desenvolver relações de alteridade, ou seja, é o medo de conviver com o diferente com o outro. O problema é que se não desenvolvida a relação de alteridade inerente ao convívio em sociedade, ela pode resultar em xenofobia.

A xenofobia viola a igualdade existente entre os seres humanos[23] e, por consequência, refuta a possibilidade de convivência harmônica das diferenças[24] constantes entre sociedades orgânicas[25] e multiculturais como as atuais.

Na verdade, em decorrência da globalização incidente nas relações sociais, há que se reconhecer a necessidade de tutela das diferentes origens nacionais, tal qual já ocorre por intermédio do art. 20, da Lei 7.716/1989. Com enfoque especial ao terrorismo xenófobo, verifica-se a necessidade da proteção da igualdade entre os indivíduos pelo fato de que o "terrorismo globalizado não diz respeito somente a este ou àquele Estado, por mais poderoso ou – simultaneamente – mais vulnerável que seja. Diz respeito a toda comunidade internacional; é ela que também é ofendida"[26].

As elementares *discriminação* e *preconceito* possuem uma mesma declinação interpretativa. Discriminar significa "estabelecer diferença entre seres e coisas, com prejudicialidade para a parte inferiorizada"[27]. Sérgio Salomão Shecaira, em trabalho sobre o tema do racismo, afirma que discriminar, "é tratar de modo preferencial, geralmente com prejuízo par uma das partes. Sociologicamente falando, tal tratamento desfavorável a certa categoria de pessoas 'refere-se a um processo ou forma de controle social que serve ara manter a distância social entre duas ou

---

21 Disponível em <htto:// http://www.guiadedireitos.org/>. Acesso em 25 nov. 2016.

22 "o outro é, portanto, desconhecido, temido e estranho, e justamente estranha é a origem do estrangeiro, origem e essência da xenofobia, o que supõe, como vemos, que a origem deste temor ao estrangeiro se encontra justamente nos primeiro passos da criança, no desenvolvimento da personalidade que carrega este sentimento de temor e de violência que sempre acompanha o desconhecido, de todo aquilo que é imprevisível, daquilo que não se compreende nem se controla". (GARCÍA ANDRADE, José Antonio. La xenofobia y el crimen. *Cuadernos de política criminal*, n. 54. Madrid : Dykinson, 1994, p. 916).x

23 Cf. NUCCI, Guilherme de Souza. *Leis penais e processuais penais comentadas*. 4. ed. São Paulo: Revista dos Tribunais, 2009, p. 321.

24 Sobre o assunto, concorda-se com Eduardo Sanz de Oliveira e Silva: "o ser só é em relação aos demais. Se não houver o *outro* para que haja a comunicação e a identificação do que se é, não haveria ser. Desta forma, pode-se dizer que o ser só se identifica enquanto sujeito porque contraposto em relação ao *outro*. E da mesma forma, só poderá dizer que é um ser único porque diferente em relação ao *outro*" (SILVA, Eduardo Sanz de Oliveira e. Direito Penal Preventivo e os Crimes de Perigo. In: COSTA, Jose de Faria (Coord.). *Temas de Direito penal Económico*. Coimbra: Coimbra ed. 2005, p. 254).

25 Sociedades Orgânicas são aquelas em que o vínculo de solidariedade é pautado na diferença entre os indivíduos que compõem o coletivo. Cf. SABADELL, Ana Lucia. *Manual de Sociologia Jurídica*: Introdução a uma leitura externa do Direito. 5. ed. São Paulo: Revista dos Tribunais, 2010, p. 49

26 MIRANDA, Jorge. Os direitos fundamentais e o terrorismo: os fins nunca justificam os meios, nem para um lado, nem para outro. In: COSTA, José de Faria; SILVA, Marco Antonio Marques da. (Coord.). Direito Penal Especial, *Processo Penal e Direitos Fundamentais*: Visão Luso-Brasileira. São Paulo: Quartier Latin, 2006, p. 171-185. , p. 185.

27 NUCCI, Guilherme de Souza. *Leis penais e processuais penais comentadas*. Op. cit., p. 295.

mais categorias de grupos"[28]. Por sua vez, o termo preconceito corresponde a uma opinião ou julgamento sobre alguém "que se forma a *priori*, sem conhecimento ou ponderação dos fatos"[29]. Essa opinião (ou posicionamento) é adotada "sem cautela, de maneira açodada, portanto, sem maiores detalhes ou dados em torno do objeto da análise, levando a julgamentos precipitados, invariavelmente injustos, provocadores de aversão a determinadas pessoas ou situações"[30]. Segundo Shecaira o preconceito é "sempre uma atitude negativa, desfavorável para com grupos baseados em crenças estereotipadas"[31], motivo pelo qual, "pode-se dizer que o preconceito é um sentimento e mesmo uma atitude em relação a um grupo decorrente da internalização das crenças racistas"[32]. Além disso, para melhor compreensão do tipo, identifica-se que "discriminação" e "preconceito" acabam servindo de referencial substantivo às demais elementares que ocuparão uma função gramatical de locuções adjetivas (*raça, cor, etnia e religião*)[33]. Por isso, sua interpretação nunca poderá ser feita sem levar em consideração os demais elementos normativos do tipo abaixo comentados.

As elementares *raça* e *etnia* se confundem, pois "compõem a síntese de aspectos político-sociais que identificam características comuns de um grupo de pessoas"[34]. Importante destacar que esses termos "não guardam nenhuma relação com aspectos biológicos, porquanto já comprovada cientificamente a inexistência de expressivas diferenças genéticas entre as várias origens de pessoas"[35], o que, inclusive, já foi objeto de debates pelo pleno do Supremo Tribunal Federal no famoso caso Ellwanger (HC nº 82.424[36]). Como bem esclarece Fabiano Augusto Martins Silveira, o que "define determinado agrupamento humano como raça não são as qualidades biológicas inatas do grupo, se é que as tem, mas a presença de um discurso racializante que permeia as relações intergrupais"[37]. Segundo Silveira, esse discurso "é construído historicamente por quem recebe o qualificativo racial, ou por quem o manipula exteriormente (ainda que manipulação sutil e constantemente negada, como no caso brasileiro), ou por ambos)"[38]. Ademais, popularmente a palavra raça é substancializada em um "sentido profano, vulgar, permitindo identificar aqueles grupos historicamente estigmatizados pelo preconceito e discriminação raciais"[39] e que, curiosamente, em solo nacional essa

---

28 SHECAIRA, Sérgio Salomão. Racismo (noticiário). In: ESCRITOS *em homenagem a Alberto Silva Franco*. São Paulo: Revista dos Tribunais, 2003, p. 407.
29 SILVA, Oscar Joseph de Plácido e. *Op. cit.*, p. 1076.
30 NUCCI, Guilherme de Souza. *Leis penais e processuais penais comentadas. Op. cit.*, p. 298.
31 SHECAIRA, Sérgio Salomão. Loc. cit.
32 SHECAIRA, Sérgio Salomão. Loc. cit.
33 Em sentido idêntico, SILVEIRA, Fabiano Augusto Martins. *Loc. cit.*
34 BUSATO, Paulo César. *Direito Penal*: Parte Especial 1. São Paulo: Atlas, 2014, p. 242.
35 BUSATO, Paulo César. Loc. cit.
36 Veja o conteúdo da ementa: "4. Raça e racismo. A divisão dos seres humanos em raças resulta de um processo de conteúdo meramente político-social" (HC 82424, Relator(a): Min. MOREIRA ALVES, Relator(a) p/ Acórdão: Min. MAURÍCIO CORRÊA, Tribunal Pleno, julgado em 17/09/2003, DJ 19-03-2004).
37 SILVEIRA, Fabiano Augusto Martins. *Op. cit.*, p. 82.
38 SILVEIRA, Fabiano Augusto Martins. *Op. cit.*, p. 82.
39 SILVEIRA, Fabiano Augusto Martins. *Op. cit.*, p. 83-84

vinculação terminológica negativa é sempre atribuída a "outro", nunca identificável como preconceitos inerentes ao próprio eu, mesmo quando existentes[40].

No mesmo sentido, podem ser estendidas tais reflexões sobre a expressão *"cor"* a qual acaba por denotar, automaticamente, um certo preconceito, pois, como bem afirma Nucci, na expressão normativa, a cor está atrelada ao colorido da pele humana, o qual não possui tonalidade uniforme às definições das pigmentações das cores regulares, mas sim um grande leque de variações que impedem a utilização do termo[41].

No entanto, embora criticáveis os elementos, é plenamente compreensível o sentido atribuído a eles pelo legislador. Afinal, o "primeiro passo para que se reconheça a questão racial como algo relevante em nível nacional é entendê-la como de responsabilidade de todos que lutam pela edificação de uma sociedade justa, igualitária e fraterna".

Deste modo, diante do histórico brasileiro de discriminação, ao se elaborar uma normativa que exerce controle social formalizado do terrorismo pela esfera penal, nada mais justo que se estenda aos casos em que tais práticas podem estar atreladas à praticas de discriminação racializantes.

Por fim, o elemento normativo "religião" trata dos aspectos que "dizem respeito a idiossincrasias próprias de cada crença"[42] e que sirvam de motivo para a prática de atos de terrorismo. Aqui, curiosamente, residem os fatores motivacionais presentes em grandes episódios de ataques terroristas como o fatídico 11 de setembro 2001 ou o 11 de março de 2004, os quais foram atribuídos ao grupo terrorista islâmico Al-Qaeda. O espanto para qualquer pessoa que analise os ataques de motivação religiosa consiste no fato de reconhecer que, em regra, as religiões sempre prezam um respeito mútuo e uma ampliação da capacidade humana de viver em sociedade. Especificamente quanto ao poder gregário da religião Norbert Horn afirma que cada "Estado e cada sociedade precisa de um consenso fundamental de valor"[43] e que, embora tal valor esteja previsto nas cartas constitucionais modernas (como, por exemplo, a dignidade humana), "esse consenso necessário de valor foi historicamente fundamentado pela religião"[44]. Assim, não se pode negar à religião sua concepção enquanto um fator de poder[45], talvez seja por isso que, em sua tentativa de responder as questões da existência, a religião consiga servir, igualmente, para a prática de atos terroristas. Afinal, a religião quando se converte em fanatismo religioso serve para qualquer desígnio, pois deturpa seus fundamentos éticos estruturantes e se converte em instituto de

---

40 Sobre o assunto: SCHWARCZ, Lilia Moritz. *Racismo no Brasil*. 2. ed. São Paulo: Publifolha, 2012, p. 77 e ss.
41 NUCCI, Guilherme de Souza. *Leis penais e processuais penais comentadas*. Op. cit., p. 304.
42 BUSATO, Paulo César. Loc. cit. Nucci define religião como "a crença em uma existência sobrenatural ou em uma força divina que rege o Universo e as relações humanas em geral, embora de um ponto de vista metafísico, com manifestações através de rituais ou cultos" (NUCCI, Guilherme de Souza. *Leis penais e processuais penais comentadas*. Op. cit., p. 305).
43 HORN, Norbert. *Introdução à ciência do Direito e à filosofia jurídica*. Porto Alegre: Sergio Antonio Fabris Editor, 2005, p. 93.
44 HORN, Norbert. *Loc. cit.*
45 HORN, Norbert. *Op. cit.*, p. 112.

alienação e submissão[46].

5.3. "Com a finalidade de ..."

A finalidade específica contida no tipo é definida pela doutrina como elemento subjetivo específico[47], dolo específico[48], pretensão conceitual de relevância[49] ou elementos subjetivos do tipo distinto do dolo[50]. Embora cada autor possa nomear de modo distinto, a alusiva finalidade expressa uma elementar normativa de grande relevância, pois, sem sua demonstração no juízo fático, o tipo abstrato não se realiza formalmente.

A importância da caracterização dessas elementares típicas está na classificação do delito em comento. Observa-se que quando "o autor persegue um resultado que tem em vista a realização do tipo, porém que não precisa necessariamente alcançar"[51], estar-se-á diante de um delito de intenção[52]. Como bem esclarece Juarez Cirino dos Santos, os tipos de intenção se dividem em *tipos de resultado cortado*, "em que o resultado pretendido não exige uma ação complementar do autor (a intenção de apropriação, no furto"[53] e *tipos imperfeitos de dois atos*, "em que o resultado pretendido *exige* uma ação complementar (a falsificação do documento e a circulação do documento falsificado no tráfego jurídico)"[54]. Como bem assevera o mestre paranaense, a intenção enquanto característica psíquica especial do tipo aparecerá, normalmente, com os termos "*para, a fim de, com o fim de* etc., indicativas de finalidades transcendentes do tipo"[55].

Uma rápida análise da Parte Especial do Código Penal revela o constante uso dessas finalidades específicas nas definições legislativas criminais. Embora seja apurado que que apenas o recém editado delito do art. 180-A contenha o termo "com a finalidade de" A (incluído pela Lei nº 13.330/2006) – modalidade qualificada de receptação com tutela de animais semoventes –, outras conjunções subordinativas finais podem aparecer. Deste modo, verifica-se existirem vinte e cinco tipos penais que utilizam a expressão "com o fim de"[56], cinco tipos com a

---

46 Em sentido próximo, GUIMARÃES, Marcello Ovidio Lopes. *Tratamento Penal do Terrorismo*. São Paulo: Quartier Latin, 2007, p. 44-50.

47 Nesse sentido, NUCCI, Guilherme de Souza. *Código Penal Comentado*. 13. ed. São Paulo: Revista dos Tribunais, 2013, p. 694. Igualmente, vide nota anterior.

48 Conforme D'URSO, Adriana Filizzola; D'URSO, Luiz Flávio Borges. Arts. 140 a 133. In: JALIL, Maurício Schaun; GRECO FILHO, Vicente. *Código Penal Comentado*: Doutrina e Jurisprudência. Barueri: Manole, 2016, p. 388.

49 Termo utilizado por BUSATO, Paulo César. *Direito Penal*: Parte Especial 2. São Paulo: Atlas, 2016 p. 38.

50 ZAFFARONI, Eugenio Raúl; PIERANGELI, José *Op. cit.*, p. 432.

51 MARTINELLI, João Paulo Orsini; BEM, Leonardo Schmitt de. *Lições fundamentais de Direito Penal*: Parte Geral. São Paulo: Saraiva, 2016, p. 442.

52 Sobre a evolução histórica dessa modalidade delitiva: VARGAS, José Cirilo de. *Introdução ao estudo dos crimes em espécie*. Belo Horizonte: Del Rey, 1993, p. 116-121.

53 SANTOS, Juarez Cirino dos. *Direito Penal*: Parte geral. 6. ed. Curitiba: ICPC Cursos e Edições, 2014, p. 156.

54 SANTOS, Juarez Cirino dos. *Loc. cit.*

55 SANTOS, Juarez Cirino dos. *Op. cit.*, p. 157.

56 Quais sejam: Arts. 131;149, § 1º I e II; 154-A; 159; 206; 207; 215, P. u.; 218, § 1º; 227, § 3º; 228, § 3º; 231, §3º; 231-A, §3º, 243; 282, § 2º; 293, § 2º; 299; 301, ª 2º; 302, P. u.; 311-A; 313-A; 342; 343, P. u.; 344; 347.

terminologia "com o intuito de"[57] e quatro tipos penais com os vocábulos "com intuito de"[58]. Assim, embora possa se afirmar que com o acolhimento da teoria finalista pela Reforma de 1984, essa diferenciação terminológica perderia sentido diante da constatação de que toda e qualquer ação é uma ação final[59], nota-se a constante atribuição legislativa à finalidade específica de condutas criminais, demonstrando que nem todos os tipos penais sejam simétricos[60].

Na prática, como bem alertam Martinelli e Bem, isso resulta em afirmar que "cumprirá ao representante do Ministério Público provar esse especial momento anímico"[61]. Afinal, como elemento estruturante da previsão típica penal, decorre das funções "tradicionais" do tipo uma importante tarefa de delimitação da imputação no caso concreto[62]. Esse aspecto processual do tipo penal foi bem analisado por Jacinto Coutinho e Edward Carvalho em trabalho sobre a necessidade da denúncia expor corretamente os fatos que constituem elementos normativos do tipo[63], razão pela qual a famigerada denúncia genérica deve sempre ser refutada[64], ainda que os tribunais teimem em aceitá-la em delitos societários[65]. Ademais, a finalidade específica deve ser comprovada na instrução processual, caso contrário, impera-se a absolvição[66].

5.4 "... provocar terror social ou generalizado".
Conforme esclarecido acima, a finalidade específica se caracteriza por transcender o dolo do tipo. Assim, no delito em comento, verifica-se que tal finalidade se expressa pela provocação de terror social ou generalizado. Primeiramente, aponta-se que o termo "terror" aparece como substantivo adjetivado pelas locuções "social" e "generalizado". Essas duas expressões detêm conteúdo semântico próximo, no

---

57 Quais sejam: Arts. 154, §1º; 158; 171, V; 184, §2º, 202, 216-A.

58 Quais sejam: Arts. 184, § 1º; 184, §3º; 250, §1º, I; 261, § 2º embora o nomen crimines seja "com o fim de lucro".

59 Conforme defende DOTTI, René Ariel. *Curso de Direito Penal:* Parte Geral. 3. ed. São Paulo: Revista dos Tribunais, 2010, p. 394.

60 "Quando nos referimos à estrutura dos tipos dolosos em geral, vimos que há tipos simétricos, em que seu aspecto subjetivo se esgota no dolo. E tipos assimétricos, que têm elementos ou requisitos subjetivos que excedem o dolo". (ZAFFARONI, Eugenio Raúl; PIERANGELI, José *Op. cit.*, p. 431).

61 MARTINELLI, João Paulo Orsini; BEM, Leonardo Schmitt de. *Loc. cit.*

62 Sobre o assunto: DAVID, Décio Franco. *Funções do tipo e contenção da ampliação punitiva em matéria penal econômica. Escola Superior de Direito Público.* Disponível em: <http://esdp.net.br/6821-2/>. Acesso em 15 nov. 2016.

63 COUTINHO, Jacinto Nelson de Miranda; CARVALHO, Edward Rocha de. Elementos normativos e descrição da tipicidade na denúncia. *Boletim IBCCRIM,* ano 13, n. 166, set./2006.

64 Por todos, KNOPFHOLZ, Alexandre. *A denúncia Genérica nos crimes econômicos.* Porto Alegre: Nuria Fabris, 2013, p. 227 e ss.

65 Nesse sentido, TRF-5 – APR: 200985010000193. Rel. Des. Walter Nunes da Silva Júnior, Julg. 27/03/2012, 2ª Turma, Public.: 03/05/2012; TRF-2 - ACR: 2409 2000.02.01.028777-9, Rel. Des. Sergio Feltrin Correa, Julg. 11/01/2006, 1ª Turma Especializada, Public. 26/01/2006 ; TRF-3 - HC: 3350 SP 2004.03.00.003350-1, Rel. Des. Vesna Kolmar, Julg.: 08/06/2004, 1ª Turma.

66 Nesse sentido: TJ-SP - APL: 00022268220148260132 SP 0002226-82.2014.8.26.0132, Relator: Airton Vieira, Data de Julgamento: 30/03/2016, 1ª Câmara Criminal Extraordinária, Data de Publicação: 05/04/2016; TJ-SP – voto 22976 no - APL: 00080012220108260099 SP 0008001-22.2010.8.26.0099, Relator: Newton Neves, Data de Julgamento: 30/09/2014, 16ª Câmara de Direito Criminal, Data de Publicação: 01/10/2014; TASP – Ap. Crim. 38.750 – Rel. Jui Cardoso Rolim – 1º C. Crim. – J. 16.5.63 – Um. RT 350/409).

entanto, a configuração do que se possa compreender enquanto terror social pode ser bastante distinto do que se caracterize como algo generalizado. Evidentemente, a *ratio legis* objetiva que as duas elementares sejam analisadas em proximidade.

Retornando à expressão *terror*, pode-se afirmar, com base nos escritos de Paulo José da Costa Júnior que o termo tem sua origem vinculada ao "Terror jacobino da Revolução francesa de 1789 que, como é sabido, foi um episódio de curta duração"[67]. Atualmente, sem ter correlação direta "com as cabeleiras brancas e nobres que rolaram há dois séculos, decepadas pela guilhotina do Terror", é possível definir o termo como "o medo, espanto, pavor de um mal que ameaça, a ameaça de um perigo"[68].

Já as locuções adjetivas *"social"* e *"generalizado"* correspondem à extensão do terror aplicado. Por "social" devre ser compreendido o temor imposto à dada coletividade ou grupo de pessoas, os quais, não necessariamente, representarão toda uma generalidade. Por sua vez, o termo generalizado, está vinculado à extensão do temor a toda população em sentido amplo. Reitera-se que o significado semântico atribuído aos termos é bastante próximo, diferindo, apenas, por uma questão numérica. Porém, evidentemente, todo ato de terrorismo, certamente, se estende, senão a toda, a quase toda população de determinado país, transcendendo, em muitos casos, a todo o globo. Em suma, o terror social e/ou generalizado está atrelado à ideia de colocar em cheque o regime social, estatal e democrático existente[69].

5.5 "... expondo a perigo pessoa, patrimônio, a paz pública ou a incolumidade pública".

Na parte final do artigo, verifica-se o modo pelo qual o ato de terrorismo se configura, ou seja, não basta ele causar terror social e/ou generalizado, é preciso que a conduta provoque perigo de forma concreta, não abstrata, direcionada à pessoa, ao patrimônio, à paz pública ou à incolumidade pública. Além disso, em comparação com outros tipos que adotam os mesmos elementos normativos, a situação de perigo "deve ser presente, imediata, estar ocorrendo ou na iminência de ocorrer"[70].

A primeira forma de exposição de perigo se direciona a pessoa e por tal razão pode receber interpretação próxima da atribuída aos delitos de periclitação à vida ou a saúde, assim como da atribuída aos delitos de perigo comum. Afinal, a exposição a perigo de muitas pessoas, engloba a exposição de apenas uma. Por pessoa deve se compreender uma "pessoa humana viva", do que se conclui que "uma pessoa é mais do que seu corpo, é um ser que atua em relações de

---

67 COSTA JÚNIOR, Paulo José da. Parte II. In: CERNICCHIARO, Luiz Vicente; COSTA JÚNIOR, Paulo José da. *Direito Penal na Constituição*. 2. ed. São Paulo: Revista dos Tribunais, 1991, p. 227.

68 SZNICK, Valdir. *Comentários à Lei dos Crimes Hediondos*. São Paulo: Edição Universitária de Direito, 1991, p. 201.

69 Em sentido próximo, COSTA JÚNIOR, Paulo José da. *Loc. cit.*

70 Conforme comentários sobre o art. 132 do Código Penal constantes em BUSATO, Paulo César. *Direito Penal: Parte Especial 1. Op. cit.*, p. 153.

comunicação, as quais cessam com a morte. A cessação da participação em processos comunicativos determina o fim da existência de alguém como tal"[71]. Logo, a exposição a perigo contida no tipo, exige que seja sobre uma pessoa viva. Se for sobre um cadáver, poderá vir a configurar a elementar patrimônio se o cadáver tiver reflexo econômico (como uma múmia, por exemplo).

Embora a doutrina nacional e a jurisprudência pátria já tenham o conceito de *patrimônio* como algo elementar de análise normativa. Não se pode esquecer que a estruturação típica de natureza penal, em obediência ao princípio da intervenção mínima e suas características fragmentária e subsidiária, exige uma técnica de tipificação[72] e interpretação na qual os elementos normativos estejam correlatos aos termos de áreas extrapenais, no intuito de se manter a integridade de conceitos[73].

Em sentido crítico, poder-se-ia trazer à tona os problemas de uma tipificação que coloca aspectos patrimoniais em concomitância à proteção da pessoa. Isso não implica em refutar a importância do patrimônio como bem jurídico, mas apenas em reconhecer o acerto crítico de Luigi Ferrajoli ao diferenciar direitos fundamentais e direitos patrimoniais[74]. Aqui, certamente, é cabível uma interpretação reducionista da exposição de perigo sobre o patrimônio, até mesmo para evitar que condutas sem nenhuma pretensão de ofensividade sobre o bem jurídico patrimônio venham a configurar a realização do tipo. Como afirmado acima, embora a elementar nuclear da conduta seja a definição do ato de terrorismo, sem a pretensão de ofenvidade do bem jurídico – aqui configurada por um delito de perigo concreto – não há que se falar em realização típica.

As terceira e quarta formas de exposição embora também se valham de conceitos de reiterado uso jurisprudencial e doutrinário, merecem uma rápida reflexão crítica. Primeiramente, a paz pública é conceito de difícil precisão sob o aspecto dogmático de reconhecimento desse valor enquanto bem jurídico-penal. Nesse sentido, na tentativa de superar eventuais críticas, Busato afirma que só pode ser objeto do Direito penal "a pretensão de não ver turbada a paz pública, ou seja, a possibilidade de que todos os cidadãos vivam uma expectativa de tranquilidade e de não enfrentamento"[75]. Deste modo, os crimes que agridem a paz pública são aqueles que "provocam alarma social"[76].

---

71 BUSATO, Paulo César. *Direito Penal*: Parte Especial 1. *Op. cit.*, p. 21.

72 Segundo Heloísa Estellita na esfera delitiva econômica esse fenômeno é chamado de tipificação por superposição (cf. ESTELLITA, Heloisa. Tipicidade no Direito Penal Econômico. *In*: PRADO, Luiz Regis; DOTTI, René Ariel. *Direito Penal Econômico e da Empresa*: Direito Penal econômico. Coleção doutrinas essenciais; v. 2. São Paulo: Revista dos Tribunais, 2011, p.162 e 169).

73 Em análise específica sobre a vinculação conceitual do patrimônio: SALVADOR NETTO, Alamiro Velludo. *Direito Penal e Propriedade Privada*: A racionalidade do sistema penal na tutela do patrimônio. São Paulo: Atlas, 2014., p. 29 e ss.

74 FERRAJOLI, Luigi, *Derechos y garantías*: La ley del más débil. 2. ed. Madrid: Trotta, 2001, p. 45-50. As mesmas ponderações são apresentadas em: BUSATO, Paulo César. *Direito Penal*: Parte Especial 1. *Op. cit.*, p. 400-401.

75 BUSATO, Paulo César. *Direito Penal*: Parte Especial 2. *Op. cit.*, p. 274

76 BUSATO, Paulo César. *Direito Penal*: Parte Especial 2. *Loc. cit.*

Ainda segundo Busato, a *paz pública* é "algo intangível, sem corporificação, sem substância corpórea, e que, mais do que descrito é percebido"[77]. Por isso, segundo o mestre paranaense, somente a partir de uma perspectiva linguística de compreensão contextual ele pode ser identificado, de modo que a paz pública só recebe uma ofensa perceptível quando se amplia generalizadamente a sensação de insegurança pública, existente apenas diante da prática massiva de condutas, as quais se subsumem ao epíteto de intoleráveis socialmente[78].

Por fim, a última forma de exposição a perigo abrange a *incolumidade pública*, a qual segundo Busato, "traduz o estado de *incólume*, ou seja, de preservado, são e salvo, ileso, protegido que escapou do perigo"[79]. Em decorrência de ser um termo bastante amplo, a incolumidade pública pode ser compreendida como um "complexo de bens relativos à vida, à integridade corporal, à saúde de todos os indivíduos que compõem a sociedade"[80]. Deste modo, um ato de terrorismo, certamente coloca em xeque a incolumidade e a paz pública pelo próprio temor e terror ínsitos a sua definição.

Todavia, conforme afirmado acima, tanto a incolumidade pública quanto a paz pública podem ter seu status de bem jurídico-penal questionados diante da dificuldade conceitual e de apresentação de conteúdo material. Assim, recordando-se que um bem jurídico deve ser dotado de referenciabilidade pessoal e demonstração de concretude[81], torna-se difícil sustentar a validade desses dois bens como objetos de tutela penal, tal como ocorre, por exemplo, com a saúde pública[82] e a segurança[83].

6. Da objetividade jurídica.

Os incisos do art. 2º apresentam os atos que consistem em terrorismo. Vale destacar que as condutas são do tipo misto alternativo, ou seja, basta a realização de um dos núcleos do tipo para a consumação do crime.

6.1. Inciso I: verbos.

O *inciso I* pune quem usa, ameaça usar, transporta, guarda, porta ou traz consigo explosivos, gases tóxicos, venenos, conteúdos biológicos, químicos,

---

77 BUSATO, Paulo César. *Direito Penal*: Parte Especial 2. *Op. cit.*, p. 275.
78 BUSATO, Paulo César. *Direito Penal*: Parte Especial 2. *Loc. cit.*
79 BUSATO, Paulo César. *Direito Penal*: Parte Especial 2. *Op. cit.*, p. 72.
80 BUSATO, Paulo César. *Direito Penal*: Parte Especial 2. *Loc. cit.*
81 Adotando esses dois requisitos: TAVARES, Juarez. *Teoria do Injusto Penal*. 3. ed. Belo Horizonte: Del Rey, 2003, p. 217 e ss; DAVID, Décio Franco. *Tutela Penal Ambiental e Delitos de Acumulação*. 246. 2016. Dissertação (Mestrado em Direito Penal) – Universidade de São Paulo, São Paulo, p. 74 e ss.
82 Vide: DAVID, Décio Franco; CHRISTOFFOLI, Gustavo. Trento. Constatações sobre a política repressiva anti-drogas: seletividade penal e falácia do bem jurídico saúde pública. In: CARVALHO, Érika Mendes de; ÁVILA, Gustavo Noronha de. (Org.). *10 Anos da Lei de Drogas*: Aspectos criminológicos, dogmáticos e político-criminais. Belo Horizonte: D'Plácido, 2016, p. 585-609.
83 Acerca das crítica cabíveis obre a segurança publica enquanto bem jurídico-penal: SILVEIRA, Renato de Mello Jorge. A segurança como critério de estipulação de crimes. In: GRECO, Luís; MARTINS, António Carvalho. *Direito penal como crítica da pena*: estudos em homenagem a Juarez Tavares por seu 70° aniversário em 2 de setembro de 2012. Madrid: Marcial Pons, 2012, p. 649-659.

nucleares ou outros meios capazes de causar danos ou promover destruição em massa.

Assim, necessário se faz, em um primeiro momento, analisar os verbos escolhidos pelo legislador.

Usar é o mesmo que empregar, utilizar, servir-se de, dos meios indicados no inciso (explosivos, gases tóxicos, etc.), verbo este que configura um tipo comissivo, formal - vez que a conduta se satisfaz somente com o uso efetivo dos instrumentos elecandos no inciso – e de perigo, porquanto não se exige a sobrevinda de dano; *Ameaçar usar* é sugerir, intimidar, prometer empregar alguns dos meios elencados no inciso. Como o crime de terrorismo visa atingir um sem número de pessoas, geralmente como meio para a consecução de causas transindividuais, a ameaça deve ter a potencialidade de alarmar toda a sociedade, causando um verdadeiro estado de terror. Assim, ameaças direcionadas para um nicho muito restrito de pessoas, que dificilmente atingirão um grande público, não devem ser consideradas aptas a caracterizar tal conduta.

É um núcleo de forma livre, ou seja, o autor pode se utilizar dos mais diferentes meios para propagar a ameaça, como a internet, a televisão e o rádio, contudo, tais veículos devem ter a capacidade de atingir uma grande quantidade de pessoas, a fim de que ocorra um terror social.

Além disso, como o objetivo dos agentes é incutir o medo na sociedade, a gravidade da ameaça deve ser tal que atinja a média da sensibilidade humana. Logo, não há de se considerar a ocorrência do crime quando poucos indivíduos, extremamente impressionáveis, se assustam com a mensagem. A intimidação deve ser séria e perturbadora.

Transportar é levar algo de um lugar para outro. É uma clara criminalização de um ato preparatório ao terrorismo. Desta maneira, para a caracterização deste núcleo, imprescindível que o agente seja flagrado com explosivos, gases tóxicos, etc., numa situação inequívoca de que pretendia transferir tais objetos para outra localidade, seja via terrestre, aérea ou marítima, não se exigindo a efetiva chegada ao destino.

Guardar é reservar, ter em depósito determinada coisa. Também constitui a criminalização de um ato preparatório ao atentado terrorista, até mais distante do que o transporte dos bens.

Portar é sinônimo de *"trazer consigo"*. Como no art. 14 da Lei 10.826/03, para a caracterização desta figura, necessário que o agente tenha de pronto alcance explosivos, gases tóxicos, agentes biológicos, etc., caso contrário, não haverá o efetivo porte.

6.2. Inciso I: demais elementos.

Analisados os verbos que revelam a conduta típica, necessário analisar os demais elementos constantes do tipo penal. Antes de adentrar na referida análise, porém, há que se registrar que o inc. I do §1º do art. 2º assume técnica legislativa conhecida como interpretação analógica.

Tal técnica, conforme bem esclarece Cezar Roberto Bitencourt[84], não se confunde com a *analogia* que surge na lacuna da lei e que, quando realizada em desfavor do réu, é vedada no Direito Penal em razão do princípio da legalidade. Alerta Jiménez de Asúa que a interpretação analógica não viola o princípio da legalidade, pois é a própria lei que a ordena, estando vinculada à própria vontade da lei.[85]

A interpretação analógica é uma espécie de interpretação extensiva e decorre de determinação expressa da própria lei, não havendo que se falar na existência de lacuna autorizadora de analogia, portanto. Leia-se: a interpretação analógica é um processo *interpretativo* e não um processo *integrativo*, como a analogia.

Não raro os tipos penais incriminadores utilizam a técnica da interpretação analógica, em razão da impossibilidade do legislador prever, *ex ante* e de forma exaustiva, todos os elementos que deveriam constar da redação legal. Exemplo bastante conhecido – mas não isolado - de tal técnica legislativa é o crime de homicídio em suas modalidades qualificadas.

Veja-se que o art. 121, §2º, do Código Penal dispõe, em seu inciso I, que será considerado qualificado o homicídio cometido "mediante paga ou promessa de recompensa ou *por outro motivo torpe*". O legislador, assim, elenca alguns exemplos ("mediante paga", "mediante promessa de recompensa"), que acabam por direcionar a interpretação, para em seguida prever uma fórmula genérica que abarca casos não taxativamente elencados ("ou outro motivo torpe").[86]

Bem verdade que, muito embora tal técnica seja considerada, pela doutrina, compatível com o princípio da legalidade, não deixa de gerar dúvidas interpretativas. Para ficar no exemplo acima citado, veja-se que parte da doutrina entende ser o "motivo torpe" um motivo abjeto, indigno e desprezível, que repugna ao mais elementar sentimento ético e que provoca acentuada repulsão, sobretudo pela ausência de sensibilidade moral do executor.[87]

Porém, parte da doutrina não exige que o "motivo torpe" tenha ligação estrita com vantagens de cunho econômico ou patrimonial, compreendendo também vantagens diversas, como as sentimentais, políticas, etc, enquanto parcela doutrinária, em razão do direcionamento interpretativo dado pelo próprio legislador, entende haver necessidade de ligação com vantagens de ordem econômica.[88]

---

84 BITENCOURT, Cezar Roberto. *Tratado de Direito Penal – Parte Geral*. 17ª ed. rev. amp. e atual. São Paulo: Saraiva, 2012, p. 196.

85 JIMÉNEZ DE ASÚA, Luiz. *Principios de Derecho Penal – La ley y el delito*. Buenos Aires: Abeledo-Perrot, 1990, p. 140.

86 O mesmo ocorre nos incisos seguintes do art. 121, §2º, do Código Penal. Veja-se: "com emprego de veneno, fogo, explosivo, asfixia, tortura ou outro meio insidioso ou cruel, ou de que possa resultar perigo comum." O legislador, uma vez mais, elencas exemplos que figuram como direcionadores interpretativos e, em seguida, amplia a fórmula, permitindo interpretação analógica. Assim como em: "À traição, de emboscada, ou mediante dissimulação ou outro recurso que dificulte ou torne impossível a defesa do ofendido."

87 PRADO, Luiz Regis. CARVALHO, Erika Mendes de. CARVALHO, Gisele Mendes de. *Op. Cit.* p. 638.

88 É o caso, por exemplo, de NORONHA, E. Magalhães. Direito Penal, vol. II. 29 ed. São Paulo: Saraiva, 1991, p. 31.

No caso específico do art. 2, §1º, I, da Lei ora em comento, o legislador lançou mão de interpretação analógica bastante ampla, posto que elenca expressamente os seguintes elementos: "explosivos, gases tóxicos, venenos, conteúdos biológicos, químicos, nucleares", para em seguida ampliar a fórmula, dispondo: "ou outros meios capazes de causar danos ou promover destruição em massa". Pois bem.

Explosivo refere-se a todo meio que produza "um súbito aumento de volume e grande liberação de energia em ondas de pressão, produzido por distintas fórmlas, eventualmente associado a altas temperaturas"[89].

Gases tóxicos refere-se ao elemento normativo do tipo que já foi utilizado, em outros momentos, pelo legislador brasileiro. Veja-se, a título exemplificativo, a Lei 12305/2010, que ao instituir a Política Nacional de Resíduos Sólidos, alterando a Lei 9605/1998, faz menção expressa aos "gases tóxicos".

Tal expressão busca compreensão na química e pode ser entendido como um composto que, quando inalado, ingerido ou absorvido através da pele, pode provocar consequências danosas à saúde humana. Tais consequências, a depender da qualidade e da quantidade de gás tóxico, pode variar de simples irritações até a morte.[90]

Em termos farmacológicos, os gases tóxicos podem ser classificados em irritantes, em asfixiantes simples e em asfixiantes químicos. Os primeiros são substâncias de ação local, que agridem o sistema respiratório e os olhos. Os segundos são gases inertes, porém, quando em altas concentrações – em especial em ambientes confinados – reduzem a quantidade de oxigênio disponível e podem gerar danos à saúde. Os últimos são substâncias que impedem a utilização bioquímica do oxigênio, sendo significativamente lesivos ao ser humano.[91]

Venenos. O termo *venenos,* adotado na sequência do dispositivo analisado, não exige o mesmo tratamento do termo "veneno" disposto no art. 121, §2º, III, do Código Penal. Isso porque, quando o legislador menciona o elemento "veneno" para qualificar o crime de homicídio, atrela tal substância com o efeito "insidioso". Para a doutrina, assim, "a utilização de veneno, que é meio insidioso, só qualificado o crime se for feita *dissimuladamente,* isto é, com estratagema, como cilada. Para o envenenamento constituir meio *insidioso* é indispensável que a vítima desconheça a circunstância de estar sendo envenenada."[92]

No caso da presente Lei, a substância *veneno* não está vinculada ao caráter insidioso do meio, mas sim à capacidade de produzir dano ou destruição em massa. Assim, o elemento típico se satisfaz com a utilização de "qualquer substância, biológica ou química, que, introduzida no organismo, pode produzir lesões ou causar a morte."[93]

---

89 BUSATO, Paulo César. *Op. cit,* p. 97.

90 GOVERNO DO PARANÁ. SECRETARIA DA EDUCAÇÃO. *Gases Tóxicos.* Disponível em: <http://www.quimica.seed.pr.gov.br/modules/conteudo/conteudo.php?conteudo=240>. Acesso em: 01 de novembro de 2016.

91 Gases Tóxicos. *Portal da Educação.* 30 nov. 2012. Disponível em: <https://www.portaleducacao.com.br/farmacia/artigos/22624/gases-toxicos>. Acesso em: 01 de novembro de 2016.

92 BITENCOURT, Cezar Roberto. *Op. Cit.,* p. 81.

93 JESUS, Damásio E. de. Direito Penal; Parte Especial. 22a ed. São Paulo: Saraiva, 1992, p. 68.

Ademais, não há que se falar aqui – diferentemente do que ocorre no crime de homicídio qualificado através do uso de veneno – em substância que é teoricamente inócua, mas que pode assumir condição de veneno especificamente para uma pessoa ou uma classe de pessoas (como é o exemplo clássico do açúcar para o diabético). Como a legislação está preocupada com elementos que causem dano ou destruição em massa, a interpretação do termo veneno, no presente caso, exige que este tenha a potencialidade lesiva geral.

Conteúdos biológicos ou químicos. Foram termos adotados pelo legislador para tornar ampla a punição dos elementos utilizados pelo agente quando da intenção de produzir dano ou destruição em massa. Assim, o elemento utilizado pode ter origem na própria natureza, sem intervenção humana, ou pode ter sido produzida em laboratório. Em qualquer dos casos, a legislação alcançará a punição de quem usa, ameaça usar, transporta, guarda, porta ou traz consigo tais elementos, desde que capazes de causar dano ou promover destruição em massa.

Conteúdos nucleares. São os meios utilizados pelo agente para a prática de atos terroristas que tem a potencialidade de inflingir danos consideráveis ao organismo humano, à homeostase. Podem ser artificais, criados em laboratório, como gás mostarda, agente orgânicos, tais como *Anthrax*, e provenientes de reações nucleares.

Outros meios capazes de causar danos ou promover destruição em massa. Trata-se de uma cláusula de equipação, que condena condutas tão letais ou destrutivas quanto o emprego de explosivos, gases tóxicos, venenosos, etc. Tal técnica redacional, conforme visto, não fere o princípio da legalidade, pois permite claramente ao intérprete analisar a potencialidade do meio empregado e compará-lo com as figuras já previstas em lei.

Há que se esclarecer, nesse ponto, que a legislação não encerra a tutela penal à saúde e à vida do indivíduo, mas também – como indica a redação do *caput* do art. 2o, ao próprio patrimônio, à paz pública e à incolumidade pública. Assim, estaria configurado o ato de terrorismo, segundo a legislação, se o agente praticar algum dos verbos acima analisados e envolver quaisquer dos elementos acima descritos, desde que sejam esses capazes de causar danos ou promover destruição – seja à vida, à saúde ou mesmo ao patrimônio – em massa.

6.3. Incisos II e III.

Os incisos II (*"incendiar, depredar, saquear, destruir ou explodir meios de transporte ou qualquer bem público ou privado"*) e o III (*" interferir, sabotar ou danificar sistemas de informática ou bancos de dados"*), foram vetados integralmente pela Presidenta da República, Dilma Rousseff, pelos seguintes fundamentos:

"Os dispositivos apresentam definições excessivamente amplas e imprecisas, com diferentes potenciais ofensivos, cominando, contudo, em penas idênticas, em violação ao princípio da proporcionalidade e da taxatividade. Além disso, os demais incisos do parágrafo já garantem a previsão das condutas graves que devem ser

considerabas 'ato de terrorismo".

Realmente, há patente desproporcionalidade em sancionar da mesma maneira quem saqueia ou explode meios de transporte, como um ônibus, e quem o faz contra um computador de uma instituição pública, contudo também é certo que tal desproporcionalidade se faz presente, também, nos outros incisos que não foram revogados, basta ver a equiparação entre quem atenta contra a vida de outrem e quem sabota o funcionamento de um estádio.

6.4. Inciso IV.

O inciso IV pune quem sabota o funcionamento ou apodera-se, com violência, grave ameaça a pessoa ou servindo-se de mecanismos cibernéticos, do controle total ou parcial, ainda que de modo temporário, de meio de comunicação ou de transporte, de portos, aeroportos, estações ferroviárias ou rodoviárias, hospitais, casas de saúde, escolas, estádios esportivos, instalações públicas ou locais onde funcionem serviços públicos essenciais, instalações de geração ou transmissão de energia, instalações militares, instalações de exploração, refino e processamento de petróleo e gás e instituições bancárias e sua rede de atendimento.

Sabotar significa danificar ou destruir propositadamente instalações, comprometer ou impedir o funcionamento de determinado bem ou serviço[94]. No Código Penal, aparece a expressão "sabotagem" no *nomen iuris* do Art. 202, como também no Estatuto do Estrangeiro (Art. 77, § 3º), na Lei de Segurança Nacional (art. 15), e na Lei de Segurança Nacional da Ditadura Civil-Militar (arts. 10 e 25).

Apoderar-se é tomar algo, desapossar (como na referência ao Art. 149, § 1º, CP[95]) no caso, refere-se a um dos lugares ou meios que serão objeto de comentários adiante. o controle de algum lugar, subjugando a estrutura e organização do meio. Dentre os *meios* utilizados para a prática de uma dessas duas condutas o legislador vale-se dos seguintes:

i) Com violência ou grave ameaça: disposição absolutamente comum em diversos tipos penais tradicionais, como por exemplo, roubo, extorsão e estupro. No qual o agente vale-se da prática de lesão corporal (violência de natureza física) ou grave ameaça (a denominada violência de natureza moral). Os quais encontram-se tipificados nas figuras subsidiárias do constrangimento ilegal (art. 146, CP), ameaça (art. 147, CP) e lesão corporal (art. 129 e §§, também do CP)[96].

ii) Mecanismos cibernéticos: ao contemplar tal expressão, o legislador atenta-se a uma perspectiva atenta às tecnologias de informação e comunicação. Não parece ser possível restringir a criminalização das condutas somente quando

---

94 BARROS, Marco Antonio de. *A Lei de Segurança Nacional e a Legislação Penal Militar.* Disponível em: http://www.revistajustitia.com.br/artigos/4714cb.pdf. Acesso em: 7 nov. 2016.

95 FRANCO, Alberto Silva et. al. *Código Penal e sua interpretação: doutrina e jurisprudência.* São Paulo: Revista dos Tribunais. 8ª. ed., rev., atual. e amp., p. 754.

96 Vide comentários sobre os artigos mencionados em: BUSATO, Paulo Cesar. *Direito Penal: parte especial 1.* São Paulo: Atlas, 2014.

se valham de *malwares* (softwares maliciosos), pois o tipo penal não faz essa restrição. Essa expressão não encontra definição mais evidente nem na legislação que instituiu o marco civil da internet (Lei 12.965/2014). Nesse sentido, importante salientar a Convenção de Budapeste de 2001, denominada como Convenção do Cibercrime, particularmente, no que concerne à terminologia, constante no Art. 1º[97], e a sua internalização com a consequente de tipologia na temática.

Os *alvos* da sabotagem estão elencados de maneira taxativa no inciso IV, assim, não haverá crime de terrorismo se for sabotado, por exemplo, um teatro. O rol taxativo, em homenagem ao princípio da vedação à analogia *in malan partem*, embora a expressão final do dispositivo (*serviços essenciais*) possa ensejar dúvidas como se verá adiante. Em regra, os locais ou serviços protegidos pela norma penal. indicam meios, locais e instalações imprescindíveis à vida em comunidade, a saber:

i) Meios de comunicação: um suporte para a compreensão de tais meios encontra-se na Lei sobre o serviço de correspondência e seu objeto (Lei 6.538/76, Arts. 7º, 25 e 47) e de telecomunicação (Lei 9.472/97, em especial o Art. 60), compreendendo assim tanto os meios tradicionais (como carta, por exemplo) até os mais contemporâneos como email.

ii) Meios de transporte: O Código de Trânsito Brasileiro (Lei 9.504/97), em seu Anexo I, elenca os meios de transporte terrestres (automóvel, bicicleta, bonde, caminhão-trator, etc), mas a expressão usada pelo legislador não se restringe a eles. Assim podem ser incluídos os meios de transporte aéreo ou aeronaves (cf. Arts. 106 e 107, do Código Brasileiro de Aeronáutica), marítimos ou embarcações (cf. Art. 2º, da Lei 9.432/97 e Art. 2º da Lei 9.966/00) e transporte ferroviário (http://www.transportes.gov.br/transporte-ferroviario.html).[98]

iii) Portos: A legislação estabelece o conceito de porto por meio da Lei 12.815/2013, de onde se pode compreender que se trata de local para o aporte à navegação, ao tráfego, bem como o local de armazenamento. A mesma legislação ainda trata da área de porto organizado e da instalação portuária (Art. 2º).

iv) Aeroportos: A compreensão da definição de aeroporto pode-se dar a partir do Art. 31, Inc. I e Art. 39, ambos da Lei 7.565/86[99], estabelecendo como tais, os locais para pouso, tráfego, terminal, administração, etc. Destinado para aeronaves e a movimentação de passageitos, bem como a permanência de carga.

---

97 Para algumas reflexões acerca dos crimes cibernéticos e a compreensão mais detalhada dos meios cibernéticos: SOUZA, Gills Lopes Macêdo; PEREIRA, Dalliana Vilar. A Convenção de Budapeste e as leis brasileiras. Trabalho apresentado e aceito para publicação nos Anais do 1º Seminário Cibercrime e Cooperação Penal Internacional, organizado pelo CCJ da UFPB e pela Association Internacionale de Lutte Contra la Cybercriminalite (França), João Pessoa/PB, maio de 2009. Disponível em: http://www.charlieoscartango.com.br/Images/A%20convencao%20de%20Budapeste%20e%20as%20leis%20brasileiras.pdf. Acesso em: 07 nov. 2016; CRUZ, Felipe Lopes da; FERNANDES, Jorge Henrique C. Um estudo da necessidade de informação como estratégia para combate ao crime cibernético. In: Segurança Pública e Cidadania. Brasília. V. 2. N. 2, p. 139-153, jul-dez. 2009. Disponível em: file:///C:/Users/prisc/Downloads/93-302-1-PB.pdf. Acesso em: 07 nov. 2016.

98 Também é interessante consultar tanto sobre os meios de transporte quanto sobre o sistema que o suporta a Lei 5.917/73 e suas alterações legislativas.

99 Nota-se já uma atenção ao tema por meio da Lei 6.009/76.

Referida lei de 1986 já contemplava as expressões heliponto e heliporto (v. Art. 31, Incs. II e III) que não foram contemplados pela legislação sobre antiterrorismo, não parecendo ser possível estender sua aplicação a estes locais.

v) Estações ferroviárias: a legislação que trata do transporte ferroviária e das ferrovias não estabelece um conceito sobre estações ferroviárias. No entanto, pode se compreender como o local para o embarque e desembarque de trens (urbanos e interurbanos), tanto de pessoas como de carga.

vi) Rodovias: a definição dessa expressão encontra-se no Art. 60, Inc. II, a, do Código de Trânsito Brasileiro, sendo a via rural asfaltada.

Interessante observar que o legislador não contemplou as estações rodoviárias e de metrô de um lado e nem as ferrovias de outro, notando-se um atropelo legislativo que deixou de primar pela técnica.

vii) Hospitais e Casas de Saúde: estes estabelecimentos contemplam a ampla rede de atendimento à saúde, conforme se percebe das expressões que constam no sítio oficial do Sistema Único de Saúde, em que há unidades para pronto atendimento, atendimento especial, atenção básica, saúde mental e uma série de outros locais que ficam contemplados nestas expressões (portalsaude. saude.gov.br).

viii) Escolas: parece indicar o estabelecimento de ensino. A sua definição de forma mais estrita ou mais ampla pode ensejar a maior ou menor intervenção do sistema penal e a caracterização da conduta. Por exemplo, se faculdades e estabelecimentos para a educação infantil, estariam aqui incluídos, isso à falta de uma definição legal para o termo.

ix) Estádios esportivos: a expressão parece contemplar locais destinados para práticas desportivas. Interessante observar que mesmo a Lei 10671/2003, conhecida como o Estatuto do Torcedor, não contempla uma definição legal sobre essa expressão.

x) Instalações públicas: aqui se encontra uma expressão que pode ser bastante abrangente que pode, em certa medida, corrigir os graves equívocos de hermenêutica e restrições feitas pelo legislador; restrições estas feitas a partir de uma tentativa de esgotamento de locais, ao citar diversos deles, que produz, já se disse, o feito de limitar a intervenção penal.

xi) Instalações de geração ou transmissão de energia: são hidroelétricas, termoelétricas, usinas nucleares, locais de captação de energia, eólica, dentre outras (cf. Leis 9.074/95; 9.478/97; 10.848/04).

xii) Instalações militares: parecem estar aí incluídos os quarteis das Forças Armadas, Polícias e Bombeiros Militares, embora a legislação pertinente (como o Estatuto dos Militares, o Regulamento Disciplinar do Exército e a legislação que trata das Forças Armadas) não usa tal expressão. Trazem a definição do que seja uma organização militar, cuja compreensão mais se refere à estrutura hierárquica e disciplinar, do que propriamente ao local onde sejam desenvolvidas manobras militares (as quais, inclusive, podem ser eventuais: uma campana ou um acampamento).

Já quanto às Guardas Municipais, à Polícia Federal, Rodoviária Federal, Ferroviária Federal e Polícias Judiciárias, embora integrem as Forças de Segurança Pública, conforme o artigo 144 da Constituição da República, não parece correto considerar suas instalações como militares, entretanto, podem, sim, ser objeto de tutela do terrorismo, seja no conceito genérico de instalações públicas, seja em instalações essenciais.

xiii) Instalações de exploração, refino e processamento de petróleo e gás: são as plataformas marítimas ou terrestres de extração, refino ou processamento de petróleo ou gás (cf. Art. 6º, Lei 9.478/97). O legislador não protegeu todos os locais de onde se retiram hidrocarbonetos ou outras fontes de energia, assim, mais uma vez, por força da vedação da analogia *in malam partem*, não configura terrorismo a sabotagem de uma mina de carvão.

xiv) Instituições bancárias e sua rede de atendimento: são os locais onde há operações de crédito ou financeiras, podendo tanto ser de natureza pública ou privada (Cf. Arts. 17, 22 e 25, todos da Lei 4.594/64; Art. 8º, Lei 4.380/64). Atentando-se para a possibilidade de incluírem as casas lotéricas e o serviço postal, quando funcionar como rede bancária.

xv) Locais em que funcionem serviços essenciais: Assim como a expressão "instalações públicas", parece ter o legislador pretendido estabelecer uma forma de ampliar a inclusão de diversos locais em que sejam realizados e prestados serviços essenciais. *Serviços essenciais* podem ser entendidos como aqueles que não podem sofrer solução de continuidade. O art. 10 da Lei 7.783/89, que regula o direito de greve no funcionalismo público, assim dispõe: I - tratamento e abastecimento de água; produção e distribuição de energia elétrica, gás e combustíveis; II - assistência médica e hospitalar; III - distribuição e comercialização de medicamentos e alimentos; IV - funerários; V - transporte coletivo; VI - captação e tratamento de esgoto e lixo; VII - telecomunicações; VIII - guarda, uso e controle de substâncias radioativas, equipamentos e materiais nucleares; IX - processamento de dados ligados a serviços essenciais; X - controle de tráfego aéreo; XI compensação bancária.

6.5. Inciso V.

Por fim, o inciso V, que em tese tutela os bens jurídicos mais importantes, a vida e a integridade física de pessoa, foi previsto, lamentavelmente, em último lugar dentre as hipóteses de ocorrência do terrorismo, todavia, na modalidade tentada.

Atentar: o legislador criminalizou o atentado, ou seja, a forma tentada de dois delitos (o homicídio e a lesão corporal), sem, contudo, estabelecer a modalidade consumada. A questão que se põe, desde logo, qual a situação em havendo a ocorrência do resultado (morte ou lesão corporal).

No Código Penal brasileiro os exemplos de criminalizações de atentado são muito escassos. Um desses, é o caso do Art. 352, que criminaliza tanto a conduta de "evadir-se ou tentar evadir-se o preso ou o indivíduo submetido a medida de segurança detentiva, usando de violência contra a pessoa". As críticas da doutrina residem no fato de que a tentativa (pelo não alcance do objetivo e, portanto, com menor ofensa ao bem jurídico tutelado) deve receber pena menor[100].

Há setor da doutrina que afirma de forma categórica, o que parece aplicável nesse caso, de que a tentativa criminalizada de forma autônoma inexiste. É nesse sentido a posição de Paulo Cesar Busato:

"O tipo tentado, como tal, não existe, posto que não há tentativa em si, mas sempre tentativa de algo, o que obriga a conjugar o tipo da parte especial com um elemento da parte geral, caracterizado a chamada tipicidade indireta. Trata-se, pois, de uma tipicidade derivada do tipo consumado que constitui "uma ampliação temporal da figura típica". A tentativa é um delito incompleto, para o qual falta o resultado. Assim, pode-se dizer que o tipo tentado sempre possui os seguintes elementos: (a) decisão de realizar o crime (incluindo o dolo e eventuais outros elementos subjetivos do tipo de ação); (b) realização de atos de execução; (c) ausência do resultado por interferência de terceiro, contrária à vontade do autor."[101]

Contra a vida: é a realização de atos com potencial de provocar a morte de outrem. A morte, para nosso ordenamento jurídico, é confirmada, com o fim da atividade cerebral do indivíduo, o que, no caso, não se exige para a realização da figura típica agora estabelecida na forma tentada.

Ou a integridade física de pessoa: atos que atinjam a estrutura e higidez corporal da pessoa. Diferente da previsão do art. 129 do Código Penal, não há neste dispositivo a lesão à saúde da pessoa, que, é claro, pode ser atingida com o emprego de gases tóxicos, veneno, agentes biológicos, dentre os outros meios elencados no inciso I, mas é de se questionar tal omissão.

7. Da pena.

O legislador reprimiu tais condutas com pena de 12 a 30 anos de reclusão. Cumpre destacar a desproporcionalidade das penas cominadas a condutas tão distintas, como danos patrimoniais, sabotagens e comprometimento de bancos de dados, com condutas que afetem diretamente a vida e a integridade física das pessoas. Melhor seria a previsão de reprimendas diferentes para condutas com desvalor de resultado tão discrepantes, como estabelecia o PL 236/2012.

8. Considerações entre a tipificação brasileira e o plano internacional.

Como foi colocado anteriormente, não existe um consenso sobre a definição de terrorismo. Na realidade, muitas convenções ou diretrizes de organizações internacionais e legislações estrangeiras trazem os termos 'terrorism' ou mesmo

---

100 CARVALHO, Salo de. *Pena e garantias.* Rio de Janeiro: Lumen Juris. 2003, p. 233-234. A principal crítica do autor reside no fato de que isso demonstra o modelo autoritário de direito penal que equipara consumação e tentativa.
101 BUSATO, Paulo Cesar. *Direito Penal: Parte Geral.* 2 ed. São Paulo: Atlas, 2015, p. 666.

'acts of terror' e não definem quais seriam tais atos, se preocupando muito mais em definir medidas para combater o terrorismo do que delinear uma definição precisa para o termo. Como exemplo, pode-se citar a Diretriz 2016/681 *"Of the European Parliament and of the Council of 27 April on the use of passenger name record (PNR) data for the prevention, detection, investigation and prosecution of terrorist offences and serious crime"*.[102] Ou ainda, o programa de segurança da União Europeia sobre terrorismo, intitulado: *'Specific Programme: Prevention, preparedness and consequence management of terrorism (2007-2013)"*[103], que visava financiar e auxiliar projetos relacionados com a prevenção, preparação e adequado manejo das consequências de atos de terrorismo.

Segundo Christian Walter[104], a dificuldade para se estabelecer definições de terrorismo a nível internacional se dá pelas diversas formas que os países administram questões políticas ou mesmo os conceitos legais, além do exposto o conceito de *"freedom fighter"* era um grande empecílio para a definição do termo, visto que na década de 30 era bem comum a frase *"one men terrorist is another men freedom figther"*[105], gerando um problema de como diferenciar um terrorista do revolucionário.

Contudo nada disso impediu que definições acerca do que seria o terrorismo surgissem. A primeira convenção a tentar estabelecer tal definição foi a *"Convention on the Suppression of Financing of Terrorism"* de 1999, assinada em Nova Iorque[106], que foi uma proposta das Nações Unidas sobre o tema. Segundo esse dispositivo terrorismo seria um ato delimitado por duas partes: o primeiro critério é uma referência a transgressões a tratados previamente assinados: *1. Convention for the Suppression of Unlawful Seizure of Aircraft*, feita em Haia, 16 de Dezembro de 1970; *2. Convention for the Suppression of Unlawful Acts against the Safety of Civil Aviation*, feita em Montreal em 23 de Setembro de 1971; *3. Convention on the Prevention and Punishment of Crimes against Internationally Protected Persons, including Diplomatic Agents*, adotada pelas Nações Unidas em 14 de Dezembro de 1973; *4. International Convention against the Taking of Hostages*, adotada pelas Nações Unidas em 17 de Dezembro de 1979; *5. Convention on the Physical Protection of Nuclear Material*, realizada em Viena em 3 de Março de 1980; *6. Protocol for the Suppression of Unlawful Acts of Violence at Airports Serving International Civil Aviation*, anexo à *Convention for the Suppression of Unlawful Acts against the Safety of Civil Aviation*, feitos em Montreal em 24 de Fevereiro de 1988; *7. Convention for the Suppression of Unlawful Acts against the Safety of Maritime Navigation*, assinada em Roma em 10 de Março de 1988; *8. Protocol for*

---

102 Ver na íntegra em: http://eur-lex.europa.eu/legal-content/EN/TXT/?qid=1469030231242&uri=CELE-X:32016L0681

103 Ver na íntegra em: http://eur-lex.europa.eu/legal-content/EN/TXT/?qid=1412582464618&uri=URISER-V:l33262

104 Para maiores informações, consultar: WALTER, Christian. Defining terrorism in national and international law. Disponível em: https://www.unodc.org/tldb/bibliography/Biblio_Terr_Def_Walter_2003.pdf. Acesso em: 15 de julho de 2015.

105 Aquele que alguns consideram terrorista pode ser o revolucionário para outras pessoas' (tradução livre)

106 Ver íntegra do documento em: http://www.un.org/law/cod/finterr.htm.

the Suppression of Unlawful Acts against the Safety of Fixed Platforms located on the Continental Shelf, feita em Roma em 10 de Março de 1988; 9. *International Convention for the Suppression of Terrorist Bombings,* adotada pelas Nações Unidas em 15 de Dezembro de 1997.

Já a segunda parte da definição da ONU vai trazer uma definição abstrata para o termo, conforme previsão do artigo 2º, parágrafo 1º, b:

Qualquer outro ato com intenção de causar morte ou grave ferimento à população civil, ou a qualquer outra pessoa que não esteja envolvida nas situações de conflito armado, quando o propósito deste ato, pela sua natureza ou contexto, é de intimidar a população, ou fazer o governo ou entidade internacional agir ou deixar de agir de qualquer forma. (tradução livre)[107]

É importante notar que a definição supracitada menciona somente atos contra a vida ou contra a integridade física de pessoas, além de serem pessoas civis, excluindo-se os combatentes do escopo de proteção. Uma diferença importante quando notamos que a Lei brasileira coloca a questão da vida atingida pelos atos de terrorismo somente no inciso V, tratando antes de temas como a destruição em massa, o uso de certos equipamentos a até mesmo da situação da ameaça de causar atos de terrorismo, o que evidencia uma patente menoscabo com os bens jurídicos vida e integridade física por parte do nosso legislador.

Seguindo a mesma direção da definição da ONU, o *EU Framework Desicion* (2002/475/JHA)[108] não estabelece a necessidade dos atos serem ligados a uma causa religiosa, política ou mesmo a uma única ideologia, o que vai contra o movimento atual de codificação do tema (que tem o Reino Unido e o Canadá como exemplos).

Esta decisão do parlamento europeu vai ter por tema o combate ao terrorismo, e é a primeira regulamentação dentro da União Europeia sobre o assunto, assinada em 2002. Existe um documento, *Council Framework Decision* (2008/919/JHA)[109], que faz uma emenda do texto nos artigos 3º e 4º, mas não traz mudanças na definição de terrorismo. Ambos os documentos têm uma linha mestra de interpretação, que foi concedida pelo Parlamento Europeu e serve também para direcionar os países membros quando forem elaborar suas legislações sobre terrorismo, o chamado de *EU rules on terrorist offences and related penalties*[110]. Segundo estes aparatos legais o terrorismo poderia ser identificado por uma combinação de dois elementos:

"1. Elementos objetivos seriam reconhecidos como: assassinato, causar ferimentos graves, uso de reféns, extorsão, cometer ataques, ameaçar cometer qualquer um dos elementos previamente descritos.

---

107 *Any other act intended to cause death or serious bodily injury to a civilian, or to any other person not taking an active part in the hostilities in a situation of armed conflict, when the purpose of such act, by its nature or context, is to intimidate a population, or to compel a government or an international organization to do or to abstain from doing any act. (UN resolution 54/109 of 1999)*

108 Ver na íntegra em: http://eur-lex.europa.eu/legal-content/EN/TXT/?uri=celex:32002F0475

109 Ver na íntegra em: http://eur-lex.europa.eu/legal-content/EN/TXT/?uri=celex:32008F0919

110 Ver na íntegra em: http://eur-lex.europa.eu/legal-content/EN/TXT/?uri=uriserv:l33168

2. Elementos subjetivos: atos com a intenção de intimidar a população, desestabilizar ou destruir infraestruturas de um país ou de organização internacional ou ainda promover a abstinência de ação por parte de um governo.

Um grupo terrorista, um grupo de dois ou mais indivíduos que tendo sido estabelecido por um período de tempo venha a cometer atos terroristas." (tradução livre).[111]

Acerca do elemento subjetivo, nosso legislador foi além do que preveem as legislações estrangeiras vigentes. Para estas, o crime estará consumado se o agente praticar atos terroristas visando a alteração da ordem constitucional, ou que atinjam gravemente a paz pública, como estabelece o Código Penal espanhol[112]. O art. 2º de nossa Lei se afasta um pouco desta "proteção unicamente à ordem estatal" dada pelas legislações estrangeiras ao terrorismo, pois considera que tal crime restará configurado se o agente estiver imbuído por razões de xenofobia, discriminação ou preconceito de raça, cor, etnia e religião, e que venha a instaurar terror social. Neste aspecto, pareceu mais coerente a opção doméstica, visto que tais elementos subjetivos estão mais próximos do indivíduo, e apresentam um significado mais concreto.

Todavia, importante destacar que a atual redação do terrorismo, diferente da proposta no Anteprojeto do Código Penal, deixou de criminalizar os atos terroristas que visavam um "constrangimento ilegal por parte do Estado afetado" - "tiverem por fim forçar autoridades públicas, nacionais ou estrangeiras, ou pessoas que ajam em nome delas, a fazer o que a lei não exige ou deixar de fazer o que a lei não proíbe – previsão muito comum em legislações estrangeiras, como a canadense[113].

Sobre os critérios objetivos, há um consenso de que os atos cometidos contra a integridade física de pessoas, ou mesmo atentados contra a vida, configuram terrorismo, não há acordo se esses atos são necessários ou enquadrados como

---

111 *Texto original: The notion of terrorist offence as a combination of: objective elements (murder, bodily injuries, hostage taking, extortion, committing attacks, threat to commit any of the above, etc.); and; subjective elements (acts committed with the objective of seriously intimidating a population, destabilising or destroying structures of a country or international organisation or making a government abstain from performing actions). A terrorist group as a structured group of two or more persons, established over a period of time and acting in concert to commit terrorist offences.*

112 *Artículo 571. (...) 3. A los efectos de este Código, se considerarán organizaciones o grupos terroristas aquellas agrupaciones que, reuniendo las características respectivamente establecidas en el párrafo segundo del apartado 1 del artículo 570 bis) y en el párrafo segundo del artículo 570 ter, tengan por finalidad o por objeto subvertir el orden constitucional o alterar gravemente la paz pública mediante la perpetración de cualquiera de los delitos previstos en la Sección siguiente.*

113 *"83.01 (1) The following definitions apply in this Part:``terrorist activity'' means: (b) an act or omission, in or outside Canada, (i) that is committed (A) in whole or in part for a political, religious or ideological purpose, objective or cause, and (B) in whole or in part with the intention of intimidating the public, or a segment of the public, with regard to its security, including its economic security, or compelling a person, a government or a domestic or an international organization to do or to refrain from doing any act, whether the public or the person, government or organization is inside or outside Canada, and (ii) that intentionally (A) causes death or serious bodily harm to a person by the use of violence, (B) endangers a person's life, (C) causes a serious risk to the health or safety of the public or any segment of the public, (D) causes substantial property damage, whether to public or private property, if causing such damage is likely to result in the conduct or harm referred to in any of clauses (A to C)".*

suficientes. A legislação brasileira como a canadense, e dos Estados Unidos[114] também classificam como atos terroristas atos violentos contra patrimônio.

---

114 USA Imigration and Nationality Act. 4 (iii) TERRORIST ACTIVITY DEFINED.-As used in this Act, the term "terrorist activity" means any activity which is unlawful under the laws of the place where it is committed (or which, if 4 it had been committed in the United States, would be unlawful under the laws of the United States or any State) and which involves any of the following: (I) The highjacking or sabotage of any conveyance (including an aircraft, vessel, or vehicle). (II) The seizing or detaining, and threatening to kill, injure, or continue to detain, another individual in order to compel a third person (including a governmental organization) to do or abstain from doing any act as an explicit or implicit condition for the release of the individual seized or detained. (III) A violent attack upon an internationally protected person (as defined in section 1116(b)(4) of title 18, United States Code) or upon the liberty of such a person. (IV) An assassination. (V) The use of any - (aa) biological agent, chemical agent, or nuclear weapon or device, or (bb) explosive, 4 firearm, or other weapon or dangerous device (other than for mere personal monetary gain), with intent to endanger, directly or indirectly, the safety of one or more individuals or to cause substantial damage to property. (VI) A threat, attempt, or conspiracy to do any of the foregoing.

Referências bibliográficas.

ASÚA BATARRITA, Adela Asúa. Concepto jurídico de terrorismo y elementos subjetivos de finalidad. Fines políticos últimos y fines de terror instrumental. In: ECHANO BASALDÚA, Juan I (coord.). Estudios Jurídicos en Memoria de José María Lidón. Bilbao: Universidad de Deusto, 2002. Ataque em sede do jornal Charlie Hebdo em Paris deixa mortos. G1. 07 jan. 2015. Mundo. Disponível em: <http://g1.globo.com/mundo/noticia/2015/01/tiroteio-deixa-vitimas-em-paris.html>. Acesso em: 07 out. 2016.

BARROS, Marco Antonio de. *A Lei de Segurança Nacional e a Legislação Penal Militar.* Disponível em: http://www.revistajustitia.com.br/artigos/4714cb.pdf. Acesso em: 7 nov. 2016.

BITENCOURT, Cezar Roberto. *Tratado de Direito Penal – Parte Geral.* 17ª ed. rev. amp. e atual. São Paulo: Saraiva, 2012.

BUSATO, Paulo César. *Direito Penal:* Parte Especial 1. São Paulo: Atlas, 2014.

BUSATO, Paulo César. *Direito Penal:* Parte Geral. 2 ed. São Paulo: Atlas, 2015.

BUSATO, Paulo César. *Direito Penal:* Parte Especial 2. São Paulo: Atlas, 2016.

CALLEGARI, André Luís; LIRA, Cláudio Rogério Sousa. Direito Penal antiterror: necessidade de definição jurídico-penal para a tipificação do terrorismo no Brasil. Disponível em: http://www.egov.ufsc.br/portal/conteudo/direito-penal-antiterror-necessidadeefini%C3%A7%C3%A3o-jur%C3%ADdico-penal-para-tipifica%C3%A7%C3%A3o-de. Acesso em: 05 de agosto de 2016.

CARVALHO, Salo de. *Pena e garantias.* Rio de Janeiro: Lumen Juris. 2003.

CORDOBA RODA, Juan; GARCÍA ARÁN, Mercedes. Comentarios al Código Penal – parte especial, tomo II. Barcelona: Marcial Pons, 2004.

COSTA JÚNIOR, Paulo José da. Parte II. *In:* CERNICCHIARO, Luiz Vicente; COSTA JÚNIOR, Paulo José da. *Direito Penal na Constituição.* 2. ed. São Paulo: Revista dos Tribunais, 1991, p. 197-259.

COUTINHO, Jacinto Nelson de Miranda; CARVALHO, Edward Rocha de. Elementos normativos e descrição da tipicidade na denúncia. *Boletim IBCCRIM,* ano 13, n. 166, set./2006.

CRETELLA NETO, José. Curso de Direito Internacional Penal. 2. ed. São Paulo: Saraiva, 2014. CRUZ, Felipe Lopes da;

DAVID, Décio Franco. Funções do tipo e contenção da ampliação punitiva em matéria penal econômica. *Escola Superior de Direito Público*. Disponível em: <http://esdp.net.br/6821-2/>. Acesso em 15 nov. 2016.

DAVID, Décio Franco. *Tutela Penal Ambiental e Delitos de Acumulação*. 246. 2016. Dissertação (Mestrado em Direito Penal) – Universidade de São Paulo, São Paulo.

DAVID, Décio Franco; CHRISTOFFOLI, Gustavo. Trento. Constatações sobre a política repressiva antidrogas: seletividade penal e falácia do bem jurídico saúde pública. *In*: CARVALHO, Érika Mendes de; ÁVILA, Gustavo Noronha de. (Org.). *10 Anos da Lei de Drogas*: Aspectos criminológicos, dogmáticos e político-criminais. Belo Horizonte: D'Plácido, 2016, p. 585-609.

DOTTI, René Ariel. *Curso de Direito Penal*: Parte Geral. 3. ed. São Paulo: Revista dos Tribunais, 2010.

D'URSO, Adriana Filizzola; D'URSO, Luiz Flávio Borges. Arts. 140 a 133. In: JALIL, Maurício Schaun; GRECO FILHO, Vicente. *Código Penal Comentado*: Doutrina e Jurisprudência. Barueri: Manole, 2016, p. 386-392.

ESTELLITA, Heloisa. Tipicidade no Direito Penal Econômico. In: PRADO, Luiz Regis; DOTTI, René Ariel. *Direito Penal Econômico e da Empresa*: Direito Penal econômico. Coleção doutrinas essenciais; v. 2. São Paulo: Revista dos Tribunais, 2011, p. 153-171.

FERNANDES, Jorge Henrique C. Um estudo da necessidade de informação como estratégia para combate ao crime cibernético. In: Segurança Pública e Cidadania. Brasília. V. 2. N. 2, p. 139-153, jul-dez. 2009. Disponível em: file:///C:/Users/prisc/Downloads/93-302-1-PB.pdf. Acesso em: 07 nov. 2016.

FERRAJOLI, Luigi, *Derechos y garantias*: La ley del más débil. 2. ed. Madrid: Trotta, 2001.

FRANCO, Alberto Silva et. al. *Código Penal e sua interpretação*: doutrina e jurisprudência. São Paulo: Revista dos Tribunais. 8ª. ed., rev., atual. e amp.

GARCÍA ANDRADE, José Antonio. La xenofobia y el crimen. *Cuadernos de política criminal*, n. 54. Madrid : Dykinson, 1994, p. 915-926.

Gases Tóxicos. *Portal da Educação.* 30 nov. 2012. Disponível em: <https://www.portaleducacao.com.br/farmacia/artigos/22624/gases-toxicos>. Acesso em: 11 de novembro de 2016.

GONÇALVES, Luiz Carlos dos Santos. Mandamentos expressos de criminalização e a proteção de direitos fundamentais na Constituição brasileira de 1988. Belo Horizonte: Fórum, 2007.

GOVERNO DO PARANÁ. SECRETARIA DA EDUCAÇÃO. *Gases Tóxicos.* Disponível em:<http://www.quimica.seed.pr.gov.br/modules/conteudo/conteudo.php?conteudo=240>. Acesso em: 11 de novembro de 2016.

GRECO, Rogério. Curso de Direito Penal, parte especial, vol. IV: dos arts. 250 a 361 do Código Penal. 11.ed. Niterói: Impetus,2015.

GUIMARÃES, Marcello Ovidio Lopes. *Tratamento Penal do Terrorismo.* São Paulo: Quartier Latin, 2007.

HORN, Norbert. *Introdução à ciência do Direito e à filosofia jurídica.* Porto Alegre: Sergio Antonio Fabris Editor, 2005.
J
ESUS, Damásio E. de. *Direito Penal;* Parte Especial. 22a ed. São Paulo: Saraiva, 1992.

JIMÉNEZ DE ASÚA, Luiz. *Principios de Derecho Penal – La ley y el delito.* Buenos Aires: Abeledo-Perrot, 1990.

KNOPFHOLZ, Alexandre. *A denúncia Genérica nos crimes econômicos.* Porto Alegre: Nuria Fabris, 2013.

MARTINELLI, João Paulo Orsini; BEM, Leonardo Schmitt de. *Lições fundamentais de Direito Penal:* Parte Geral. São Paulo: Saraiva, 2016.

MIRANDA, Jorge. Os direitos fundamentais e o terrorismo: os fins nunca justificam os meios, nem para um lado, nem para outro. *In:* COSTA, José de Faria; SILVA, Marco Antonio Marques da. (Coord.). *Direito Penal Especial, Processo Penal e Direitos Fundamentais:* Visão Luso-Brasileira. São Paulo: Quartier Latin, 2006, p. 171-185.

Muçulmanos são um terço dos mortos em atentado terrorista em Nic. UOL. 19 jul. 2016. Inter. Disponível em: <http://noticias.uol.com.br/internacional/ultimas-noticias/2016/07/19/muculmanos-sao-um-terco-dos-mortos-em-atentado-terrorista-em-nice.htm>. Acesso em: 07 out. 2016.

NORONHA, E. Magalhães. Direito Penal, vol. II. 29 ed. São Paulo: Saraiva, 1991.

NUCCI, Guilherme de Souza. *Código Penal Comentado*. 13. ed. São Paulo: Revista dos Tribunais, 2013.

NUCCI, Guilherme de Souza. *Leis penais e processuais penais comentadas*. 4. ed. São Paulo: Revista dos Tribunais, 2009.

PRADO, Luiz Regis, CARVALHO, Érika Mendes de. Delito político e terrorismo: uma aproximação conceitual. Disponível em: http://www.professorregisprado.com/Artigos/Luiz%20Regis%20Prado/Delito%20pol%EDtico%20e%20terrorismo.pdf. Acesso em: 11 de julho de 2016.

SABADELL, Ana Lucia. *Manual de Sociologia Jurídica*: Introdução a uma leitura externa do Direito. 5. ed. São Paulo: Revista dos Tribunais, 2010

SALVADOR NETTO, Alamiro Velludo. *Direito Penal e Propriedade Privada*: A racionalidade do sistema penal na tutela do patrimônio. São Paulo: Atlas, 2014.

SANTOS, Juarez Cirino dos. *Direito Penal:* Parte geral. 6. ed. Curitiba: ICPC Cursos e Edições, 2014.

SCHWARCZ, Lilia Moritz. *Racismo no Brasil*. 2. ed. São Paulo: Publifolha, 2012.

SHECAIRA, Sérgio Salomão. Racismo (noticiário). *In: ESCRITOS em homenagem a Alberto Silva Franco*. São Paulo: Revista dos Tribunais, 2003, p. 401-418.

SILVA, Eduardo Sanz de Oliveira e. Direito Penal Preventivo e os Crimes de Perigo. In: COSTA, Jose de Faria (Coord.). *Temas de Direito penal Económico*. Coimbra: Coimbra ed. 2005, p. 251-283.

SILVA, Oscar Joseph de Plácido e. *Vocabulário Jurídico*. Atualizadores: Nagib Slaibi Filho e Gláucia Carvalho. 24. ed. Rio de Janeiro:Forense, 2004.

SILVEIRA, Fabiano Augusto Martins. *Da criminalização do racismo:* Aspectos jurídicos e sociocriminológicos. Belo Horizonte: Del Rey, 2007.

SILVEIRA, Renato de Mello Jorge. A segurança como critério de estipulação de crimes. In: GRECO, Luís; MARTINS, António Carvalho. *Direito penal como crítica da pena:* estudos em homenagem a Juarez Tavares por seu 70° aniversário em 2 de setembro de 2012. Madrid: Marcial Pons, 2012, p. 649-659.

SOUZA, Gills Lopes Macêdo; PEREIRA, Dalliana Vilar. A Convenção de Budapeste e as leis brasileiras. Trabalho apresentado e aceito para publicação nos Anais do 1° Seminário Cibercrime e Cooperação Penal Internacional, organizado pelo CCJ da UFPB e pela Association Internacionale de Lutte Contra la Cybercriminalite (França), João Pessoa/PB, maio de 2009. Disponível em: http://www.charlieoscartango.com.br/Images/A%20convencao%20de%20Budapeste%20e%20as%20leis%20brasileiras.pdf. Acesso em: 07 nov. 2016.

SZNICK, Valdir. *Comentários à Lei dos Crimes Hediondos*. São Paulo: Edição Universitária de Direito, 1991.

TAVARES, Juarez. *Teoria do Injusto Penal*. 3. ed. Belo Horizonte: Del Rey, 2003.

VARGAS, José Cirilo de. *Introdução ao estudo dos crimes em espécie*. Belo Horizonte: Del Rey, 1993.

WALTER, Christian. Defining terrorism in national and international law. Disponível em: https://www.unodc.org/tldb/bibliography/Biblio_Terr_Def_Walter_2003.pdf. Acesso em: 15 de julho de 2015.

ZAFFARONI, Eugenio Raúl; PIERANGELI, José Henrique. Manual de Direito Penal brasileiro – volume 1 – parte geral. 9.ed. São Paulo: Revista dos Tribunais, 2009.

Art. 2, § 2°.

O disposto neste artigo não se aplica à conduta individual ou coletiva de pessoas em manifestações políticas, movimentos sociais, sindicais, religiosos, de classe ou de categoria profissional, direcionados por propósitos sociais ou reivindicatórios, visando a contestar, criticar, protestar ou apoiar, com o objetivo de defender direitos, garantias e liberdades constitucionais, sem prejuízo da tipificação penal contida em lei.

por Patrícia Possatti Ferrigolo

1. Nota introdutória.

Segundo Aristóteles "o medo consiste numa situação aflitiva ou numa perturbação causada pela representação de um mal iminente, ruidoso ou penoso. [...] forçoso é admitir que as coisas temíveis são as que parecem ter um enorme poder de destruir ou de provocar danos que levem a grandes tristezas. [...] O perigo consiste nisso mesmo: na proximidade do que é temível"[1].

O medo generalizado, ampliado por uma mídia sensacionalista, somado às questões políticas e econômicas internacionais, fez nascer a Lei em questão, que valora mais o risco de um ato terrorista, do que os bens jurídicos tutelados constitucionalmente, criando uma conduta penal anormal, na qual inclui, além de elementos normativos, dois elementos subjetivos, relacionados com a intenção ou finalidade do indivíduo (§ 2º do art. 2º).

De todo o modo, ante a violência estatal, o conceito de bem jurídico rende-se a função restritiva tornando-se um elemento de extensivo de poder político[2], objetivando assegurar – ainda que violentamente – os interesses da administração a política criminal – do medo – potencializa a contrarreforma do direito penal, conforme pontua Baratta:

A defesa do Estado contra o terrorismo é suficiente para legitimar a suspensão da reforma dos códigos e a inversão de tendências na transformação das instituições penitenciárias em direção a papéis de mera custódia, para o cárcere de máxima segurança, e a transformação no conjunto do sistema penal em direção a uma função política de intimidação[3] e para a configuração de um regime policialesco. A política da reforma penitenciária colidiu com a exigência, que hoje

---

1   ARISTÓTELES. *Retórica*. [Tradução Manuel Rodrigues Júnior e colaboradores]. Lisboa: Imprensa Nacional – Casa da Moeda, 2005. p. 174

2   Neste sentido: BARATTA, Alessandro. "Integrations-Prävention. Eine Systemtheoretische Neubegründung der Strafe", *Kriminologisches Journal*, XVI, 1984, 2, p.137.

3   Destaca-se que, já sob o amparo da Lei em comento, com relação a justificativa das prisões efetuadas, declarou o Ministro da Defesa, Raul Jungmann, que: *"Foi para demonstrar que temos capacidade e que a punição será muito dura. É um efeito dissuasório"*. MATTOS, Rodrigo. *'Prisões foram para dissuadir outros terroristas'*, diz ministro. Do UOL. Rio de Janeiro. Disponível em: <http://olimpiadas.uol.com.br/noticias/redacao/2016/07/24/prisoes-foram-para-dissuadir-outro-terroristas-diz-ministro.htm>. Acesso em 25 jul. 2016.

parece a exigência essencial de uma política de ordem pública"[4].

Augusto Jobim do Amaral, ao retratar as *máscaras das jornadas de junho* de 2013, descreve perfeitamente o apaziguamento das manifestações sociais que a lei em questão pretende realizar, em paralelo com o discurso midiático hegemônico:

Acostumados, ademais, com a docilização da identidade brasileira, *ressoa agora o refluxo reacionário do imperativo do "protesto sem protesto", tolerado se, e somente se apaziguado* (quem sabe em algum sambódromo para que as imagens possam ser filtradas com maior precisão como um espetáculo carnavalesco reconfortante de consenso). "Sem violência! ", bradaram alguns incautos ingênuos a retroalimentar aquilo que os devora cotidianamente, amor ao censor que ajuda infalivelmente o pensamento rasteiro a reproduzir a separação interior entre pacíficos e baderneiros, sempre a serviço da reposição da ordem. Manifestações pacíficas, é claro, nada que influa na rotina adestrada de cada um (mesmo que profundamente arbitrária). Paz, mesmo que ela reverbere como o silêncio de algum cemitério. Do contrário, sem (lei e) ordem, apenas há espaço para os "vândalos", cantilena entoada como um mantra pela grande mídia, como que para exorcizar qualquer ruído de fundo, borrar qualquer sentido – a rigor, no fundo, acólito radical do acovardamento e dos discursos de medo e de estagnação que pairam na evitação do conflito em favor de uma passividade sem sentido.[5] (grifamos).

Câmara destaca que o *medo do crime* – de terrorismo – atua como vetor permissivo de uma Política Criminal de intervenção máxima, já que o temor, nestes casos, "alcança sua intensidade máxima e faz da prevenção e da segurança não apenas uma política de Estado, antes uma obsessão, capaz de desafiar e de colocar em risco o chamado Direito penal das Liberdades, quiçá de fazer periclitar o Estado democrático de Direito"[6].

Por esta razão – amparado pelo temor do "inimigo", e pela cobrança dos órgãos internacionais – o legislador pátrio, tornou como regra o (amplo) tipo injusto do terrorismo, excepcionando as condutas consideradas não terroristas descrevendo, no § 2º do art. 2º da Lei 13.260/2016, uma norma permissiva, na qual aponta os casos específicos em que a conduta praticada não será considerada uma ação terrorista.

Embora a (boa?!) intenção do legislador, ao inserir a mencionada regra, vise a exclusão das manifestações ou movimentos de ordem democrática – amparados constitucionalmente –, do tipo injusto, sem embargo, pode-se afirmar que as

---

4   BARATTA, Alessandro. *Criminologia crítica e crítica do direito penal: introdução à sociologia do direito penal*. [Tradução Juarez Cirino dos Santos]. 6. ed. Rio de Janeiro: Revan: Instituto Carioca de Criminologia, 2011. p. 194.

5   ROSA, Alexandre Morais da; AMARAL, Augusto Jobim do. *A cultura da punição: a ostentação do horror*. 2. ed. Florianópolis: Empório do Direito, 2015. p. 105-106.

6   CÂMARA, Guilherme Costa. *Programa de política criminal: orientado para a vítima de crime*. Coimbra: Coimbra Editora, 2008. p. 256.

liberdades individuais, os direitos humanos e as demais garantias constitucionais são colocados em xeque ante a cultura da excepcionalidade.

No que pese a tênue diferença entre estes elementos, uma vez que, ao final, "os direitos são garantias, e as garantias são diretos"[7], faz-se necessário uma breve diferenciação entre os objetos de defesa permitidos pela norma penal em estudo, para tentar compreender a finalidade do legislador.

Referências bibliográficas.

ARISTÓTELES. *Retórica*. [Tradução Manuel Rodrigues Júnior e colaboradores]. Lisboa: Imprensa Nacional – Casa da Moeda, 2005.

BARATTA, Alessandro. "Integrations-Prävention. Eine Systemtheoretische Neubegründung der Strafe", *Kriminologisches Journal*, XVI, 1984, 2.

BARATTA, Alessandro. *Criminologia crítica e crítica do direito penal*: introdução à sociologia do direito penal. [Tradução Juarez Cirino dos Santos]. 6. ed. Rio de Janeiro: Revan: Instituto Carioca de Criminologia, 2011.

CÂMARA, Guilherme Costa. *Programa de política criminal*: orientado para a vítima de crime. Coimbra: Coimbra Editora, 2008.

MATTOS, Rodrigo. *"Prisões foram para dissuadir outros terroristas", diz ministro*. Disponível em: <http://olimpiadas.uol.com.br/noticias/redacao/2016/07/24/prisoes-foram-para-dissuadir-outro-terroristas-diz-ministro.htm>. Acesso em 25 jul. 2016.

ROSA, Alexandre Morais da; AMARAL, Augusto Jobim do. *A cultura da punição*: a ostentação do horror. 2. ed. Florianópolis: Empório do Direito, 2015.

SAMPAIO DORIA, Antônio. Direito constitucional: comentários a Constituição de 1946. TII. p. 57. *Apud*: SILVA, José Afonso da. *Curso de Direito Constitucional Positivo*. 16. ed. rev. e atual. São Paulo: Malheiros Editores, 1998.

---

7   SAMPAIO DORIA, Antônio. Direito constitucional: comentários a Constituição de 1946. TII. p. 57. Apud: SILVA, José Afonso da. *Curso de Direito Constitucional Positivo*. 16. ed. rev. e atual. São Paulo: Malheiros Editores, 1998. p. 189.

Art. 2, § 2º.
O disposto neste artigo não se aplica (...).

por Priscilla Placha Sá

A previsão acerca da não aplicação da figura do terrorismo, além dos casos em que isso ocorrerá, parece anunciar debate sobre a natureza jurídica de tal dispositivo, especialmente, se é hipótese de atipicidade ou de conduta justificada. Tal e qual acontece em contexto completamente distinto como se tem nos casos de "aborto legal", ou seja, as hipóteses ali descritas são atípicas, ou são típicas, porém justificadas, exclusivamente nos casos previstos em lei, o que remete, por exemplo, a hipótese de um tipo total de injusto.

O fato é que talvez não se possível encaminhar-se para uma conclusão a priori acerca de sua natureza jurídica, pois isso dependerá da avaliação de cada caso concreto, onde se poderá ter hipóteses de atipicidade, inclusive sem caracterização de delito subsidiário (como a afixação de cartazes em entidades públicas, ruas ou praças, que não contenham nenhuma mensagem tida como ofensiva, ou a realização de passeatas com simples interdição temporária do trânsito de pessoas e carros) ou de conduta justificada quando houver a contestação por meio de interditos junto ao Poder Judiciário, em que se caracteriza o exercício regular do direito.

A trava desse artigo está no fato, já alardeado na nota introdutória, de que a depender do caso concreto a acusação, mesmo que abarcada posteriormente pela atipicidade ou pela licitude admitirá a imputação de delito de terrorismo (equiparado a hediondo, não é de esquecer que permite, inclusive, a prisão temporária) que, dentre outras consequências, sobretudo na esfera política (aqui referida como inserção na arena e no debate de determinadas questões) ficará ao alvedrio de um processo criminal e as ingerências institucionais.

Art. 2, § 2º.
(...) à conduta individual ou coletiva de pessoas em manifestações políticas, movimentos sociais, sindicais, religiosos, de classe ou de categoria profissional, direcionados por propósitos sociais ou reivindicatórios (...)

por Pedro Fauth Manhães Miranda

À primeira vista, o dispositivo em questão faz exatamente impedir a criminalização dos atos dispostos como se fossem práticas terroristas. Todavia, ao ser interpretado em conjunto com o *caput* do dispositivo – que caracteriza o terrorismo como atividade que expõe "a perigo pessoa, patrimônio, a paz pública ou a incolumidade pública" –, uma inevitável pergunta se forma: que movimento ou manifestação, na história da humanidade, foi realizado sem colocar em perigo, o mínimo que fosse, a paz pública? Uma dezena de pessoas proferindo palavras de ordem, provavelmente, já perturbaria a referida serenidade pública.

E mesmo a definição de qualquer um dos elementos normativos do §2º – "manifestações políticas, movimentos sociais, sindicais, religiosos, de classe ou de categoria profissional, direcionados por propósitos sociais ou reivindicatórios" – é complexa, e mesmo demasiadamente subjetiva para ser exigida numa tipificação penal, que deveria primar pela objetividade e precisão. Buscando melhor entender o dispositivo, passemos à breve análise destes elementos normativos, sob dois aspectos: a (tentativa de) conceituação dos mesmos, a partir de dicionários (um comum[1] e outro temático[2]); e a exposição de exemplos históricos correspondentes, de preferência brasileiros e atuais, buscando complementar tais definições.

2. Manifestações políticas.

O primeiro elemento é o único dos normativos cuja palavra inicial não é "movimentos", mas "manifestações", a qual possui várias conceituações segundo o Dicionário Houaiss, porém apenas duas relevantes para a temática:

2. ato de exprimir-se, pronunciar-se publicamente *<sua candidatura tem suscitado muitas m. contra e a favor>* 3. conjunto de pessoas que se reúne em lugar público para defender ou tornar conhecidos seus pontos de vista, suas opiniões *<m. em defesa do ensino público de qualidade>*.[3]

Não obstante o primeiro conceito ser exemplificado por uma ação coletiva, a definição deixa claro que o ato também pode ser individual, o que se coaduna

---

1   HOUAISS, Antônio; VILLAR, Mauro de Salles. *Dicionário Houaiss da língua portuguesa*. Rio de Janeiro: Objetiva, 2009.

2   BOBBIO, Norberto; MATTEUCCI, Nicola; e PASQUINO, Gianfranco. *Dicionário de política*. Brasília: Editora Universidade de Brasília: Editora UNB, 1998.

3   HOUAISS, Antônio; VILLAR, Mauro de Salles. *Dicionário Houaiss da língua portuguesa*. p.1234.

com o *caput* do art. 2º, ao prever a "prática de um ou mais indivíduos dos atos previstos", e mesmo com as "condutas individuais" do §2º. Já o termo "político" é o objetivo do ato, buscando "atuação na área das decisões coletivas, ao seu empenho em questionar os detentores do poder de Governo e em influir nos processos decisórios"[4].

Assim, o binômio em questão abarca desde um orador solitário com um megafone em praça pública, até uma manifestação de milhares de cidadãos descontentes. Não bastasse a amplitude do conceito, a realidade mostra que, quando coletivos, tais atos podem assumir agendas e táticas diversas – quando não imprevistas, fato comprovado pelas manifestações políticas de 2013 e 2016.

Em junho de 2013, os atos, inicialmente contrários aos aumentos nas passagens de ônibus, ganharam corpo e influenciaram outros pelo país, "[...] se transformando num projeto de vida melhor, por meio da ocupação das ruas em manifestações que reuniram multidões em mais de 350 cidades"[5]. Com exigências genéricas e, por vezes, excludentes entre si, a sociedade voltava-se contra "tudo isso que está aí". Pela heterogeneidade dos manifestantes[6], em harmonia apenas no repúdio a quaisquer lideranças, a atuação dos chamados *black blocs* foi facilitada, inclusive com episódios de depredação de patrimônios públicos e privados. Neste período, a reação policial foi ostensiva, num escalonamento da violência por ambos os lados.

Por outro lado, as manifestações de 2016, algumas até convocadas por figuras políticas e/ou partidos, não requereram mudanças estruturais no poder hegemônico, se concentrando basicamente em propostas contra e a favor do impeachment, o que uniformizou o perfil dos manifestantes, fazendo destes alvos de menor repressão policial (nem por isso, inexistente). Ressalta-se que verificar a atuação do poder repressivo estatal sobre as manifestações e movimentos é essencial para entender, teleologicamente, o que o legislador – ele mesmo espectador de tal realidade – buscou considerar como terrorismo, de forma a legitimar a atuação da força policial.

Portanto, seriam a definição de uma agenda e o perfil homogêneo dos participantes critérios para a configuração de um movimento (ao menos, em teoria) imune a repressões? Antes de (tentar) responder tal questionamento, faz-se necessário verificar os demais elementos normativos, totalmente conectados a este primeiro.

3. Movimentos sociais.

Ao contrário de "manifestações", o termo "movimento" possui, inequivocadamente, natureza coletiva:

---

4   BOBBIO, Norberto; MATTEUCCI, Nicola; PASQUINO, Gianfranco. *Dicionário de política*. p. 786.
5   CASTELLS Manuel. *Redes de indignação e esperança*: movimentos sociais na era da internet. Rio de Janeiro: Zahar, 2013. p.182.
6   SINGER, André. *Brasil, junho de 2013*: Classes e ideologias cruzadas. Disponível em: <http://www.scielo.br/scielo.php?script=sci_arttext&pid=S0101-33002013000300003>. Acesso em 18 jul. 2016.

1.2. estado que resulta de grande quantidade de gente ou veículos em ir e vir; agitação <*a loja localiza-se em rua de grande m.*>. [...] 2. conjunto de ações de um grupo de pessoas mobilizadas por um mesmo fim <*m. contra o tabagismo*>.

Assim, os "movimentos sociais constituem tentativas, fundadas num conjunto de valores comuns, destinadas a definir as formas de ação social e a influir nos seus resultados"[7]. Ocorre que tal definição é por demais genérica, até porque as esferas correlatas aos demais elementos normativos – política, sindicalismo, religião, classe e profissão – fazem parte da sociedade. E, portanto, são igualmente palco de ações sociais, sejam estas analisadas sob a ótica clássica weberiana ou pela mais atual, de Parsons ou Touraine.

Se mesmo a teoria sociológica, abundante e contrastante demais neste tema, ainda não conseguiu conceituar em definitivo "movimento social", a lei nos obriga a fazê-lo residualmente. Ou seja, seria movimento social aquele que não se enquadrasse nos demais, mas, ainda assim, fosse direcionado "por propósitos sociais ou reivindicatórios", conforme parte final do dispositivo.

Os movimentos da "Primavera secundarista", nos quais estudantes denunciavam as péssimas condições de ensino, poderiam se enquadrar neste exemplo. A reação do Poder Público a tais movimentos, porém, foi a de estímulo à ação repressiva dos policias contra os alunos "baderneiros". Em Porto Alegre/RS, por exemplo, um batalhão inteiro da PM foi mobilizado para retomar a posse de uma escola ocupada por 50 estudantes, com um saldo de "42 presos. Entre eles 40 estudantes - 32 deles menores de idade - e dois jornalistas"[8].

Estruturalmente diversos e com fins econômicos, mas nem por isso não sociais, os movimentos relativos ao "Dia da Liberdade de Impostos"[9] também poderiam ser enquadrados em tal categoria, nos quais comerciantes buscam a conscientização dos cidadãos – e, de modo reflexo, mudanças na legislação – sobre a alta tributação brasileira, promovendo descontos em seus produtos.

No Brasil, há muitos movimentos, mais ou menos organizados, voltados para o debate de pautas agrárias, econômicos, raciais, estudantis, de gênero, de drogas, dentre outras. Ocorre que, em maior ou menor grau, eles têm igualmente como objetivo influir nos processos decisórios (buscando direitos para LGBTs, manutenção de cotas, melhorias nos serviços públicos, reforma agrária etc.), concretização que, de algum modo, depende do Poder Público. E é inegável que tal exigência poderia confundi-los com as "manifestações políticas", dificultando mais uma vez sua delimitação conceitual.

---

7   BOBBIO, Norberto; MATTEUCCI, Nicola; PASQUINO, Gianfranco. *Dicionário de política*. p.787.

8   CANOFRE, Fernanda. *Spray de pimenta na cara, 40 estudantes e dois jornalistas presos: o saldo da ação da PM com estudantes das ocupações do RS*. Disponível em: <http://www.vice.com/pt_br/read/40-estudantes-2-jornalistas-presos-nas-ocupas-do-rs>. Acesso em 13 jul. 2016.

9   G1. *Belo Horizonte participa do 'Dia da Liberdade de Impostos'*. Disponível em: <http://g1.globo.com/minas-gerais/noticia/2016/06/belo-horizonte-participa-do-dia-da-liberdade-de-impostos.html>. Acesso em 31 jul. 2016.

4. Movimentos sindicais.

Sinônimo de sindicalismo, o presente termo pode ser conceituado, genericamente, como "ação coletiva para proteger e melhorar o próprio nível de vida por parte de indivíduos que vendem a sua força-trabalho"[10]. No Brasil, a partir de 1930, com a criação do Ministério do Trabalho, os sindicatos são incorporados ao aparelho estatal, passando a auxiliar na formulação de políticas.

Mesmo inseridos na estrutura do Estado, os movimentos surgidos do meio sindical nem sempre conviveram pacificamente com o Poder Público. Se tal relação combativa foi mais intensa no período ditatorial, a redemocratização não alcançou níveis totalmente pacíficos, em especial pelas medidas econômicas neoliberais, um dito "mal necessário" que parece assolar o país de quando em quando. Exemplo recente deste choque foi o 29 de abril em Curitiba, com saldo de 213 feridos, 150 atendimentos do Samu, 1.400 bombas e 2.300 projéteis de elastômero[11]. Neste dia, o Sindicato dos Trabalhadores em Educação Pública (APP) foi impedido de acompanhar sessão na Assembleia Legislativa do Paraná, na qual foi votada liberação de 8 milhões de reais de seu fundo de aposentadoria.

Além dos sindicatos voltados aos direitos dos trabalhadores, há também os patronais, mas os empregadores, historicamente, não convertem suas demandas em atos públicos, já que possuem meios institucionais (financiamento de campanhas eleitorais, por exemplo) para satisfazer seus interesses. Diante disso, o dispositivo parece se voltar, especificamente, à exclusão das condutas em movimentos sindicais empregatícios como atos de terrorismo, as quais, a julgar pelo 29 de abril em Curitiba, podem, realmente, ser confundidas como tais.

5. Movimentos religiosos.

Não obstante a religião ser ministrada em templos e concretizada em atos individuais, sua prática, por vezes, é coletivizada em atos públicos, o que pode ser explicado pelo segundo conceito de religião disposto:

1. crença na existência de um poder ou princípio superior, sobrenatural, do qual depende o destino do ser humano e ao qual se deve respeito e obediência. 2. postura intelectual e moral que resulta desta crença <*homens ímprobos, que vivem longe da r.*>[12]

Ao considerarem os valores advindos de determinada crença como superiores, seus seguidores buscam demonstrar tal opinião em movimentos públicos. Contudo, não somente a hipotética superioridade de uma convicção religiosa pode levar a tais atos, já que tal possiblidade também existe no pensamento de que

---

10 BOBBIO, Norberto; MATTEUCCI, Nicola; PASQUINO, Gianfranco. *Dicionário de política*. p.1150.
11 CAVAGNARI, Rodrigo Jacob. *29/04 – O relato de uma testemunha*. In: BUSATO, Paulo Cesar; ANDRADE, Andressa de Paula; CARUNCHO, Alexey Choi. 29 de abril de 2015: reflexões sobre as manifestações no Centro Cívico de Curitiba/PR. Curitiba: Modernas Tendências do Sistema Criminal, 2016. p.15.
12 HOUAISS, Antônio; VILLAR, Mauro de Salles. *Dicionário Houaiss da língua portuguesa*. p.1639.

certas ideias políticas, sociais, filosóficas ou de qualquer outro matiz ideológico sejam melhores que outras. Não por coincidência, a legislação ora analisada abrange várias destas ideologias com potencial de transformação em movimentos públicos.

No ano de 1964, diante de suposta ameaça comunista personificada por João Goulart, foram realizadas as Marchas da Família com Deus pela Liberdade, movimento renascido quarenta anos depois – e igualmente favorável ao regime militar, em face de semelhante suposição, agora atribuída à Dilma Roussef e ao Partido dos Trabalhadores[13]. Porém, diante de tal conexão, resta a dúvida se tais movimentos seriam mais religiosos ou políticos. De caráter decididamente religioso, destacam-se as Marchas para Jesus, promovidas por várias congregações evangélicas e que, há anos, ocorrem em várias cidades do país, contando com apresentações musicais e missas para milhares de fiéis.

Difícil não pensar, todavia, quais seriam as reações das sociedades civil e política, diante de eventuais movimentos islâmicos ou provindos de religiões africanas.

6. Movimentos de classe.

A sociedade é categorizável em classes sob vários critérios, porém, mais uma vez de modo residual, é possível chegar à razoável conclusão de que a lei parece se referir às classes econômicas, já que as profissionais e as sociais (inclusive étnicas, sexuais e outras) estariam inclusas nos demais elementos normativos. Terreno fértil para a ocorrência de explorações e persistência de índices de desenvolvimento humano abaixo do aceitável, o abismo entre classes econômicas tem grande potencial para provocar revoltas.

Ocorre que o descontentamento com a economia não é exclusividade dos menos abastados. Segundo Florestan Fernandes, ao aliar a transformação "dentro da ordem" com o desenvolvimento econômico, as "[...] classes burguesas buscam a única revolução nacional por que podem lutar em tais condições, a qual consiste em consolidar o poder burguês através do fortalecimento das estruturas e funções nacionais de sua dominação de classe"[14]. E, em verdade, a República Federativa do Brasil é fundada sob diversas revoluções que, afinal, são movimentos de classe:

Não só a Primeira República e a "revolução institucional', de 1964, que fornecem evidências empíricas a essa interpretação. Bem avaliadas as coisas, a "revolução liberal", de 1930, o Estado Novo e os governos "nacionalistas-desenvolvimentistas" de Getúlio Vargas e Juscelino Kubitschek palmilharam a mesma rota, embora suas aberturas políticas para baixo os apresentem sob um manto mais propício, como se fossem exceções que confirmam a regra.[15]

---

13 PINHO, Márcio; SANTIAGO, Tatiana. *Nova versão da Marcha da Família percorre ruas do Centro de SP*. Disponível em: <http://g1.globo.com/sao-paulo/noticia/2014/03/manifestantes-se-reunem-para-nova-versao-da-marcha-da-familia-em-sp.html>. Acesso em 16 jul. 2016.

14 FERNANDES, Florestan. *A revolução burguesa no Brasil*: ensaio de interpretação sociológica. 5.ed. São Paulo: Globo, 2005. p.350.

15 FERNANDES, Florestan. *A revolução burguesa no Brasil*: ensaio de interpretação sociológica. p.351.

Sendo estes movimentos consolidados pela ótica classista, eventual inserção das "manifestações políticas" pró-impeachment no rol de típicas revoluções burguesas seria plausível. E mesmo os governos petistas poderiam se inserir ao lado dos de Vargas e JK, visto terem realizado uma "abertura para baixo", mas com a manutenção praticamente intacta das estruturas e funções voltadas à segmentação social em classes econômicas.

Seja pelo número reduzido de seus representantes, pautas similares ou razoável institucionalização, às classes mais preponderantes economicamente é mais fácil a união em torno de um objetivo comum, enquanto que para as menos abastadas, com características diametralmente opostas, tal pacto é praticamente impossível. Não significa que movimentos de classes populares não ocorram, mas, quando há, apenas um segmento destas age, em geral por meio de sindicatos ou agrupamentos sociais, o que os faria ser enquadrados nos outros elementos normativos.

Movimentos de classe, portanto, são comuns no Brasil. Porém, quando provindos "de cima" são positivamente caracterizados, quando não entendidos como necessários, além de realizados sob o manto institucional; já aqueles "de baixo" seriam insurreições classistas, contra o poder instituído e que, por isso, são obrigados a exigir suas demandas pública e coletivamente.

7. Movimentos de categoria profissional.

Haja vista a previsão sindical, conclui-se serem os movimentos em questão realizados por categoriais profissionais não sindicalizadas. A ausência de um sindicato dificulta, por certo, a organização de tais movimentos, mas mesmo o direito de greve é garantido àquelas categorias cuja entidade sindical esteja ausente (art. 4º, §2º da Lei 7.783/89). Assim, também estaria garantida aos seus participantes, em teoria, o não enquadramento no crime de terrorismo.

8. (...) direcionados por propósitos sociais ou reivindicatórios.

A leitura dos elementos normativos evidencia que os propósitos mencionados são comuns aos atos enumerados, o que é sintomático desta lei, já que ratifica o óbvio e confunde o que parecia claro. Ao diferenciar os movimentos sociais de outros, e depois prever a indiscriminada caracterização de qualquer movimento com os tais propósitos sociais, a Lei desorienta seus intérpretes. Por outro lado, segundo o texto legal, todas as manifestações e movimentos em questão visam algo, em busca de certo objetivo e, portanto, é pleonástica ao prever a reivindicação destas metas.

Porém, se as manifestações e movimentos sempre reivindicam algo, não significa que o façam de modo ordenado, com seus participantes em uníssono, o que retoma o questionamento anteriormente feito: afinal, uma agenda definida e o perfil homogêneo dos participantes seriam critérios suficiente para (ao menos, em teoria) a não configuração de um movimento como terrorista?

Ora, os vários exemplos comprovam que tais particularidades não são necessárias à caracterização dos mesmos como movimentos ou manifestações previstas no dispositivo, em face da abstração de tais conceitos, segundo as fontes consultadas. E não há dúvida que outras fontes, igualmente renomadas, poderiam indicar outras várias definições. Marcha para Jesus ou Marcha da Maconha, Parada Gay ou Diretas Já, Revoluções "de cima" ou "de baixo" são todas reações de uma sociedade, podendo servir de exemplo a várias das classificações propostas. Sem mencionar que os atos do dispositivo legal podem também ser realizados pela denominada sociedade em rede, afinal "as redes sociais digitais oferecem a possibilidade de deliberar sobre e coordenar as ações de forma amplamente desimpedida"[16].

Pela própria indefinição de tais atos, a reação estatal frente aos mesmos não obedece a critério objetivo. Tanto o 29 de abril em Curitiba – com pautas claras e perfil uniforme de membros – como as manifestações de 2013 – absolutamente heterogêneas – receberam do Estado igual repressão policial. E se no Paraná ninguém foi preso, nas manifestações paulistas apenas uma prisão foi efetuada: a de Rafael Braga Vieira, que carregava Pinho sol e água sanitária, considerados materiais incendiários[17]. No mais, a "invisível onipresença" dos *black blocs*, lembrados em especial pelos ausentes nos atos que pretendam qualquer alteração no *status quo*, pode criar novos bodes expiatórios.

Confusa e genérica, é improvável que a Lei 12.360 traga uniformidade às respostas do Estado, esteja ele personificado nos policiais ou no aplicador do Direito. O elevado grau de discricionariedade permitido pela norma em questão ao aplicador do Direito parece desconsiderar que este – ser humano, mais ou menos afeito a certas vertentes classistas, religiosas, sociais e, certamente, políticas – não é imparcial, ainda que assim o declare (e muitos, de fato, o fazem). Carnelutti aponta que a concretização do juízo é fundamental:

> Assim, o Direito realmente culmina no juízo, não só porque sem juízo a lei não poderia operar, mas, mais profundamente, porque somente no juízo pode-se compor a luta entre a lei e o fato. O legislador tem as insignes da soberania, mas o juiz tem as suas chaves.[18]

Alongando a analogia do mestre italiano, a Lei 12.360/2016 entrega ao juiz uma só chave que abre infinitas portas. Ao dar margem para ambos os extremos – criminalização e absolvição dos atos promovidos pela sociedade –, o Direito fica excessivamente à mercê da ideologia que, por ora, for hegemônica.

---

16 CASTELLS, Manuel. *Redes de indignação e esperança:* movimentos sociais na era da internet. p.18.

17 CARTA CAPITAL. *Justiça mantém prisão de morador de rua por Pinho Sol.* Disponível em: <http://www.cartacapital.com.br/sociedade/justica-decide-manter-prisao-de-morador-de-rua-que-carregava-pinho-sol-e-agua-sanitaria-4961.html>. Acesso em 01 jul. 2016.

18 CARNELUTTI, Francesco. *Arte do Direito.* São Paulo: Edicamp, 2001. p.79.

Referências bibliográficas.

BOBBIO, Norberto; MATTEUCCI, Nicola; e PASQUINO, Gianfranco. *Dicionário de política*. Brasília: Editora Universidade de Brasília: Editora UNB, 1998.

CANOFRE, Fernanda. *Spray de pimenta na cara, 40 estudantes e dois jornalistas presos*: o saldo da ação da PM com estudantes das ocupações do RS. Disponível em: <http://www.vice.com/pt_br/read/40-estudantes-2-jornalistas-presos-nas-ocupas-do-rs>. Acesso em 13 jul. 2016.

CARNELUTTI, Francesco. *Arte do Direito*. São Paulo: Edicamp, 2001. p.79.

CARTA CAPITAL. *Justiça mantém prisão de morador de rua por Pinho Sol*. Disponível em: <http://www.cartacapital.com.br/sociedade/justica-decide-manter-prisao-de-morador-de-rua-que-carregava-pinho-sol-e-agua-sanitaria-4961.html>. Acesso em 01 jul. 2016.

CASTELLS Manuel. *Redes de indignação* e esperança: movimentos sociais na era da internet. Rio de Janeiro: Zahar, 2013.

CAVAGNARI, Rodrigo Jacob. *29/04 – O relato de uma testemunha*. In: BUSATO, Paulo Cesar; ANDRADE, Andressa de Paula; CARUNCHO, Alexey Choi. 29 de abril de 2015: reflexões sobre as manifestações no Centro Cívico de Curitiba/PR. Curitiba: Modernas Tendências do Sistema Criminal, 2016. p.15.

FERNANDES, Florestan. *A revolução burguesa no Brasil*: ensaio de interpretação sociológica. 5.ed. São Paulo: Globo, 2005. G1. *Belo Horizonte participa do 'Dia da Liberdade de Impostos'*. Disponível em: <http://g1.globo.com/minas-gerais/noticia/2016/06/belo-horizonte-participa-do-dia-da-liberdade-de-impostos.html>. Acesso em 31 de julho de 2016.

HOUAISS, Antônio; VILLAR, Mauro de Salles. *Dicionário Houaiss da língua portuguesa*. Rio de Janeiro: Objetiva, 2009.

PINHO, Márcio; SANTIAGO, Tatiana. *Nova versão da Marcha da Família percorre ruas do Centro de SP*. Disponível em: <http://g1.globo.com/sao-paulo/noticia/2014/03/manifestantes-se-reunem-para-nova-versao-da-marcha-da-familia-em-sp.html>. Acesso em 16 jul. 2016.

SINGER, André. *Brasil, junho de 2013*: Classes e ideologias cruzadas. Disponível em: <http://www.scielo.br/scielo.php?script=sci_arttext&pid=S0101-33002013000300003>. Acesso em 18 jul. 2016.

Art. 2, § 2º.
(...) *visando a contestar, criticar, protestar ou apoiar (...)*

por Priscilla Conti Bartolomeu e
Priscilla Placha Sá

1. Visando a (...)

À utilização dos termos iniciais desse artigo, cuja complexidade já foi indicada nos comentários anteriores, soma-se uma espécie de "duplo" elemento subjetivo diverso do dolo, especial fim de agir ou dolo específico: (1) *visando a* (seguido de quatro verbos) e (2) *com o objetivo de...*, sendo que este último será objeto de comentários adiante.

Sabe-se da questão que gira em torno de elementos subjetivos diversos do dolo, sobretudo, no que concerne ao estágio em que se situam na teoria do delito (tipicidade subjetiva ou culpabilidade[1]; ou, ainda, como afastamento da pena[2], como no caso dos crimes contra a honra). Além disso, há implicações acerca do momento processual em que deveria ser analisado.

Há controvérsia, também, sobre a análise da tipicidade já no momento do recebimento da denúncia e os demais estágios por ocasião da sentença; não fosse isso, também de se considerar a quem incumbe a "prova" de tais elementos, em que pese se saiba que o ônus de provar o delito e seus elementos é da acusação. Não se olvide, que a presença desse "fim especial" é para excluir a imputação. A controvérsia pode remeter ao que se tinha, por exemplo, na antiga Lei de Drogas sobre a quem incumbia demonstrar se havia ou não o especial fim de agir consistente em "para exclusivo uso próprio" constante do hoje revogado Art. 16, da Lei 6.368/76.

Não parece ser preciso muito para concluir acerca da problemática ora em evidência, especialmente, quando se trata de ampliação do poder punitivo e a questão da criminalização dos movimentos sociais em encerrar um processo-crime já na fase do Art. 396, CPP (em que pese sejam raros os casos em que isso efetivamente aconteça em qualquer outro delito) ao invés de ter de suportar uma instrução criminal até final decisão.

A expressão que define a primeira parte do elemento especial diverso do dolo indica sua ligação aos atos anteriormente descritos, os quais devem *mirar, buscar, ter por fim* uma das condutas adiante descritas (*contestar, criticar, protestar ou apoiar*) vinculando-se necessariamente a uma delas e que isso deve se dar com "o objetivo de", que será adiante comentado. Igual verbo (visar) é usado, por exemplo, na controversa majorante do Art. 40, VI, da Lei 11.343/2006, que trata do aumento de pena quando o tráfico de drogas "visar a atingir criança ou adolescente...", hipótese em que os comentários apontam para o fato de que tal

---

1   SANTOS, Juarez Cirino dos. *Direito Penal: Parte Geral*. Curitiba: ICPC, 2006. p.161-164.
2   BÁRTOLI, Márcio; PANZERI, André. *Código Penal e sua Interpretação: Doutrina e Jurisprudência*. Alberto Silva Franco e Rui Stoco (Coord). 8 ed. São Paulo: Revista dos Tribunais, 2007. p. 734.

majorante incide se o delito tiver em mira criança ou adolescente.[3]

2. (...) contestar (...)

Significa *refutar, impugnar ou recusar algo*. Essa contestação pode ser de forma ampla e livre, embora vinculada tanto com os atos que a antecedem quanto aos fins que se sucedem, como também às demais condutas descritas. Esse verbo apresenta-se, tal e qual os outros, como novidade legislativa (ainda que apareça no Art. 53, ECA "o direito de contestação aos critérios avaliativos") capaz de ensejar controvérsia, sobretudo, sobre a forma de sua realização. Isso porque pode ser uma contestação pública e não parece ser possível elidir que a contestação seja feita utilizando-se de meios judiciais, embora esta última já esteja amparada pelo direito de petição e pelo exercício regular do direito.

3. (...) criticar (...).

É o ato de *censurar, julgar, depreciar ou dizer mal*. Também é verbo de forma livre, ou seja, a crítica pode ser formulada por qualquer meio, notadamente no atual estágio, pelas redes sociais. Não como verbo, mas sim como substantivo "crítica" aparece como excludente de tipicidade ou ilicitude em alguns dispositivos da legislação brasileira.

No Art. 142, CP, o Inc. II, que afirma "não constituem injúria ou difamação punível", sendo uma das hipóteses, "a crítica literária, artística ou científica". A doutrina pondera, quanto a esse artigo, que a crítica tem objetivos fulcrados na liberdade de expressão ou no aperfeiçoamento da cultura[4]. A expressão "crítica" aparece também na hipótese de inexigibilidade de licitação para a contratação de profissional (Art. 25, Lei 8.666/93). Já a Lei 7.170/83, Lei de Segurança Nacional (LSN), o Art. 22, § 3º afirma que "Não constitui propaganda criminosa a exposição, a crítica ou o debate de quaisquer doutrinas", ponto no qual já se registrava a intervenção punitiva na criminalização das manifestações do pensamento. Heleno Cláudio Fragoso, ao comentar, à época da aprovação da referida LSN, registrou, em comparação com o texto da legislação anterior, que "os crimes de manifestação do pensamento constituem o ponto nevrálgico de uma lei desse tipo. Pode-se dizer, sem medo de errar, que a quase totalidade dos processos movidos com base na lei de segurança, depois da revogação do Ato Institucional n. º 5, refere-se a crimes de manifestação do pensamento.[5]"

Para o caso da lei em comento parece acertado afirmar que o objetivo é a análise ou o julgamento que, para além da liberdade de expressão, envolve questões políticas e das mais diversas ordens.

---

3   NUCCI, Guilherme de Souza. *Leis Penais e Processuais Penais Comentadas*. 6 ed. 1 vol. São Paulo: Revista dos Tribunais, 2012. p. 283-284.

4   BÁRTOLI, Márcio; PANZERI, André. *Código Penal e sua Interpretação*: Doutrina e Jurisprudência. Alberto Silva Franco e Rui Stoco (Coord). 8 ed. São Paulo: Revista dos Tribunais, 2007. p. 735.

5   FRAGOSO, Heleno Cláudio. *A Nova Lei de Segurança Nacional*. http://www.fragoso.com.br/eng/arq_pdf/heleno_artigos/arquivo32.pdf. (Jan-jun de 1983), p. 6. Acesso em: 27 jul. 2016.

4. (...) protestar (...).

Insurgir-se, reclamar, realizar protesto ou *demonstrar repulsa.* Este pode ser, provavelmente, o verbo mais polêmico e inovador dentre os quatro. Só para se ter uma pista do sentido restritivo que a expressão pode alcançar é de se ver a disposição constante do Anexo I do Código de Trânsito Brasileiro, ao tratar da "carreata" como o "deslocamento em fila na via de veículos automotores em sinal de regozijo, de reivindicação, de protesto cívico ou de uma classe. " (grifos não estão no original).

Como já se expôs, nos comentários que abrem esse parágrafo, parece que aqui se centra um dos pontos mais polêmicos e que, provavelmente, darão margem às interpretações sobre a extensão da cláusula que exclui a imputação por terrorismo. Particularmente, pela forma ou pelo modo de protestar, diante dos mais diversos contornos e proporções, inclusive, de acordo com o movimento, entidade ou organização que esteja no protagonismo do protesto.

Os "protestos" ou as "manifestações", chamados por muitos como "Rebeliões de Junho" ou "Jornadas de Junho", aludindo à onda de protestos que tomou conta do país no ano de 2013[6] são apenas um exemplo da controvérsia a respeito da "forma" de protestar aqui referido por estar bastante relacionado à própria aprovação da Lei Antiterrorismo.[7]

A onda de protestos e manifestações que tomou conta primeiro de algumas capitais e depois se alastrou para diversas cidades no Brasil demonstrou – discursivamente – uma tentativa de separar *protestos* e *vandalismo* através do uso comunicativo de expressões como "sem violência", "pacífico" ou "sem dano ao patrimônio público e privado", fato esse que provavelmente irá aparecer ao se discutir a incidência da presente excludente, pois que parece ser indubitável que está em suas origens, como reconhece o próprio Senado, Casa em se iniciou o PLS 499/2013.[8]

Não se pode, aliás, deixar de registrar, na mesma ocasião, a polêmica em torno da figura e da participação dos Black blocs (ou do uso da tática), que, também, foram motivo para a "classificação" dos atos.[9]

Fato que, aliás, gerou asseverada polêmica como suposto estopim para o

---

6   Entrevista com David Harvey "O que aconteceu em junho de 2013 no Brasil ainda não acabou", da página do Jornal El País, seção Brasil, na Internet. *In.* http://brasil.elpais.com/brasil/2015/06/13/politica/1434152520_547352.html. Acesso em: 09 ago. 2016.

7   MARQUES, Camila; RIELLI, Mariana. *PL antiterrorismo é ameaça a movimentos sociais e manifestantes.* http://www.conjur.com.br/2016-mar-15/pl-antiterrorismo-ameaca-movimentos-sociais-manifestantes. (Março de 2016).

8   Notícia "Manifestações ficam fora de projeto de Lei Antiterror", da página do Senado Federal, na seção em Discussão ". *In.* http://www.senado.gov.br/noticias/jornal/emdiscussao/copa-do-mundo-no-brasil-2014/materia.html?materia=manifestacoes-ficam-fora-de-projeto-de-lei-antiterror.html&, Acesso em: 19 jul. 2016.

9   GOHN, Maria da Glória. *A sociedade brasileira em movimento: vozes das ruas e seus ecos políticos e sociais.* Cad. CRH, Salvador, v. 27, n. 71, p. 431-441, Aug. 2014. Available from <http://www.scielo.br/scielo.php?script=sci_arttext&pid=S0103-49792014000200013&lng=en&nrm=iso>. access on 20 July 2016. http://dx.doi.org/10.1590/S0103-49792014000200013.

"29 de Abril", ocorrido em Curitiba, no Paraná, no ano de 2105.[10]

Adriano Pilatti pondera sobre esse aspecto comunicativo da "taxonomia" das manifestações e dos protestos:

Um exemplo: sabemos que, desde junho de 2013, sempre que há incidentes numa manifestação, ainda que por iniciativa das forças repressivas, a narrativa-padrão dos meios comerciais de comunicação é mais ou menos a seguinte: 'quando a manifestação estava terminando, um grupo de vândalos, aproveitando-se da situação, começou um tumulto depredando isso e aquilo.[11]

Ora, com a nova lei, bastará substituir o termo 'vândalo' pelo termo 'terrorista' para "separar o joio do trigo e dizer que o dano cometido nada tinha a ver com o movimento de protesto ou reivindicação, mas foi uma ação terrorista de um grupo extremista. Com isso, o que seria mero crime de dano, segundo o Código Penal (art. 163), punível com 1 a 6 meses de detenção, ou multa, ou com 6 meses a 3 anos na forma qualificada, passará a ser punível com os famigerados 12 a 30 anos de reclusão. E não é um problema supostamente apenas para os adeptos da tática *blackbloc*: não podemos esquecer quantas vezes órgãos da mídia conservadora e reacionária consideraram o MST, por exemplo, uma organização terrorista. E sabemos bem o quanto a mídia conservadora e reacionária tem pautado a ação judicial punitivista, lamentavelmente."[12]

A questão, portanto, que se põe como crucial será a discussão sobre a "forma" do protesto. Fato que é controverso na literatura penal e constitucional, quando se discute, inclusive, a desobediência civil em que o protesto apresenta-se como uma de suas formas.

No âmbito do direito penal, Claus Roxin pondera que *"las acciones de protesta infractoras de reglas, pacífico-simbólicas, guiadas por la preocupación por el bien común (como los bloqueos mediante sentadas o sit-ins) encajan siempre."*[13] E que as pequenas lesões até mesmo se encaixariam na hipótese de atipicidade. Mas a colisão entre os direitos em jogo (a restrição de direitos em face da demanda por direitos), em sua visão, deveria se orientar pela ponderação de interesses individuais e da comunidade, considerando-se seis itens para a exclusão da exculpação, ainda que possamos compreender:

---

10 Cf. BUSATO, Paulo César; ANDRADE, Andressa Paula de; CARUNCHO, Alexey Choi. Org. 29 DE ABRIL: *Reflexões sobre as manifestações no Centro Cívico de Curitiba – PR.* Disponível em: http://www.sistemacriminal. org/site/files/29_de_abril_de_2015_reflexes_sobre_as_manifestaes_no_Centro_Cvico_de_Curitiba-PR.pdf.

11 Entrevista com Adriano Pilatti "A tipificação de crime de terrorismo no Brasil: A perversidade da lei é a sua própria criação", da página do Instituto Humanitas de Unisinos, Seção Entrevistas. In. http://www.ihu. unisinos.br/entrevistas/552134-a-perversidade-da-lei-antiterrorismo-e-a-sua-propria-criacao-entrevista-especial-com-adriano-pilatti. Acesso em: 09 ago. 2016.

12 Entrevista com Adriano Pilatti "A tipificação de crime de terrorismo no Brasil: A perversidade da lei é a sua própria criação", da página do Instituto Humanitas de Unisinos, Seção Entrevistas. In. http://www.ihu. unisinos.br/entrevistas/552134-a-perversidade-da-lei-antiterrorismo-e-a-sua-propria-criacao-entrevista-especial-com-adriano-pilatti. Acesso em: 09 ago. 2016.

13 ROXIN, Claus. *Derecho Penal. Parte General. Tomo I. Fundamentos. La Estructura de la Teoría del Delito.* Traducción y Notas. 2ª ed. alemana. 1ª reimpresión. Diego-Manuel Luzón Peña; Miguel Díaz y García Conlledo; Javier de Vicente Remesal. Madrid: Civitas, 1997. p. 953

1) la protesta infractora ha de referirse a cuestiones existenciales que interesen al conjunto de la población; 2) el sujeto debe actuar por preocupación por el bien común; 3) la infracción de las reglas ha de mostrar una conexión reconocible con el destinatario de la protesta; así por ejemplo cuando se bloquea la entrada de una instalación militar por integrantes de un movimiento pacifista; 4) quien lleva a cabo la protesta debe declararse claramente partidario de la democracia parlamentaria; 5) los revolucionarios no pueden ser por tanto exculpados; la infracción de las reglas debe evitar toda actividad violenta y la resistencia activa a las fuerzas del orden y 6) los impedimentos e incomodidades que resultan de la protesta deben mantenerse reducidos (insignificantes, de escasa importancia) y temporalmente limitados.[14]

Já Roberto Gargarella, que considera que o direito ao protesto é o *primeiro direito*, trabalha com o apagamento e as complexidades do exercício do protesto, no momento contemporâneo, e pondera sobre o fato de que é um equívoco a análise de algo inerente ao direito constitucional à luz do direito penal[15]. Para Gargarella, tem-se *"como consecuencia la degradación de la Constitución que, en este caso, comienza a ser analizada menos en torno a los derechos que tenemos, que a partir de los reproches que merecemos por nuestro excesos o nuestras faltas jurídicas."*[16]

Também não se pode deixar de registrar a figura de algo como os "lobos solitários" ou agentes infiltrados que podem descaracterizar completamente um ato coordenado por um movimento, coletivo, etc.

5. (...) apoiar (...).

É a atitude de aprovar, aplaudir, dar apoio ou ajuda, subsidiar ou *sustentar.* Da mesma forma que os demais, pode ser realizado de forma livre, por intermédio de atitudes, participando de atos, escrevendo, enfim, sempre que direcionado ao especial fim de agir do parágrafo. Os últimos significados da conduta (*subsidiar* ou *sustentar)* podem colidir com as disposições do Art. 6º, parágrafo único dessa Lei.

---

14 ROXIN, Claus. *Derecho Penal. Parte General. Tomo I. Fundamentos. La Estructura de la Teoría del Delito. Traducción y Notas.* 2ª ed. alemaña. 1ª reimpresión. Diego-Manuel Luzón Peña; Miguel Díaz y García Conlledo; Javíer de Vicente Remesal. Madrid: Civitas, 1997. p. 954.
15 GARGARELLA, Roberto. *El derecho a la Protesta: El primer derecho.* 1 ed. Buenos Aries: Ad-Hoc, 2007. p. 74-76.
16 GARGARELLA, Roberto. *El derecho a la Protesta: El primer derecho.* 1 ed. Buenos Aries: Ad-Hoc, 2007. p. 75.

Referências bibliográficas

BÁRTOLI, Márcio; PANZERI, André. *Código Penal e sua Interpretação: Doutrina e Jurisprudência.* Alberto Silva Franco e Rui Stoco (Coord). 8 ed. São Paulo: Revista dos Tribunais, 2007.

BUSATO, Paulo César; ANDRADE, Andressa Paula de; CARUNCHO, AlexeyChoi. Org. 29 DE ABRIL: *Reflexões sobre as manifestações no Centro Cívico de Curitiba – PR.* Disponível em: http://www.sistemacriminal.org/site/files/29_de_abril_de_2015_reflexes_sobre_as_manifestaes_no_Centro_Cvico_de_Curitiba-PR.pdf.

FRAGOSO, Heleno Cláudio. *A Nova Lei de Segurança Nacional.* http://www.fragoso.com.br/eng/arq_pdf/heleno_artigos/arquivo32.pdf. (Jan-jun de 1983).

GARGARELLA, Roberto. *El derecho a la Protesta: El primer derecho.* 1 ed. Buenos Aries: Ad-Hoc, 2007.

GOHN, Maria da Glória. *A sociedade brasileira em movimento:* vozes das ruas e seus ecos políticos e sociais. Cad. CRH, Salvador , v. 27, n. 71, p. 431-441, Disponível em <http://www.scielo.br/scielo.php?script=sci_arttext&pid=S0103-49792014000200013&lng=en&nrm=iso>. Acesso em 20 jul. 2016.

MARQUES, Camila; RIELLI, Mariana. *PL antiterrorismo é ameaçca a movimentos sociais e manifestantes.* http://www.conjur.com.br/2016-mar-15/pl-antiterrorismo-ameaca-movimentos-sociais-manifestantes.(Março de 2016).

NUCCI, Guilherme de Souza. *Leis Penais e Processuais Penais Comentadas.* 6 ed. 1 vol. São Paulo: Editora Revista dos Tribunais, 2012.

ROXIN, Claus. *Derecho Penal. Parte General. Tomo I. Fundamentos. La Estructura de la Teoría del Delito.* Traducción y Notas. 2ª ed. alemaña. 1ª reimpresión. Diego-Manuel Luzón Peña; Miguel Díaz y García Conlledo; Javíer de Vicente Remesal. Madrid: Civitas, 1997.

SANTOS, Juarez Cirino dos. *Direito Penal:* Parte Geral. Curitiba: ICPC, 2006.

ZAFFARONI, Eugenio Raúl. *A questão criminal.* Trad. Sérgio Lamarão. 1. ed. Rio de Janeiro: Revan, 2013.

Entrevista com Adriano Pilatti *"A tipificação de crime de terrorismo no Brasil: A perversidade da lei é a sua própria criação",* da página do Instituto Humanitas de Unisinos, Seção Entrevistas. In. http://www.ihu.unisinos.br/entrevistas/552134-a-perversidade-da-lei-antiterrorismo-e-a-sua-propria-criacao-entrevista-especial-com-adriano-pilatti. Acesso em: 09 ago. 2016.

Entrevista com David Harvey *"O que aconteceu em junho de 2013 no Brasil ainda não acabou"*, da página do Jornal El País, seção Brasil, na Internet. In. http:// brasil.elpais.com/brasil/2015/06/13/politica/1434152520_547352.html. Acesso em: 09 ago. 2016.

Notícia *"Manifestações ficam fora de projeto de Lei Antiterror"*, da página do Senado Federal, na seção em Discussão ". In. http://www.senado.gov. br/noticias/jornal/emdiscussao/copa-do-mundo-no-brasil-2014/materia. html?materia=manifestacoes-ficam-fora-de-projeto-de-lei-antiterror.html&. Acesso em: 19 jul. 2016.

Art. 2, § 2º.
(...) com o objetivo de defender direitos, garantias e liberdades constitucionais (...)

por Patrícia Possatti Ferrigolo

1. Direitos.

O direito contemplado no tipo, refere-se ao direito em seu sentido subjetivo e mostra-se "uma faculdade ou prerrogativa outorgada à pessoa, em virtude da qual a cada um se atribui o que é seu, não se permitindo que outrem venha a prejudica-lo em seu interesse porque a lei representando a coação social, protege-o em toda a sua amplitude"[1].

2. Garantias.

No que se refere as garantias, estas têm o condão de amparar, proteger e instrumentalizar a concretização do direito, decorrentes de princípios jurídicos ou regras instituídas pela lei, "não necessitando de declaração de vontade da pessoa"[2]. A garantia constitucional serve para salvaguardar "os múltiplos direitos assegurados ou outorgados aos cidadãos de um país pelo texto constitucional"[3], servindo como um instrumento de tutela.

3. Liberdades.

Com relação a liberdade no contexto constitucional diz respeito as liberdades públicas e "expressam os direitos as liberais que são aqueles direitos fundamentais (também chamados direitos humanos ou direitos individuais) [...]; através das liberdades pretende-se reservar à pessoa uma área de atuação imune à intervenção do poder"[4].

Desse modo, extrai-se que para ser considerada atípica[5] a conduta individual ou coletiva de pessoas em tais manifestações ou movimentos, além de *visar a contestação, crítica, protesto ou apoio,* necessita ainda *ter como objetivo* (com o objetivo de) a defesa de direitos, garantias e liberdades constitucionais (espécie de "duplo" elemento subjetivo diverso do dolo, conforme citado anteriormente).

O dolo é a vontade e a consciência atual de praticar a conduta descrita no injusto penal, compondo o elemento subjetivo do tipo. Possui dois elementos, sendo um cognitivo (consciência de que está praticando típico) e outro volitivo (vontade de

---

1   SILVA, De Plácido e. *Vocabulário Jurídico*. 15. ed. Rio de Janeiro: Editora Forense, 1999. p. 268.
2   SILVA, De Plácido e. *Vocabulário Jurídico*. 15. ed. Rio de Janeiro: Editora Forense, 1999. p. 378.
3   SILVA, De Plácido e. *Vocabulário Jurídico*. 15. ed. Rio de Janeiro: Editora Forense, 1999. p. 490.
4   SILVA, De Plácido e. *Vocabulário Jurídico*. 15. ed. Rio de Janeiro: Editora Forense, 1999. p. 378.
5   É possível que alguns doutrinadores defendam que, embora típico, a conduta estaria amparada pelo exercício regular de direito, sendo, portanto, uma excludente de ilicitude e não de tipicidade, mas, neste caso, estar-se-ia admitir um "ato terrorista" lícito. Todavia, no caso do § 2º do art. 2º da Lei 13.260/16, não se estaria permitindo um "ato terrorista", pois a liberdade de expressão (contestação, crítica, protesto ou apoio), as manifestações e os movimentos são, em sua essência, atos lícitos, garantidos constitucionalmente.

praticar o fato típico, do qual detém o conhecimento de ser um injusto)[6].

Para ter-se a percepção do elemento subjetivo diverso do dolo, destaca-se a lição de Carrara, na qual o dolo "consiste na intenção mais ou menos perfeita de fazer um ato que se conheça contrário a lei"[7]. O Dolo é a vontade de realizar a ação (ilícita) e obter o resultado almejado – ou assumir o risco de produzi-lo.

Assim, o indivíduo que incorre no § 2º do art. 2º da Lei 13.260/16, não possui a vontade de praticar nenhum ato contrário a lei, mais sim, de exercer suas liberdades, garantias e direitos permitidos e tutelados constitucionalmente.

Desta feita, quando o objetivo do agente for a defesa de seus direitos – em sentido amplo – constitucionais, tal elemento subjetivo específico do tipo penal tem a função de afastar a incidência do tipo penal incriminador – excludente de tipicidade.

Pelo que se percebe, este segundo elemento subjetivo do tipo, tem o condão de evitar eventual ocorrência de violação ao direito constitucional de liberdade de expressão (como ocorreu com a "marchas da maconha", que necessitou de decisão proveniente do STF para declarar sua legitimidade).

Visto que, o direito de reunião e de livre expressão do pensamento – assegurados constitucionalmente – somente poderiam ser proibidos quando tivessem o objetivo de incitar ou provocar ações ilegais, que não seria o caso das manifestações políticas, movimentos sociais, sindicais, religiosos, de classe ou de categoria profissional, direcionados por propósitos sociais ou reivindicatórios, que visem a contestação, critica, protesto ou apoio, bem como que tiverem por finalidade a defesa de direitos, garantias e liberdades constitucionais (art. 5º, incisos IV, VI e IX da CRF/88).

Mesmo com uma análise superficial dos outros elementos (normativos e subjetivo), verifica-se que tal inserção é plenamente dispensável. Isto porque, é evidente que, no caso de manifestações políticas e demais movimentos, o indivíduo – ou mesmo a coletividade –, presente está reivindicando algo, objetivando a defesa de seus *direitos, garantias e liberdades constitucionais*, ou – ao menos – crê de que desta forma está procedendo (neste caso o indivíduo incidiria em erro de tipo!?). Até porque, trata-se de missão impossível limitar a manifestação de pensamento. Mais uma vez mostra-se confusa a redação e os objetivos de uma Lei que, no que pese – na teoria – o ônus da prova ser da acusação, incumbirá ao indivíduo provar o que deveria ser óbvio.

Contudo, deve-se ter muita cautela para que questões meramente políticas não sejam consideradas crime de terrorismo, pois aceitar que manifestações políticas e movimentos sociais sejam tratados como atos terroristas colocaria em xeque a – infante – democracia brasileira.

---

6   Nesse sentido: BITENCOURT, Cezar Roberto; CONDE, Francisco Muñoz. *Teoria geral do delito*. 2. ed. São Paulo: Saraiva, 2004, p. 153.

7   CARRARA, Francesco. *Programa de Derecho Criminal*. v. 1, Bogotá: Ed. Temis, 1971. p. 73. Apud: BITENCOUT, Cezar Roberto; CONDE, Francisco Muñoz. *Teoria geral do delito*. 2. ed. São Paulo: Saraiva, 2004, p. 154.

Até mesmo porque "a transição do cidadão ao *inimigo* seria produzida mediante a reincidência, a habitualidade, a delinquência profissional e, finalmente, a integração em organizações delitivas estruturadas"[8], e não apenas pelo seu incurso em um tipo penal.
Perfeitamente pontua Ihering:

A vida do direito é a luta: luta dos povos, dos governos, das classes sociais, dos indivíduos. Todos os direitos da humanidade foram conquistados pela luta; seus princípios mais importantes tiveram de enfrentar os ataques daqueles que a eles se opunham [...].[9]

Por outro lado, "a denominada luta contra o terrorismo não pode custar a identidade democrática"[10].

---

8   SILVA SÁNCHEZ, Jesús-María. *A expansão do direito penal*: aspectos da política criminal nas sociedades pós-industriais. [Tradução Luiz Otávio de Oliveira Rocha]. 3. ed. rev. e atual. São Paulo: Editora Revista dos Tribunais, 2013. p. 195.
9   IHERING, Rudolf Von. *A luta pelo direito*. São Paulo: Martin Claret, 2005. p. 27.
10 TANGERINO, Davi de Paiva Costa; D'AVILA, Fábio Roberto; CARVALHO, Salo de. *O direito penal na "luta contra o terrorismo"*: delineamentos teóricos a partir da criminalização dos movimentos sociais (o caso dos trabalhadores rurais sem-terra). In: ZILIO, Jacson; BOZZA, Fábio (org.). Estudos críticos sobre o sistema penal: homenagem ao Professor Doutor Juarez Cirino dos Santos por seu 70º aniversário. Curitiba: LedZe Editora, 2012. p. 688.

Referências bibliográficas.

BITENCOURT, Cezar Roberto; MUÑOZ CONDE, Francisco. *Teoria geral do delito*. 2. ed. São Paulo: Saraiva, 2004.

IHERING, Rudolf Von. *A luta pelo direito*. São Paulo: Martin Claret, 2005.

SILVA, De Plácido e. *Vocabulário Jurídico*. 15. ed. Rio de Janeiro: Editora Forense, 1999.

SILVA, José Afonso da. *Curso de Direito Constitucional Positivo*. 16. ed. rev. e atual. São Paulo: Malheiros Editores, 1998.

SILVA SÁNCHEZ, Jesús-María. *A expansão do direito penal*: aspectos da política criminal nas sociedades pós-industriais. [Tradução Luiz Otávio de Oliveira Rocha]. 3. ed. rev. e atual. São Paulo: Editora Revista dos Tribunais, 2013.

TANGERINO, Davi de Paiva Costa; D'AVILA, Fábio Roberto; CARVALHO, Salo de. *O direito penal na "luta contra o terrorismo"*: delineamentos teóricos a partir da criminalização dos movimentos sociais (o caso dos trabalhadores rurais sem-terra). In: ZILIO, Jacson; BOZZA, Fábio. Estudos críticos sobre o sistema penal: homenagem ao Professor Doutor Juarez Cirino dos Santos por seu 70º aniversário. Curitiba: LedZe Editora, 2012. pp. 639-677.

Art. 2, § 2º.
(...) sem prejuízo da tipificação penal contida em lei.

por Marion Bach

1. (...) sem prejuízo da tipificação penal contida em lei.

O art. 2o da Lei 13260/2016, em seu *caput* e § 1o, elenca – ou ao menos intenta elencar – os atos que podem ser classificados como de *terrorismo*.

Há, e essa é uma das principais preocupações por parte dos estudiosos do direito, evidente perigo em considerar *atos de terrorismo*, condutas que são típicas de protesto, de crítica, de apoio ou de contestação a direitos, garantias e liberdades constitucionais[1] e é justamente por tal razão que o § 2o vem especificar as condutas que estão, ao menos teoricamente, isentas de receber o carimbo de *"ato terrorista"* e, consequentemente, de ser apenadas com a (gravíssima) sanção de 12 a 30 anos.

Não se ignora – como restou evidenciado nos oportunos comentários – que a inexatidão e subjetividade dos termos utilizados pelo legislador, na Lei 13260/2016, possibilita a perversa criminalização de movimentos sociais e políticos[2]. Tal problemática, porém, não impede o reconhecimento de que o legislador previu traços distintivos das condutas vedadas (*caput* e §1º) e autorizadas (§2º).

O parágrafo 2º, é possível afirmar, realiza um papel oposto ao que usualmente é conferido à lei penal, através do princípio da legalidade[3]. Enquanto o parágrafo 1º cumpre a tradicional missão do princípio da legalidade de *prever condutas proibidas*, o parágrafo 2º traz condutas que *podem ser praticadas* e que não podem, nem devem, ser confundidas com os elencados *atos terroristas*.

A parte final do parágrafo 2º, porém, traz a expressão *"sem prejuízo da tipificação penal contida em lei"*, que revela, por evidente que seja, que mesmo as condutas autorizadas encontram *limites legais*.

Tal expressão contraria a regra hermenêutica de que o legislador não

---

1   Constituição Federal, Art. 5º. Todos são iguais perante a lei, sem distinção de qualquer natureza, garantindo-se aos brasileiros e aos estrangeiros residentes no País a inviolabilidade do direito à vida, à liberdade, à igualdade, à segurança e à propriedade, nos termos seguintes:

II - ninguém será obrigado a fazer ou deixar de fazer alguma coisa senão em virtude de lei;

IV - é livre a manifestação do pensamento, sendo vedado o anonimato;

XVI - todos podem reunir-se pacificamente, sem armas, em locais abertos ao público, independentemente de autorização, desde que não frustrem outra reunião anteriormente convocada para o mesmo local, sendo apenas exigido prévio aviso à autoridade competente;

XVII - é plena a liberdade de associação para fins lícitos, vedada a de caráter paramilitar.

2   Chama a atenção, nesse ponto, reportagem publicada em outubro de 2015 pelo jornal El País, sob o título "Lei de terrorismo, aprovada no Senado, fragiliza protestos no Brasil". A reportagem, então, recorda que o projeto de lei foi elaborado e votado num momento em que o Brasil é sacudido por protestos de toda natureza, diante do aprofundamento da crise política e econômica: de professores que se queixam do fechamento de escolas, a movimentos sociais que protestam contra o ajuste fiscal, passando pelos movimentos pró e contra impeachment da presidenta Dilma (...). Para ler a reportagem na íntegra: http://brasil.elpais.com/brasil/2015/09/10/politica/1441896491_455735.html.

3   Vide comentários a respeito da garantia criminal e da garantia penal que realiza Paulo César Busato em Direito Penal – Parte Geral. São Paulo, Atlas, 2013, p.39.

lança mão de palavras e expressões vãs[4]. Nesse caso, mesmo que a parte final do parágrafo 2º não previsse, expressamente, que as condutas autorizadas não estão salvaguardadas da tipificação penal, os tipos penais previstos na parte especial do Código Penal, ou mesmo em legislação extravagante, seriam aplicáveis.

Pense-se, a título ilustrativo, em uma manifestação legítima que buscasse chamar a atenção das autoridades políticas para a questão da saúde em determinado município. Caso os manifestantes, dentre os atos de manifestação, decidissem pichar monumento urbano com dizeres conscientizadores, incorreriam nas sanções previstas no art. 65 da Lei 9605/98[5]. Caso os mesmos manifestantes se excedessem em suas manifestações e acabassem por quebrar as janelas de uma residência particular, com pedradas, incorreriam nas sanções previstas no art. 163 do Código Penal[6], que prevê a pena de 01 (um) a 06 (seis) meses ou multa para quem, dolosamente, destrói, inutiliza ou deteriora coisa alheia. Caso o dano praticado fosse contra patrimônio da União, Estado, Município, empresa concessionária de serviços públicos ou sociedade de economia mista, a pena imposta seria de 06 (seis) meses a 03 (três) anos[7].

Prosseguindo no exercício imaginativo, pense-se em uma legítima manifestação religiosa em que os manifestantes se excedem e, através de palavras injuriosas, atingem a honra subjetiva de indivíduo que assiste à manifestação. Nesse caso, evidente que, embora a manifestação esteja resguardada pelos direitos de liberdade, a conduta injuriosa encontra correspondência com aquela descrita no art. 140 do Código Penal[8] e é sancionada com pena de 01 (um) a 06 (seis) meses ou multa. Caso a injúria fosse proferida contra um policial militar que exercia sua função em local próximo à manifestação, por sua vez, a conduta possivelmente encontra correspondência com a descrita no art. 331 do Código Penal[9], sendo punida com detenção de 06 (seis) meses a 02 (dois) anos, ou multa.

Há, ademais, a Lei 7170/83 – inspirada e elaborada na época da ditadura militar, mas ainda vigente - que define os crimes contra a segurança nacional e

---

4 O próprio STJ reconhece, mas questiona, tal regra hermenêutica. "Costumam os intérpretes repetir certas afirmações, como se fossem dogmas, daí resultando, muitas vezes, situações paradoxais. Uma delas, tida como regra de hermenêutica, é a de que a lei não contém palavras inúteis, posto que se presume sábio o legislador: *verba cum ei fectu sunt accipienda*. Nem sempre isto é verdade. Pode a lei não ter sido elaborada com obediência à melhor técnica, o que não deverá conduzir a que se tirem conclusões, fundadas em posições a *priori*, capazes de levar a um desvio do verdadeiro sentido do texto. Carlos Maximiliano lembra que os norte-americanos, bem avisados, formularam diferentemente o princípio. E invoca Sutherland para afirmar: "deve-se atribuir, *quando for possível,* algum efeito a toda palavra, cláusula ou sentença (...)". Recurso Repetitivo Tema 136. REsp 1101740/SP, Relator Min. Luiz Fux, Corte Especial, DJe 07.12.2009.

5 Art. 65 da Lei 9605/98 - Pichar ou por outro meio conspurcar edificação ou monumento urbano: Pena – detenção, de 3 (três) meses a 1 (um) ano, e multa.

6 Art. 163 do Código Penal – Destruir, inutilizar ou deteriorar coisa alheia: Pena – detenção, de 1 (um) a 6 (seis) meses, ou multa.

7 O art. 163 do Código Penal traz, em seu parágrafo único, a modalidade qualificada. O inciso III traz, justamente, a hipótese em que o crime é cometido contra o patrimônio da União, Estado, Município, empresa concessionária de serviços públicos ou sociedade de economia mista.

8 Art. 140 do Código Penal – Injuriar alguém, ofendendo-lhe a dignidade ou o decoro: Pena – detenção, de 1 (um) a 6 (seis) meses, ou multa.

9 Art. 331 do Código Penal – Desacatar funcionário público no exercício da função ou em razão dela: Pena – detenção, de 6 (seis) meses a 2 (dois) anos, ou multa.

a ordem política e social. Veja-se que, em momento prévio ao advento da Lei 13260/2016, manifestantes que participaram de protestos por todo o país, durante o ano de 2013, foram enquadrados pela suposta prática de crimes descritos na Lei de Segurança Nacional[10]. Tais crimes, embora não sejam objeto direto do presente comentário, ensejam também significativas críticas, em razão da utilização seletiva e conveniente que possibilitam[11].

Os exemplos, portanto, são infindáveis e revelam, a um, que mesmo as condutas que *não são* consideradas como atos terroristas pela Lei 13260/2016, encontram limites traçados pelos tipos penais contidos em lei. A dois, que muitas condutas que agora *serão* consideradas atos terroristas não estavam, em momento anterior ao advento da Lei 13260/2016, *isentas* de punição[12].

Muitas condutas que agora, através da interpretação por parte do Poder Executivo e do Poder Judiciário – na chamada *criminalização secundária*[13] -, serão consideradas como *atos de terrorismo*, apenadas com a severa – e despótica – sanção de 12 (doze) a 30 (trinta) anos, já eram punidas através de outros tipos penais, com penas mais proporcionais e menos contaminadas por apelos (meramente) simbólicos.

Por fim, há que se registrar que, mesmo na hipótese de se reconhecer determinada conduta como um *ato terrorista* – nos moldes do art. 2º, *caput*, e § 1º -, a grave sanção cominada *não exclui* a possibilidade de incidência cumulativa com outro tipo penal. É o que se conclui da leitura do preceito secundário previsto no art. 2º, que traz "reclusão de doze a trinta anos, *além das sanções correspondentes à ameaça e à violência*".

Veja-se, portanto, que será possível o concurso de crimes – com a aplicação casuística das regras dispostas nos arts. 69, 70 e 71 do Código Penal - entre *atos de terrorismo e crimes que contenham violência ou ameaça*. Por outro lado, e em razão de uma interpretação a *contrario sensu*, caso seja reconhecido o crime previsto no art. 2º da Lei 13260/2016 e, no caso concreto, haja a ocorrência de

---

10 Veja-se, a título exemplificativo, a reportagem publicada no jornal Gazeta do Povo, em outubro de 2013: http://www.gazetadopovo.com.br/vida-e-cidadania/aplicacao-de-lei-de-seguranca-nacional-em-protestos-e-anacronica-afirma-ong-3sndy0nbhcfs7fbqdoo37o21a

11 São exemplos claros os arts. 22, 23 e 26 da referida Lei, que punem, respectivamente, a conduta de "fazer, em público, propaganda de processos violentos ou ilegais para alteração da ordem política ou social, de discriminação racial, de luta pela violência entre as classes sociais, de perseguição religiosa, de guerra, de qualquer dos crimes previstos nesta Lei"; a conduta de "incitar à subversão da ordem política ou social, à animosidade entre as Forças Armadas ou entre estas e as classes sociais ou as instituições civis, à luta com violência entre as classes sociais e à prática de qualquer dos crimes previstos nesta Lei"; e, por fim, a conduta de "caluniar ou difamar o Presidente da República, o do Senado Federal, o da Câmara dos Deputados ou o do Supremo Tribunal Federal, imputando-lhe fato definido como crime ou fato ofensivo à reputação".

12 Moradores da periferia que queimaram um ônibus para protestar contra a morte de um jovem nas mãos da polícia; uma estação de metrô apedrejada durante uma manifestação de estudantes contra o fechamento de escolas estaduais; um rapaz que vestia camiseta vermelha e, por isso, foi agredido com tapas e pontapés. Todos esses casos, reais e trazidos pelo jornal El País, em 31 de outubro de 2015, já encontrariam devida resposta penal através das tipificações existentes no Código Penal e na legislação extravagante, mas agora, em decorrência da elástica interpretação do §2º da Lei 13260/16, podem ser consideradas como atos de terrorismo. http://brasil.elpais.com/brasil/2015/09/10/politica/1441896491_455735.html.

13 A respeito da separação entre criminalização primária e secundária recomenda-se a leitura de Eugenio Raúl Zaffaroni, Derecho Penal – Parte General. Buenos Aires: Ediar, 2002, p. 7 e seguintes.

outros crimes que não contam com qualquer violência ou ameaça – como é o caso, por exemplo, do acima mencionado crime de dano -, deverá ser reconhecido o *princípio da consunção*[14] e os atos de terrorismo *absorverão* as demais condutas delitivas, devendo o agente responder *somente* (e somente é tudo o que não se pode dizer, nesse caso!) pela pena de 12 (doze) a 30 (trinta) anos.

Referências bibliográficas.

BUSATO, Paulo César. *Direito Penal – Parte Geral*. São Paulo: Atlas, 2013.

GALVÃO, Fernando. *Direito Penal – Parte Geral*. 5 ed. São Paulo: Saraiva, 2013.

ZAFFARONI, Eugenio Raúl. *Derecho Penal – Parte General*. Buenos Aires: Ediar, 2007.

---

14 Para rápida leitura sobre princípio da consunção e outros conflitos aparentes de leis, vide Fernando Galvão, Direito Penal – Parte Geral, 5ª ed., São Paulo, Saraiva, 2013, p. 173 e ss.

Art. 3º.
Promover, constituir, integrar ou prestar auxílio, pessoalmente ou por interposta pessoa, a organização terrorista:
Pena - reclusão, de cinco a oito anos, e multa.

por Décio Franco David e Luiza Borges Terra

1. A conduta típica.

Inicialmente, insta esclarecer que o artigo 3º da Lei nº 13.260/2016 estabelece quatro modalidades diferentes de condutas, configurando-se como um tipo misto alternativo[1]. Em outras palavras, as condutas previstas pelos quatro verbos núcleares não descrevem uma, mas quatro formas variadas de realização do mesmo fato delituoso. Por isso, a característica inicial deste tipo penal é que "as várias modalidades são fungíveis e a realização de mais de uma não altera a unidade do delito"[2].

O primeiro verbo – "promover"[3] – significa "dar ensejo, dar lugar, possibilitar, realizar, proporcionar"[4], "gerar, provocar ou originar"[5], isto é, "fazer com que aconteça"[6] (propiciar) a formalização da organização terrorista.

O segundo verbo – "constituir"[7] – significa "compor, formar, instituir, estabelecer"[8], "criar, dar nascedouro, estruturar, formatar, que, em certa medida, resulta no mesmo que organizar"[9].

---

1   José Cirilo de Vargas nomeia essa modalidade de tipificação de tipos compostos (VARGAS, José Cirilo de. *Introdução ao estudo dos crimes em espécie*. Belo Horizonte: Del Rey, 1993, p. 127). No entanto, adota-se, aqui, a nomenclatura "misto alternativo" ou "misto cumulativo" ante sua popularidade doutrinária e jurisprudencial.

2   DOTTI, René Ariel. *Curso de Direito Penal*: Parte Geral. 3. ed. São Paulo: Revista dos Tribunais, 2010, p. 367. A título de exposição complementar, destaca-se que, para João Paulo Orsini Martinelli e Leonardo Schmitt de Bem, essa classificação não pode ser feita de forma objetiva pelo legislador, pois a "classificação da norma penal em *mista alternativa* ou em *mista cumulativa* apenas pode ser realizada com uma análise da fotografia real das ações realizadas" (MARTINELLI, João Paulo Orsini; BEM, Leonardo Schmitt de. *Lições fundamentais de direito penal*. São Paulo: Atlas, 2016, p. 420), por tal razão, defendem que a diferenciação entre os tipos mistos cumulativos e alternativos deve se dar ante o contexto em que as condutas são realizadas. (MARTINELLI, João Paulo Orsini; BEM, Leonardo Schmitt de. Loc. cit.). Destaca-se, ainda, que a expressão "fotografia real" utilizada pelos autores, possui correlação à expressão alemã *Leitbild* (imagem-reguladora), a qual é essencial à subsunção do delito-tipo. Sobre o assunto, CAMARGO, Antonio Luís Chaves de. *Tipo penal e linguagem*. Rio de Janeiro: Forense, 1982, p. 17-18.

3   A elementar típica "promover" é encontrada em oito artigos do Código Penal (177, 231, 231-A, 241, 349-A, 351, 359-F, 359-H), motivo pelo qual, segue-se sua análise no delito em comento com as respectivas adaptações peculiares do tipo.

4   BUSATO, Paulo César. *Direito Penal*: Parte Especial 1. São Paulo: Atlas, 2014, p. 932.

5   NUCCI, Guilherme de Souza. *Código Penal Comentado*. 13. ed. São Paulo: Revista dos Tribunais, 2013, p. 892.

6   BUSATO, Paulo César. *Op. cit.*, p, 940.

7   A elementar típica "constituir" é encontrada no artigo 288-A do Código Penal, motivo pelo qual, segue-se sua análise no delito em comento com as respectivas adaptações peculiares do tipo.

8   PATARA, Alexandre Augusto. Arts. 286 a 288-A. *In*: JALIL, Maurício Schaun; GRECO FILHO, Vicente. *Código Penal Comentado*: Doutrina e Jurisprudência. Barueri: Manole, 2016, p. 739 .

9   BUSATO, Paulo César. *Direito Penal*: Parte Especial 2. São Paulo: Atlas, 2016, p. 302.

O terceiro verbo – "integrar"[10] – significa agregar, associar, juntar, unificar"[11]. De forma suscinta, "integrar é fazer parte, ser um membro do grupo"[12]. Como bem ressalta Busato, a referência integrar significa fazer parte de modo perene e não simplesmente uma contribuíção sazonal ou esporádica com algumas atividades do grupo[13].

A quarta hipótese de conduta– "prestar auxílio"[14] – significa "auxiliar, ajudar, prover. O auxílio pode ser de qualquer natureza"[15], por isso, pode ser identificado, como a realização de uma participação de ordem material[16], bem como os atos de "conferir condições materiais"[17] e "dar apoio material"[18] à organização terrorista.

Os promotores, constituintes ou integrantes são os responsáveis pelo recrutamento e doutrinação dos membros, são os responsáveis pela promoção da organização terrorista. Portanto, atuam em nome da organização para recrutar membros, investimentos ou até mesmo angariar novos colaboradores. Enquanto os que prestam auxílio[19] são aqueles de alguma maneira prestam apoio a uma organização terrorista, como, por exemplo, conceder alojamento a um terrorista, oferecer comida, conceder um espaço para desempenho das atividades, etc.

No que tange as características do sujeito ativo, verifica-se que o crime é comum, podendo ser praticado por qualquer pessoa, e que possui descrição idêntica ao artigo 2º da Lei nº 12.850/13, excetuando-se a modalide de "prestar auxílio". Assim, conforme destacam Luiz Flávio Gomes e Alice Bianchini, "o agente pode atuar direta ou indiretamente (por interposta pessoa). Ele mesmo pratica os verbos núcleos do tipo ou domina a vontade de alguém, que atua em seu nome

---

10　A elementar típica "integrar" é encontrada no artigo 288-A do Código Penal, motivo pelo qual, segue-se sua análise no delito em comento com as respectivas adaptações peculiares do tipo.

11　PATARA, Alexandre Augusto. Loc. cit.

12　BUSATO, Paulo César. *Direito Penal: Parte Especial 2*. *Loc. cit.*

13　BUSATO, Paulo César. *Direito Penal: Parte Especial 2*. *Loc. cit.*

14　A elementar típica "prestar auxílio" é encontrada em três artigos do Código Penal (122, 135, 349), motivo pelo qual, segue-se sua análise no delito em comento com as respectivas adaptações peculiares do tipo. Destaca-se que a menção ao art. 135 se dá apenas pela previsão típica do termo, pois, a conduta descrita no alusivo artigo é omissiva própria. Embora, exista doutrina que aceite o auxílio em modalidade omissiva imprópria, tal circunstância é contrária à previsão do artigo em comento, conforme comentários realizados por Vicente Guastini acerca do art. 122 do Código Penal (GUASTINI, Vicente Celso da Rocha. Arts. 122 a 129 (capt e §§ 1º ao 5º). In: FRANCO, Alberto Silva; STOCO, Rui. *Código Penal e sua interpretação jurisprudencial*. vol. 2. 7. ed. São Paulo: Revista dos Tribunais, 2001, p. 2211-2212).

15　BUSATO, Paulo César. *Direito Penal: Parte Especial 2*. *Op. cit.*, p. 792.

16　BUSATO, Paulo César. *Direito Penal: Parte Especial 1*. *Op. cit.*, p. 63.

17　CONSENZO, José Carlos. Arts. 121 a 128. In: JALIL, Maurício Schaun; GRECO FILHO, Vicente. *Código Penal Comentado*: Doutrina e Jurisprudência. Barueri: Manole, 2016, p. 360.

18　NUCCI, Guilherme de Souza. *Op. cit.*, p. 662. Com o mesmo sentido: DELMANTO, Celso. [et al]. Código penal comentado. 7. ed. Rio de Janeiro: Renovar, 2007, p. 369.

19　Os atos de colaboração são exemplificados por Francisco Muñoz Conde: "aquellas actividades que son consideradas como actos de colaboración, mencionando en particular «la información o vigilancia de personas, bienes o instalaciones, la construcción, acondicionamiento, cesión o utilización de alojamientos o depósitos, la ocultación, acogimiento o traslado de personas, la organización de prácticas de entrenamiento o la asistencia a ellas, la prestación de servicios tecnológicos, y cualquier otra forma equivalente de cooperación o ayuda a las actividades de las organizaciones o grupos terroristas, grupos o personas a que se refiere el párrafo anterior». De este modo se miden por el mismo rasero conductas de distinta gravedad como entrenar militarmente a un grupo terrorista o alojar a uno de sus integrantes, o simplemente actos de la vida cotidiana" (MUÑOZ CONDE, Francisco. *Direito Penal*. Parte Especial. 20. ed. Valencia, Tirant lo Blanch, 2015, p. 762).

(sob seu comando. Há, nessa situação, a autoria mediata"[20]. Ressalta-se, nesse caso, que em autoria mediata, incidirá, as circunstâncias agravantes do art. 62 do Código Penal[21].

De acordo com a descrição típica, a figura do prestador de auxílio não poderá ser integrante da organização, pois, caso faça parte, sua conduta deixará de ser a de colaborar e passará a estar tipificada sob à égide da conduta "integrar".

Sendo que a diferença entre o *colaborar* ou *prestar auxílio* e o *integrar* é demonstrada pela estabilidade que o sujeito ativo apresenta dentro da organização, podem surgir dúvidas quanto à forma que a ajuda deve ocorrer, se será de forma permanente ou ocasional[22]. Entretanto, como todos os delitos que exigem certa habitualidade, é difícil determinar quando passa a ser permanente, ou seja, quantos atos de colaboração são necessários para que se considere integrante? (10? 30? 100?) Faz diferença quais são os tipos de ato? No disposto no artigo 3º da Lei 13.260/2016 não é fundamental determinar tais distinções porque as condutas abarcadas pelos verbos núcleos, embora possam ter representações ontológicas distintas, são sancionadas com a mesma pena. Reitera-se, quanto a esta observação, a característica do delito estar previsto em formato tipo misto alternativo, razão pela qual o tipo se consumará com a realização de qualquer uma das modalidades previstas.

Ademais, a classificação mais adequada do tipo, demonstra, pelos verbos expressos, ser um delito formal. Destacando-se que para as condutas de promover e constituir, é possível conceber modalidades de tentativa, o que não ocorre para os verbos integrar e prestar, razão pela qual, pode-se tecer críticas quanto ao formato da tipificação por mesclar verbos de distinta configuração sob uma mesma égide normativa.

Por fim, ressalta-se que a elementar "organização criminosa" faz menção à tipificação prevista no artigo 1º e parágrafos da Lei nº 12.850/2013[23].

---

20 GOMES, Luiz Flávio; BIANCHINI, Alice. Criminalidade Econômica Organizada. *In*: OLIVEIRA, William Terra de; LEITE NETO, Pedro Ferreira; ESSADO, Tiago Cintra; SAAD-DINIZ, Eduardo. *Direito penal econômico*: Estudos em homenagem aos 75 anos do Professor Klaus Tiedmann. São Paulo: LiberArs, 2013, p. 179.

21 Art. 62 - A pena será ainda agravada em relação ao agente que: I - promove, ou organiza a cooperação no crime ou dirige a atividade dos demais agentes; II - coage ou induz outrem à execução material do crime; III - instiga ou determina a cometer o crime alguém sujeito à sua autoridade ou não-punível em virtude de condição ou qualidade pessoal; IV - executa o crime, ou nele participa, mediante paga ou promessa de recompensa.

22 Neste sentido assinala Manuel Cancio Meliá: "en términos abstractos, el compromiso del miembro con la organización lo convierte en un elemento funcional intercambiable de la misma: puede ser trasladado de función y de ubicación, el integrante es carne de la organización y participa de modo especialmente intenso, como autor del injusto colectivo que expresa la organización típica. colaborador, en cambio, interviene con aportaciones puntuales a la actividad de la organización" (CANCIO MELIÁ, Manuel. *Los delitos de terrorismo*: Estructura típica e injusto. Madrid: Editorial Reus, 2010, p. 240).

23 Art. 1º Esta Lei define organização criminosa e dispõe sobre a investigação criminal, os meios de obtenção da prova, infrações penais correlatas e o procedimento criminal a ser aplicado. § 1º Considera-se organização criminosa a associação de 4 (quatro) ou mais pessoas estruturalmente ordenada e caracterizada pela divisão de tarefas, ainda que informalmente, com objetivo de obter, direta ou indiretamente, vantagem de qualquer natureza, mediante a prática de infrações penais cujas penas máximas sejam superiores a 4 (quatro) anos, ou que sejam de caráter transnacional. § 2º Esta Lei se aplica também: I - às infrações penais previstas em tratado ou convenção internacional quando, iniciada a execução no País, o resultado tenha ou devesse

2. Classificação do crime.

Tipo misto alternativo que pode ser praticado por qualquer pessoa (crime comum), sempre, em modalidade dolosa. A autoria pode ser imediata ou mediata.

No pertinente à possibilidade de forma tentada, verifica-se que os dois primeiros verbos admitem, enquanto que as duas últimas modalidades não. Outrossim, verifica-se a natureza de crime permanente – exceto quanto à prestação do auxílio (instantâneo)[24] – cabendo prisão em flagrante em qualquer momento em virtude da permanência[25].

3. Bem jurídico.

Denota-se da descrição típica que o crime em análise deve ser analisado em comparação à definição das condutas de terrorismo e organização criminosa, motivo pelo qual remete-se a identificação do bem jurídico atingido aos comentários realizados no art. 2º da presente obra, sendo pertinente a ressalva de que não há a necessidade de se atrelar ao conteúdo normativo constitucional a definição do bem jurídico, haja vista a compreensão de que, quanto à definição das fontes de bem jurídicos, a teoria negativa é, certamente, a mais adequada a um Estado Democrático de Direito[26]. Todavia, indica-se a existência de entendimento contrário. Em estudo específico sobre terrorismo, Marcello Ovidio Lopes Guimarães vincula a definição do bem jurídico tutelado nas modalidades de terrorismo aos preceitos constitucionais[27].

4. Da pena.

Os patamares punitivos do delito merecem breves observações. Verifica-se que com a pena mínima de cinco anos, o crime não possibilita suspensão condicional do processo, tampouco a aplicação de substituvos penais[28]. Além disso, embora

---

ter ocorrido no estrangeiro, ou reciprocamente; II - às organizações terroristas, entendidas como aquelas voltadas para a prática dos atos de terrorismo legalmente definidos.

24 DELMANTO, Celso. [et. Al]. *Loc. cit.*

25 Nesse sentido: GOMES, Luiz Flávio; BIANCHINI, Alice. *Op. cit.*

26 Sobre o assunto: DAVID, Décio Franco. *Fundamentação principiológica do Direito Penal Econômico: um debate sobre a autonomia científica da tutela penal na seara econômica.* 2014.263. Dissertação (Mestrado em Ciência Jurídica) – Universidade Estadual do Norte do Paraná, Jacarezinho, Paraná, p. 49-63; GRECO, Luís. Breves reflexões sobre os princípios da proteção de bens jurídicos e da subsidiariedade no Direito Penal. In: SCHMIDT, Andrei Zenkner (coord). *Novos rumos do Direito Penal Contemporâneo:* Livro em homenagem ao Prof. Dr. Cezar Roberto Bitencourt. Rio de Janeiro: Lumen Juris, 2006, p. 401-426.

27 "Nesse passo, uma lei específica que trate do crime de terrorismo (ou da inserção em Código Penal do tipo ou tipos penais afetos à matéria), não terá problemas em ser recebida pela ordem constitucional, posto que o fundamento para a tutela de bens jurídicos vulnerados por atentados terroristas e as bases que informam a motivação e os limites dessa tutela são retirados da própria Carta Magna e, nesse caso orientam-se tanto genericamente pelos princípios que orientam a Constituição (como a busca da paz social em um Estado social e democrático de direito), como por prescrições específicas e por vezes explícitas (tal qual o repúdio ao terrorismo como princípio fundamental ou a limitação a benefícios, como a graça, a anistia ou a fiança para quem o praticar)" (GUIMARÃES, Marcello Ovidio Lopes. *Tratamento penal do terrorismo.* São Paulo: Quartier Latin, 2007, p. 57).

28 Sobre o assunto: DAVID, Décio Franco.; ZAMBIAZI, Larissa Horn. Substitutivos Penais: Alternativas à Prisão. *In:* BUSATO, Paulo César; CARUNCHO, Alexey Choi. (Org.). *Teoria da Pena* (Série Direito Penal Baseado em Casos, v. III). Curitiba: Juruá, 2014, p. 275-304.

tenha sido tipificada de forma quase idêntica ao art. 2º da Lei 12.850/2013, apura-se aqui uma previsão específica diante das finalidades contidas na justificação (combater o terrorismo[29]) da Lei nº 13.260/2016.

O regime inicial de cumprimento de pena dependerá da dosimetria realizada pelo magistrado, frisando-se que a incidência dos dispositivos da Lei nº 8.072/1990 não enseja a compulsoriedade de cumprimento incial de pena em regime fechado, consoante ampla posição do Supremo Tribunal Federal[30]. Porém, quanto à progressão de regime e livramento condicional, segue o disposto nos artigos 2º, § 2º da Lei 8.072/1990[31] e 83, inciso V, do Código Penal[32].

5. Análise crítica: um adiantamento inaceitável das barreiras de punição.

Ao se criminalizar condutas como integrar, ou o mero colaborar, apura-se inexistir lesão, tampouco colocação em perigo, de um bem jurídico penal. Sendo assim, com a previsão típica do artigo em comento, admitir-se-á no ordenamento jurídico brasileiro figuras que adiantam – ainda mais – as barreiras de imputação, ocorrendo a transformação de atos preparatórios, que eventualmente poderiam ser puníveis, ou ainda formas de participação que talvez nem cheguem a contribuir para a organização, em delitos autônomos.

De forma suscinta, isso significa que, em um primeiro momento, o Direito Penal se ocupava com a punição de delitos de terrorismo devido a seu especial fim de agir, passando a punir a mera integração à organização terrorista e, neste ponto, punindo aquele que contribui ou presta auxilio de maneira genérica — não exigindo o tipo que exista um resultado frutífero com a colaboração —, criminalizando, portanto, meros atos preparatórios como condutas autônomas[33]. Além disso, a opção por tipificação do delito em análise a partir das diretrizes gerais da Convenção de Palermo[34] indica uma ampliação de matriz punitivista,

---

29 Argumento passível de inúmeras críticas, não cabíveis no presente estudo.

30 STF, HC 111.840/ES, Tribunal Pleno, rel. Min. Dias Toffoli, j. 27-6-2012; STF, HC 114.568/ES, 1ª T., rel. Min. Dias Toffoli, j. 16-10-2012, DJe n. 220, de 8-11-2012; STF, HC 120.274/ES, 2ª T., rela. Mina. Cármen Lúcia, j. 10-6-2014, DJe n. 118, de 20-6-2014; STF, Súmula Vinculante nº 26.

31 § 2º A progressão de regime, no caso dos condenados aos crimes previstos neste artigo, dar-se-á após o cumprimento de 2/5 (dois quintos) da pena, se o apenado for primário, e de 3/5 (três quintos), se reincidente.

32 Art. 83 - O juiz poderá conceder livramento condicional ao condenado a pena privativa de liberdade igual ou superior a 2 (dois) anos, desde que: (...)

33 Neste sentido se pronuncia Elena Nuñez Castaño: "el precepto que estamos analizando implica un relevante adelantamiento de las barreras de punición, que comporta que no se exija lesión, ni puesta en peligro concreto de un bien jurídico, y conlleva una simpliicación de la tarea probatoria de la imputación328, esto es, la conversión de los actos preparatorios o de formas de participación más o menos necesarias, en delito autónomo" (NUÑEZ CASTAÑO, Elena. *Los delitos de colaboración con organización y grupos terroristas*. Valencia, Tirant lo Blanch, 2013. pg. 138). Este é o entendimento também de Francisco Muñoz Conde: "pero no se puede caer en la ambigüedad y en la vaguedad en la descripción de los tipos delictivos o incluir en ellos conductas muy alejadas de una verdadera puesta en peligro de bienes jurídicos concretos o difícilmente delimitables de otras perfectamente lícitas" (MUÑOZ CONDE, Francisco Op. Cit. p. 754)

34 Definindo a Convenção como diretrizes gerias: ESTELLITA, Heloisa. *Criminalidade de empresa, quadrilha ou bando e organização criminosa*. Porto Alegre: Livraria do Advogado, 2009, p. 83. Especificamente, quanto aos limites de vinculação normativa da Convenção, é válido mencionar o julgado Habeas Corpus nº 94404, julgado pelo STF no qual fora discutida a imposição legal da Convenção diante do princípio da legalidade. Sobre o assunto: DAVID, Décio Franco. Op. cit., p. 167.

notadamente, quanto à distorção do instituto processual da denominada prisão temporária[35], a qual é reflexo inegável dos movimentos simbólicos[36] e de ampliação punitiva incidentes sobre a esfera penal na atualidade.

Referências bibliográficas.

BRASIL. Supremo Tribunal Federal. *Habeas Corpus* n º 111.840/ES, Tribunal Pleno, rel. Min. Dias Toffoli, j. 27-6-2012; STF,

BRASIL. Supremo Tribunal Federal. *Habeas Corpus* n º 94.404, 2ª T., rel. Min. Celso De Mello, , j. 18/11/2008, DJe-110.

BRASIL. Supremo Tribunal Federal. *Habeas Corpus* n º 114.568/ES, 1ª T., rel. Min. Dias Toffoli, j. 16-10-2012, DJe n. 220, de 8-11-2012;

BRASIL. Supremo Tribunal Federal. *Habeas Corpus* n º 120.274/ES, 2ª T., rela. Mina. Cármen Lúcia, j. 10-6-2014, DJe n. 118, de 20-6-2014.

BRASIL. Supremo Tribunal Federal. Súmula Vinculante nº 26. Sessão Plenária de 16/12/2009. Dje n. 238, de 23-12-2009.

BUSATO, Paulo César. Direito Penal: Parte Especial 1. São Paulo: Atlas, 2014, p. 932.

_____. Direito Penal: Parte Especial 2. São Paulo: Atlas, 2016.

CAMARGO, Antonio Luís Chaves de. Tipo penal e linguagem. Rio de Janeiro: Forense, 1982.

CANCIO MELIÁ, Manuel. Los delitos de terrorismo: Estructura típica e injusto. Madrid: Editorial Reus, 2010.

CONSENZO, José Carlos. Arts. 121 a 128. *In*: JALIL, Maurício Schaun; GRECO

FILHO, Vicente. Código Penal Comentado: Doutrina e Jurisprudência. Barueri: Manole, 2016, p. 335-375.

---

35 SILVEIRA, Renato de Mello Jorge. Organização e associação criminosa nos crimes econômicos: Realidade típica ou contradição em termos? *In*: OLIVEIRA, William Terra de; LEITE NETO, Pedro Ferreira; ESSADO, Tiago Cintra; SAAD-DINIZ, Eduardo. *Direito penal econômico:* Estudos em homenagem aos 75 anos do Professor Klaus Tiedmann. São Paulo: LiberArs, 2013, p. 169.

36 Sobre o simbolismo e seus impactos no sistema criminal: DAVID, Décio Franco. Simbolismo: o hambúrguer do marketing Político-Criminal. *Justificando.* 2015. Disponível em: <http://justificando.com/2015/04/01/simbolismo-o-hamburguer-do-marketing-politico-criminal/.>. Acesso: 19/10/2016.

DAVID, Décio Franco. Fundamentação principiológica do Direito Penal Econômico: um debate sobre a autonomia científica da tutela penal na seara econômica. 2014.263. Dissertação (Mestrado em Ciência Jurídica) – Universidade Estadual do Norte do Paraná, Jacarezinho, Paraná.

_____. Simbolismo: o hambúrguer do marketing Político-Criminal. Justificando. 2015. Disponível em: <http://justificando.com/2015/04/01/simbolismo-o-hamburguer-do-marketing-politico-criminal/.>. Acesso: 19/10/2016.

_____; ZAMBIAZI, Larissa Horn. Substitutivos Penais: Alternativas à Prisão. In: BUSATO, Paulo César; CARUNCHO, Alexey Choi. (Org.). Teoria da Pena (Série Direito Penal Baseado em Casos, v. III). Curitiba: Juruá, 2014, p. 275-304.

DELMANTO, Celso. [et al]. Código penal comentado. 7. ed. Rio de Janeiro: Renovar, 2007.
DOTTI, René Ariel. Curso de Direito Penal: Parte Geral. 3. ed. São Paulo: Revista dos Tribunais, 2010.

ESTELLITA, Heloisa. Criminalidade de empresa, quadrilha ou bando e organização criminosa. Porto Alegre: Livraria do Advogado, 2009.

GOMES, Luiz Flávio; BIANCHINI, Alice. Criminalidade Econômica Organizada. In: OLIVEIRA, William Terra de; LEITE NETO, Pedro Ferreira; ESSADO, Tiago Cintra; SAAD-DINIZ, Eduardo. Direito penal econômico: Estudos em homenagem aos 75 anos do Professor Klaus Tiedmann. São Paulo: LiberArs, 2013, p. 175-189.

GRECO, Luís. Breves reflexões sobre os princípios da proteção de bens jurídicos e da subsidiariedade no Direito Penal. *In*: SCHMIDT, Andrei Zenkner (coord). Novos rumos do Direito Penal Contemporâneo: Livro em homenagem ao Prof. Dr. Cezar Roberto Bitencourt. Rio de Janeiro: Lumen Juris, 2006, p. 401-426.

GUASTINI, Vicente Celso da Rocha. Arts. 122 a 129 (capt e §§ 1º ao 5º). In: FRANCO, Alberto Silva; STOCO, Rui. Código Penal e sua interpretação jurisprudencial. vol. 2. 7. ed. São Paulo: Revista dos Tribunais, 2001, p. 2209-2236.

GUIMARÃES, Marcello Ovidio Lopes. Tratamento penal do terrorismo. São Paulo: Quartier Latin, 2007.

MARTINELLI, João Paulo Orsini; BEM, Leonardo Schmitt de. Lições fundamentais de direito penal. São Paulo: Atlas, 2016.

MUÑOZ CONDE, Francisco. Direito Penal. Parte Especial. 20. ed. Valencia, Tirant lo Blanch, 2015.

NUCCI, Guilherme de Souza. Código Penal Comentado. 13. ed. São Paulo: Revista dos Tribunais, 2013.

NUÑEZ CASTAÑO, Elena. Los delitos de colaboración con organización y grupos terroristas. Valencia, Tirant lo Blanch, 2013.

PATARA, Alexandre Augusto. Arts. 286 a 288-A. *In*: JALIL, Maurício Schaun; GRECO FILHO, Vicente. Código Penal Comentado: Doutrina e Jurisprudência. Barueri: Manole, 2016, p. 727-740.

SILVEIRA, Renato de Mello Jorge. Organização e associação criminosa nos crimes econômicos: Realidade típica ou contradição em termos? *In*: OLIVEIRA, William Terra de; LEITE NETO, Pedro Ferreira; ESSADO, Tiago Cintra; SAAD-DINIZ, Eduardo. Direito penal econômico: Estudos em homenagem aos 75 anos do Professor Klaus Tiedmann. São Paulo: LiberArs, 2013, p. 157-173.

VARGAS, José Cirilo de. Introdução ao estudo dos crimes em espécie. Belo Horizonte: Del Rey, 1993.

Art. 5º.

Realizar atos preparatórios de terrorismo com o propósito inequívoco de consumar tal delito:

Pena - a correspondente ao delito consumado, diminuída de um quarto até a metade.

§ 1º - Incorre nas mesmas penas o agente que, com o propósito de praticar atos de terrorismo:

I – recrutar, organizar, transportar ou municiar indivíduos que viajem para país distinto daquele de sua residência ou nacionalidade; ou

II – fornecer ou receber treinamento em país distinto daquele de sua residência ou nacionalidade.

§ 2º - Nas hipóteses do § 1º, quando a conduta não envolver treinamento ou viagem a país distinto daquele de sua residência ou nacionalidade, a pena será a correspondente ao delito consumado, diminuída de metade a dois terços.

por Paulo César Busato

1. Uma flagrante violação do princípio de legalidade.

O art. 5º representa mais um dos muitos avanços de barreiras de imputação próprios desta lei[1]. Mas, neste caso, a flagrante falta de técnica legislativa praticamente destrói a imputação.

Perceba-se que da referência descritiva da pretensão conceitual de relevância não se identifica qualquer conduta em concreto, pois se anuncia simplesmente *realizar atos preparatórios de terrorismo com o propósito inequívoco de consumar tal delito*.

A primeira questão que se põe, ao contrário que poderia, a princípio, parecer, não é o fato de incriminar-se atos preparatórios, mas sim a evidente violação do princípio de legalidade.

A incriminação de atos preparatórios é conhecida na legislação brasileira já de longa data, como bem exemplifica a redação do Código penal de 1940, que previa no art. 291 a incriminação do crime de *Petrechos para falsificação de moeda*, cujo enunciado consiste em *fabricar, adquirir, fornecer, a título oneroso ou gratuito, possuir ou guardar maquinismo, aparelho, instrumento ou qualquer objeto especialmente destinado à falsificação de moeda*.

Porém, como é fácil notar, descrevia-se claramente em que consistia a conduta, o objeto sobre o qual recaía e tudo o mais. A doutrina incumbiu-se de

---

1 O chamado moderno Direito penal tem promovido constantes e progressivamente intensos avanços de barreiras de imputação em termos de técnicas de tipificação, usando e abusando de delitos de perigo abstrato, normas penais em branco, elementos normativos, bens jurídicos coletivos, fórmulas culposas, delitos de posse, delitos de dever, etc.. *O Direito penal* clássico também possuía todas estas figuras. Porém, o que parece ser a tônica de um avanço desmedido que constitui o verdadeiro fenômeno de expansão do Direito penal é a utilização, em uma mesma norma incriminadora, de várias destas técnicas concomitantemente. Parece urgente delimitar até onde é legítimo utilizar de modo conjugado tais técnicas de tipificação.

identificar que a situação concreta descrita pelo tipo de ação era uma incriminação de atos preparatórios[2].

A situação do tipo penal do art. 5º da Lei 13.260 de 16 de março de 2016 é diferente. Não se define absolutamente qual é a conduta incriminada. Ao contrário, recorre-se a um conceito técnico-jurídico impreciso para estabelecer o âmbito da incriminação de modo que simplesmente não se sabe o que é incriminado.

Sim, pois o aparente *núcleo do tipo* é *realizar*, que não é capaz de traduzir absolutamente nada desvinculado de seu objeto. Ao ser um verbo transitivo direto, é preciso avaliar que quem realiza deve realizar *algo*. Este *algo* seriam *atos preparatórios*. No entanto, *atos preparatórios* é uma expressão que em nada pode esclarecer o conteúdo do núcleo do tipo, por ser ela própria uma expressão que pode traduzir uma multiplicidade de coisas. Acontece que são várias as teorias que procuram separar os atos preparatórios dos atos de execução, de modo que, a depender da teoria que se adote, os atos em questão poderão ou não ser identificados como *preparatórios*.

Por exemplo, especialmente os autores vinculados a uma matriz positivista científica chegavam a considerar inútil a própria divisão do *iter criminis*[3], pregando não ser possível delimitar a diferenciação entre atos preparatórios e atos de execução. Daí a denominação de *teoria negativa*, ou seja, o reconhecimento de que é impossível definir o limite através de uma regra geral, devendo ficar a cargo do juiz, topicamente, estabelecer o que venha a ser ato preparatório e ato de execução[4]. De ser assim, haveria de se reconhecer que o tipo penal em questão remeteria ao nada, deixando completamente ao arbítrio do juiz delimitar o âmbito do punível, o que é absurdo.

Houve também quem adotasse a chamada *teoria subjetiva pura*, segundo a qual, a fonte da identificação do ato de execução reside na vontade de cometer o delito e na representação do autor a respeito dos efeitos de sua realização. Seria a própria manifestação de vontade do autor quem definiria o início da execução[5].

Aqui, surgiriam dois problemas: o primeiro e óbvio é que a vontade está em todas as etapas do delito, desde a *Cogitatio*, e não se altera, até o exaurimento. Ou seja, se a pretensão é de apreensão da vontade enquanto guia da conduta, é muito difícil, para não dizer, impossível, com base nela, afirmar o que é ato de execução e o que é ato preparatório. O segundo, obviamente, seria o de que o tipo seria definido segundo a vontade do autor, o que é um disparate já que obviamente, se incriminaria a conduta em que não há vontade (para constituir ato preparatório),

---

2   A isso referem, por exemplo, BITENCOURT, Cezar Roberto. *Tratado de direito penal*. Parte especial. 8. ed. São Paulo: Saraiva, 2014. vol. 4, p. 413; HUNGRIA, Nélson. *Comentários ao Código Penal*. 2. ed. Rio de Janeiro: Forense, 1959. vol. IX, p. 215 e TELES, Nei Moura. Direito penal. Parte especial III. São Paulo: Atlas, 2004, p. 209.

3   Assim: GARÓFALO, Raffaele. *La Criminología*. Trad. de Pedro Dorado Montero. Montevideo-Buenos Aires: BdeF, 2005. p. 270.

4   Defendendo essa posição, GÓMEZ, Eusebio. *Tratado de Derecho penal*. Buenos Aires: Compañia Argentina de Editores, 1939. t. I, p. 464.

5   Essa teoria foi sustentada, por exemplo, por BURI, Maximilian von. "Zur Lehre vom Versuche", *in Der Gerichtsaal*, no 19. Erlander: Ferdinand Enfe, 1867, p. 60.

e que, no entanto, estaria vinculada contraditoriamente a um *propósito inequívoco* de cometer o terrorismo.

Efetivamente, a vontade do agente, em si, não pode ser critério de separação de absolutamente nada.

Não é um acaso que esta teoria representa um posicionamento hoje já completamente abandonado[6].

Assim que, o que disputa espaço hoje na doutrina para a separação de atos preparatórios e de execução são as chamadas *teorias objetivas*, as quais têm em comum a ideia central de que se o dolo é igual em todas as etapas da prática delitiva, a identificação dos atos de execução depende de manifestações externas inequívocas identificadas por um terceiro observador no sentido da pretensão criminosa. Essas teorias diferenciam-se internamente, com vistas à identificação do que venha a ser esse indicador externo objetivo.

A *teoria objetivo-formal* foi o primeiro enunciado de um critério objetivo sobre a determinação do início da execução[7] e um de seus primeiros defensores foi von Hippel[8]. Para essa teoria, seriam atos de execução aqueles que representam o início da realização dos elementos do tipo. Ou seja, a identificação se dá através da presença concreta de algum ato que consista na realização do verbo que expressa o núcleo do tipo legal de crime.

Há problemas sérios com essa teoria. Pois há vários casos em que o realizar do núcleo do tipo exige a passagem por várias etapas que deixam inequívoco o objetivo antes que se alcance o núcleo do tipo, como por exemplo, no caso do furto de objetos de uma residência. Além disso, há problemas de indefinição, porque o desprezo completo do aspecto subjetivo não permite identificar o *animus* que diferencia entre uma lesão e uma tentativa de homicídio, por exemplo.

Justamente a insuficiência[9] demonstrada pela teoria objetivo-formal, trouxe à baila as chamadas teorias *objetivo-materiais*, segundo as quais não basta a realização de algum dos elementos do tipo para podermos falar em atos de execução, é necessária a presença de efetivo perigo para o bem jurídico a que ele se refere. O desenvolvimento iniciou-se por uma tese de Frank[10] e foi melhor sintetizada pelo trabalho de Max Ernst Mayer[11] quem preocupou-se em identificar a tentativa como a representação de uma conduta perigosa. Assim, só caberia identificar como início da execução "a colocação em perigo do bem jurídico"[12].

---

6 A informação aparece em JESCHECK, Hans-Heinrich; WEIGAND, Thomas. *Tratado de Derecho Penal*. 5. ed. Trad. de Miguel Olmedo Cardenete. Comares: Granada, 2002, p. 557 e ZAFFARONI, Eugenio Raúl; PIERANGELI, José Henrique. *Da tentativa*. 5. ed. São Paulo: Revista dos Tribunais, 1998. p. 46.

7 Cf. ZAFFARONI, Eugenio Raúl; PIERANGELI, José Henrique. *Da tentativa*... cit., p. 48.

8 HIPPEL, Robert von. *Deutsches Strafrecht. Zweiter Band: das Verbrechen: Allgemeine Lehre*. Berlin: Springer, 1930. p. 398.

9 Nesse sentido: ZAFFARONI, Eugenio Raúl; PIERANGELI, José Henrique. *Da tentativa*... cit., p. 50.

10 FRANK, Reinhard. *Das Strafgesetzbuch für das Deutsche Reich nebst Einführungsgesetz*. 18. ed. Tübingen: J. C. B. Mohr, 1931. p. 87.

11 MAYER, Max Ernst. *Derecho penal. Parte General*. Trad. de Sergio Politoff Lifschitz. Buenos Aires-Montevideo: BdeF, 2007. p. 427 ss.

12 Cf. MAYER, Max Ernst. *Derecho penal*... cit., p. 428.

GRUPO MODERNAS TENDÊNCIAS DO SISTEMA CRIMINAL

Essa proposta, contudo, igualmente traz problemas, pois, ao desprezar considerações sobre o dolo, não consegue identificar, por exemplo, se quem aponta a arma pretende matar ou lesionar a vítima. Afinal, qual bem jurídico está exposto a perigo? A vida ou a integridade física? Além disso, foi criticada por antecipar indevidamente o ponto de punibilidade, recortando os casos de desistência.

Finalmente, surgiu como teoria que melhor delimita o caso a chamada *teoria objetivo-individual* ou *objetivo-subjetiva*, segundo a qual, somente se pode falar em início de execução diante da presença de elementos indicadores de que o autor iniciou a realização do seu plano.

Efetivamente, somente a partir da apreensão de sentido de um tipo de ação é possível definir a tentativa, já que não existe uma tentativa *em si*, mas sim uma *tentativa de algo*. Logo, esse *algo*, que é o tipo, deve ser percebido através da ação realizada, para que se identifique concretamente a presença de uma tentativa. Portanto, o acerto da tese objetivo-individual comprova uma vez mais a correção da base comunicativa para a estruturação da teoria do delito. A ideia de execução do plano do autor é, de fato, uma questão de pacificação doutrinária, bem como de ampla aceitação[13].

De qualquer modo, a simples existência da diatribe dogmática entre as três distintas perspectivas é reveladora dos problemas para com a imputação do art. 5º, pois, se são perspectivas diferentes a respeito do que é ato preparatório e o que é ato de execução, estar ou não enquadrado como conduta típica passa a ser uma questão dependente de qual teoria adote aquele que imputa. Com isso, qualquer réstia de segurança jurídica desaparece completamente.

Deste modo, é completamente impossível conhecer, a *priori*, o conteúdo da norma incriminadora, o que leva à completa impossibilidade de atender a ela, já que não se pode cumprir uma norma que não se pode conhecer.

Esta impossibilidade é uma violação direta do princípio de legalidade, na vertente da certeza, pois para a preservação do próprio Estado de Direito, só se pode incriminar condutas definidas[14].

Não pode o legislador apoiar-se em indefinidos, ou, quando menos, discutíveis preceitos doutrinários para definir o âmbito da incriminação.
Mas não é só.

Importa destacar que o tipo de ação incriminador exige que os atos preparatórios sejam de terrorismo, e mais, que sejam orientados por *propósito inequívoco* de consumar tal delito.

---

13 São favoráveis a esse ponto de vista WELZEL, Hans. *Derecho penal alemán*. 4. ed. Trad. de Juan Bustos Ramírez e Sérgio Yáñez Pérez. Santiago: Editorial Jurídica de Chile, 1997, p. 224 ss; ZAFFARONI, Eugenio Raúl; ALAGIA, Alejando; SLOKAR, Alejandro. *Derecho penal. Parte General*. 2. ed. Buenos Aires: Ediar, 2002, p. 827 ss; JESCHECK, Hans-Heinrich; WEIGAND, Thomas. *Tratado... cit.*, p. 553; MUÑOZ CONDE, Francisco; GARCÍA ARÁN, Mercedes. *Derecho penal. Parte General*. 8. ed. Valencia: Tirant lo Blanch, 2010. p. 418; WESSELS, Johannes. *Derecho penal. Parte General*. Trad. de Conrado Finzi, Buenos Aires: Depalma, 1980, p. 175; MAURACH, Reinhart; GÖSSEL, Karl Heinz; ZIPF, Heinz. *Derecho penal. Parte General*. 2. Trad. de Jorge Bofill Genzsch. Buenos Aires: Astrea, 1995. p. 31.

14 BUSATO, Paulo César. *Fundamentos para um direito penal democrático*. 5ª ed. São Paulo: Atlas, 2015, pp. 164 e ss.

Se era possível piorar a descrição do tipo de ação, aqui empenhou-se com esmero o legislador.

Em primeiro lugar, porque os atos preparatórios devem ser realizados com o fim de cometer o delito de terrorismo, o que é uma redundância. Todo ato preparatório – e nisso coincide a doutrina – é preparatório de um delito. Se não for assim, simplesmente se desnatura como ato preparatório.

Em segundo lugar, é também característica dos atos preparatórios – salvo condutas já em si mesmas incriminadas, como por exemplo, portar arma, para realizar um homicídio – serem eles próprios inócuos, podendo desvincular-se completamente de qualquer perfil ilícito.

Assim, torna-se praticamente impossível identificar um ato preparatório que seja em si mesmo impune, de modo *inequívoco* como ato preparatório de terrorismo.

Em terceiro lugar, a exigência de inequivocidade remete a uma pretensão de verdade inalcançável como tal pelo Direito em geral e pelo Direito penal em particular. Simplesmente não se pode afirmar a intenção de alguém de modo inequívoco porque o acesso à mente alheia é impossível e a característica básica da atribuição de intenções, seja por dolo ou por especiais fins de agir[15], é sua equivocidade.

Aqui chega-se a um impasse: ou se preserva o texto da lei tal como está e jamais se incrimina quem quer que seja, pela impossibiulidade de alcançar a suposta inequivocidade, ou se distende a interpretação sobre o que é inequívoco para incluir o que é simplesmente *plausível*, ou até *mais provável*, incorrendo em indesejável interpretação extensiva.

Ambas opções revelam, outra vez, a falta de técnica legislativa na redação deste dispositivo.

Pode-se argumentar que, no caso, o Brasil não fez mais do que seguir a orientação a que se viu obrigado pelo ato de firmar tratados e convenções internacionais para o enfrentamento do problema do terrorismo e que, de

---

15 "[...] si bien es cierto que para conceptuar el tipo de acción no puede incluirse entre sus elementos necesariamente la intención, no lo es menos que existen casos en que el tipo de acción puede aparecer integrado con momentos subjetivos, en la medida en que hay clases de acciones que no podrían ser definidas sin tales momentos. Así, ejemplifica VIVES (1996, p. 274), sucedería con mentir, que es un tipo de acción relevante, v. g., para el delito de falso testimonio. Comoquiera que mentir consiste en conocer lo verdadero y decir intencionalmente lo falso, la intención juega aquí un papel definitorio (en le sentido más arriba apuntado de la función definitoria) y pertenecerá, por ende, al tipo de acción. De ahí que VIVES hable de intencionalidad objetiva para referirse a aquella intencionalidad que cumple un papel definitorio o conceptual en el tipo de acción correspondiente, en la medida en que, merced a los citados momentos anímicos, el significado de la acción (que se atribuye a ciertos movimientos corporales a la ausencia de ellos) tiende a objetivarse, a diferencia de lo que cabe denominar intencionlidad subjetiva, que debe ser ubicada en la pretensión de ilicitud (vid. VIVES, 1996, p. 224; ORTIS/G. CUSSAC, 2004, p. 151; GÓRRIZ, 2005, p. 323). [...] De este modo, en el marco de la concepción significativa de la acción los tradicionalmente calificados en la dogmática penal como <elementos subjetivos del injusto> o <elementos subjetivos de la antijuridicidad>, que no se identifican con el dolo, quedan incorporados al tipo de acción como elementos subjetivos del tipo de acción, desempeñando ya una función definitoria de dicho tipo, a fuer de constituir un criterio conceptual más para valorar la acción". *In* MARTÍNEZ-BUJÁN PÉREZ, Carlos. *Derecho Penal económico y de la empresa – parte general*. 2ª Ed. Valencia: Tirant lo Blanch, 2007, p. 266-267.

consequência, seguiu uma tendência de incriminar os atos preparatórios de terrorismo, como fez, por exemplo, o legislador espanhol.

As duas afirmações são verdadeiras. Porém, nenhuma delas serve para eximir o legislador brasileiro, pois o Código penal espanhol incrimina atos que são preparação para atentados terroristas através de tipos fechados, ainda que amplos, obedientes minimamente ao princípio de legalidade, conforme se verifica nos artigos 574, 575 e principalmente 576 do Código penal de 2015.

2. Sujeito ativo.

O crime, em todas as suas modalidades, é comum, não exigindo nenhuma especial condição aos sujeitos ativos.

3. Sujeito passivo.

Em princípio, atentados terroristas são crimes contra a própria organização do Estado. Mas como o Estado não é sujeito titular de direitos, senão apenas de deveres, os crimes praticados contra o Estado são, na verdade, crimes praticados contra os interesses da coletividade.

Portanto, seria necessário indicar como sujeito passivo, a *coletividade*.

4. Da conduta ilícita.

Não obstante as advertências a respeito da legalidade, imagina-se que a *praxis* forense terminará, ainda que ocasional e minoritariamente, optando por aplicar o dispositivo incriminador em questão.

Em fazendo-o, os magistrados se verão compelidos a reconhecer a concepção significativa de ação, com vistas a dotar os casos de um mínimo de segurança jurídica.

Isto porque, não seria possível, à raiz de um dolo natural, de matriz finalista, identificar a conduta núcleo do tipo, qual seja a de realizar atos preparatórios do terrorismo, nem delimitar o âmbito do punível, como se verá em seguida.

4.1. Tipo formal. Da pretensão conceitual de relevância.

Para delimitar o que resta a ser incriminado como conduta do art. 5º desta lei deve-se começar por diferenciar tais condutas daquelas que não pretendem efetivamente realizar o terrorismo.

Se o ato em questão é uma prática que acaba derivando em um ato executório do crime de terrorismo, acaba sendo consumido por este, seja ele um delito consumado ou tentado, pois, como se sabe, a passagem pelo ato preparatório é condição obrigatória do *iter criminis*.

Caso, pelo contrário, consista em um ato doloso que não pretende ir a mais do que sua própria realização, em hipóteses em que a pretensão seja de efetiva colaboração com atos terroristas, restará configurada a hipótese do art. 3º desta lei, na modalidade de *prestar auxílio*, eis que todo ato preparatório, por ser preparatório, constitui auxílio.

Restariam fora destas hipóteses duas modalidades de atos preparatórios: aqueles que o são, no afã de passar às etapas posteriores do *iter criminis* e são interrompidos antes que se chegue à fase de execução e aqueles que são preparatórios dos atos de terrorismo sem qualquer pretensão nem realização do ato terrorista pelo próprio agente e nem colaboração com o terrorismo a ser praticado por terceiro (na forma do art. 3º desta lei).

Estes últimos só podem ser, portanto, os casos em que ocorre uma contribuição involuntária para o ato terrorista, pois a mera ciência prévia de que se está contribuindo com tal prática, antes de atuar, traduz a modalidade de prestar auxílio com dolo eventual.

Isto posto, é possível dizer que a conduta que imprudentemente se caracteriza como ato preparatório de terrorismo deve restar impune. Entre outras razões porque a incriminação do art. 5º não prevê modalidade culposa e porque as participações culposas não são puníveis.

Portanto, a única modalidade de conduta que encontra enquadramento hipotético no art. 5o da lei 13.260 de 16 de março de 1916 é o ato terrorista interrompido ainda antes dos atos de execução, ou seja, durante a prática de atos preparatórios.

Naturalmente, neste sentido, trata-se de um tipo aberto, de forma livre, pois inexiste qualquer definição a respeito de em que consistem tais atos preparatórios, chegando a violar o princípio de legalidade, tal como se anunciou no item 1 destes comentários.

4.2. O especial fim de agir. Elemento subjetivo da pretensão conceitual de relevância. A necesssidade de abordagem a partir da concepção significativa da ação.

Podem concorrer duas situações concretas: que o agente realize atos preparatórios, dos quais pretende fazer derivar atos de execução e consumar o crime de terrorismo – que é o que se incrimina no art. 5º – ou pode ser que a pretensão seja apenas de realizar atos preparatórios, sem qualquer decisão momentânea acerca de realizar ou não atos terroristas, o que significaria não existir *propósito inequívoco* de tal prática, restando fora do âmbito da incriminação.

Estes casos fora da tipificação estariam subdivididos em participações nos crimes de terrorismo, especialmente sob forma de cumplicidade, e fatos completamente impunes.

Naturalmente, não cabe aqui aprofundar esta última distinção, para a qual remete-se o leitor aos comentários ao art. 3º desta lei, mormente na modalidade de prestar auxílio.

No que tange ao outro ponto de diferenciação não se pode inferir que a conduta seja de realização de ato preparatório de terrorismo, e nisso se esgote, ou que ela seja um ato preparatório de quem tenha *propósito inequívoco* de chegar a consumar tal delito, acudindo simplesmente a um inacessível processo mental como direcionamento de uma finalidade específica.

Para esse fim, é preciso acudir ao acontecimento global, em seu contexto social, que só pode ser capturado pela forma de vida, considerando-se não a realização isolada, mas tudo o que a cerca.

Afinal, as palavras e as condutas só fazem sentido dentro de um reconhecimento global de circunstâncias. Nesse sentido referia exemplificando Wittgenstein:

"Se me envergonho do incidente, envergonho-me de tudo: das palavras, do tom venenoso, etc. Não me envergonho do que fiz naquela ocasião, mas da intenção que tive. E a intenção não se achava também naquilo que eu fazia? O que é que justifica a vergonha? Toda a história do incidente"[16].

É preciso, assim como se dá na omissão, fazer uma análise das expectativas que se pode ter em face do contexto geral da conduta.

A respeito desta expectativa, é explícito Wittgenstein, referindo-se inclusive a um evento que remete a casos de terrorismo: "uma expectativa está inserida na situação da qual se origina. A expectativa de uma explosão pode originar-se, por exemplo, de uma situação na qual *se deve esperar* por uma explosão"[17].

Isto porque, para uma concepção significativa da ação[18] não pode ser igual o ato de comprar bolinhas de gude para montar uma bomba de fabricação caseira ou para utilizá-las em um jogo infantil, mas não basta acudir ao ato de realizar tal compra para que se possa capturar o sentido de tal ação.

Somente é possível valorar se é justo subsumir esta conduta ao art. 5º, buscando o contexto em que ela se realiza, ou seja, as outras compras que o sujeito tenha realizado, os seus contatos prévios com outros membros de um grupo terrorista, as tarefas que este grupo, se existente, lhe designou e uma enorme gama de outras variáveis.

Ainda assim, convém frisar, a correspondência de tais variáveis com indicadores de um propósito de realização de ato terrorista não serve para afirmar uma verdade, mas tão só para reconhecer no ato uma similitude com atos preparatórios de terrorismo.

Trata-se de uma atividade que adquire significado apenas quando entrelaçada com a própria *linguagem* formando os jogos de linguagem a que aludia Wittgenstein[19], já que o significado de uma ação, assim como o de uma palavra, está vivo apenas em seu uso e este uso está ligado a um contexto.

Os elementos subjetivos como especiais fins de agir não são entidades descritivas, portanto, sua evidência depende de fatores probatórios. Acontece que

---

16 WITTGENSTEIN, Ludwig. *Investigações filosóficas*. 7a. ed., trad. de Marcos G. Montagnoli, Petrópolis: Vozes, 2012, p. 221.

17 Idem, p. 205.

18 Sobre uma concepção significativa da ação, veja-se BUSATO, Paulo César. *Direito penal. Parte Geral*. 1. 2a ed., São Paulo: GEN-Atlas, 2015, capítulo 6, item 1, p. 267 e monograficamente BUSATO, Paulo César. *Direito penal e ação significativa*. 2a ed., Rio de Janeiro: Lumen Juris, 2010.

19 WITTGENSTEIN, Ludwig. *Investigações filosóficas...cit.*, p. 19.

neste caso, exige-se a demonstração do *propósito inequívoco* de transformar os atos preparatórios que se imputa em execução do crime de terrorismo.

Por esta razão existe uma enorme dificuldade probatória envolvida no crime em questão, pois é preciso demonstrar existentes circunstâncias denotativas de duas coisas: a prática efetiva de atos preparatórios de terrorismo e a pretensão de efetivamente levar o plano à fase de execução.

E com estas dificuldades tem que lidar a incriminação do primeiro caso divulgado de prisão cautelar temporária com base na prática de crimes de atos preparatórios de terrorismo no Brasil deu-se no âmbito da chamada *Operação Hashtag*, que no dia 21 de julho, determinou a prisão de 10 pessoas.

Imputa-se-lhes as condutas de atos preparatórios de terrorismo.

Segundo as informações divulgadas pelo Ministério da Justiça até a elaboração deste texto, a conduta de atos preparatórios que se lhes incrimina consistiu em trocas de e-mails e mensagens por WhatsApp, Telegram e redes sociais, nos quais os envolvidos falavam de comprar um fuzil no Paraguai e comemoravam os resultados dos atentados havidos em Orlando e Nice. Ainda segundo o divulgado, tudo o que fizeram foi trocar mensagens por *internet*, meio pelo qual teriam feito um "juramento" ao mencionado grupo terrorista, mesmo sem jamais terem sequer encontrado um dos membros do mencionado grupo.

Estes seriam objetivamente os atos preparatórios. Porém, exige-se ainda que fossem realizados com *propósito inequívoco* de realizar o atentado, o que não pode deixar margem de dúvidas.

Curiosamente, no entanto, ainda pelo conteúdo do que foi divulgado pelo Ministro da Justiça, o grupo não mantinha contato interpessoal, a proximidade com o EI se deu apenas por meio de um juramento por internet, e o grupo sequer teve sucesso na compra das armas. Até mesmo um dos membros que afirmava pensar em procurar, no exterior, representantes do Estado Islâmico, desistiu por conta de impossibilidade financeira. Consta também que em nenhum momento, eles falam em bomba.

Diante deste contexto, dificilmente poder-se-ia falar em uma intenção *inequívoca*, consoante exige o tipo de ação.

4.3. Tipo material. Pretensão de ofensividade.

A incriminação de atos preparatórios tal como está proposta não contempla nenhum resultado, nem de dano, nem de perigo concreto e nem de perigo abstrato, pois trata-se de atos preparatórios.

Sendo atos preparatórios, não há nenhum bem jurídico sofrendo lesão, nem tampouco sendo concretamente exposto a perigo concreto, de forma bastante óbvia.

Mas mesmo as pretensões de falar-se em perigo abstrato seriam rematadamente impossíveis.

A questão fica mais evidente quanto se utiliza a terminologia mais adequada e moderna de delitos de resultado perigoso (para referir aos crimes de perigo concreto) e delitos de conduta perigosa (para referir aos cirmes de perigo abstrato).

Com isto, se explicita melhor que o perigo abstrato é nada mais do que um perigo estatístico, ou seja, um perigo traduzido na realização de uma conduta que, dentro nos parâmetros conhecidos é estatisticamente perigosa.

A prática de atos preparatórios não é em si, estatisticamente perigosa. Os atos preparatórios podem realizar-se a todo momento sem qualquer perigo. Sempre. O perigo começa com os atos de execução. Isto é insuperável.

Perceba-se que sequer se pode afirmar que os atos preparatórios seriam estatisticamente perigosos porque se converteriam em atos de execução, tendo em vista ser completamente impossível de demonstração tal tendência estatística e, caso se pudesse afirmar por presunção que os atos preparatórios *tendem estatisticamente* à execução, teríamos que afirmar que a *cogitatio tende* ao ato preparatório, o que toca as raias do ridículo, pois exigiria do intérprete não menos do que uma capacidade de previsão do futuro e de conhecimento do que vai na cabeça das pessoas. Não necessitaríamos de juízes, mas de videntes telepatas.

Portanto, pode-se afirmar também que, caso se entenda superável as objeções formuladas à pretensão conceitual de relevência, é possível afirmar com absoluta tranquilidade inexistir qualquer dimensão material no tipo, ou seja inexistir completamente lesão ou perigo de qualquer ordem a qualquer bem jurídico.

5. Dos problemas com a tentativa.

Os maiores problemas que vão surgir com esta esdrúxula figuram dizem respeito, como é fácil imaginar, à tentativa de delito.

O que se tem, para a análise dos casos de tentativa, é uma sobreposição de dois *iter criminis* deslocados no tempo, onde a consumação de um deles é o ato preparatório de outro, gerando problemas de imputação bastante sérios.

Note-se que o que se tem é o seguinte quadro:

Crime de terrorismo (art. 1o)			*Cogitatio*	Atos preparatórios	Atos de execução, consumação e exaurimento
Crime de ato preparatório de terrorismo (art. 5o)	*Cogitatio*	Atos preparatórios	Atos de execução	Consumação	Exaurimento

O flagrante desencaixe dos dois *iter criminis* demonstrado no quadro mostra duas coisas essenciais.

A primeira é que se a consumação do crime do art. 5o é o ato preparatório do crime do art. 1o, qualquer ato de execução do crime do art. 1o, seria exaurimento do crime do art. 5o, levando a escapar-se do seu alcance de punibilidade, sendo punível como crime independente, se assim se caracteriza, e é o caso, já que trata-se de outro crime. No entanto, por estar em relação lógica de incriminação para com o próprio art. 5o, trata-se de crime-fim que absorve o crime-meio, fazendo-o desaparecer.

A segunda é que o eventual ato de execução do crime do art. 5o que, interrompido por circunstâncias alheias à vontade do agente levaria à configuração da tentativa, consiste em mera *cogitatio* a respeito do terrorismo.

Neste caso, a par de qualquer consideração acerca de questões probatórias, cuja óbvia impossibilidade dispensa maiores comentários, resta claro que não existe possibilidade alguma da prática de tentativa de crime do art. 5o, pelo simples fato de que a *cogitatio* não é alcançável interssubjetivamente, ou seja, não possui expressão de sentido, pertencendo completamente ao plano das individualidades.

Assim, parece impossível cogitar da existência da modalidade tentada de crime.

Para mais detalhes acerca desta impossibilidade, remeto aos comentários ao art. 10 desta lei.

6. Das condutas equiparadas.

Todas as condutas equiparadas às do *caput* do art. 5º, quais sejam, as constantes nos §§ 1o e 2o, equivalem a condutas de participação no crime de terrorismo, na modalidade de prestar auxílio, descritas pelo art. 3o desta lei, para onde se remete o leitor.

Referências bibliográficas.

BITENCOURT, Cezar Roberto. *Tratado de direito penal*. Parte especial, vol. 4. 8. ed. São Paulo: Saraiva, 2014.

BURI, Maximilian von. "Zur Lehre vom Versuche", *in Der Gerichtsaal*, no 19. Erlander: Ferdinand Enfe, 1867.

BUSATO, Paulo César. *Direito penal e ação significativa*. 2a ed., Rio de Janeiro: Lumen Juris, 2010.

BUSATO, Paulo César. *Fundamentos para um direito penal democrático*. 5ª ed. São Paulo: Atlas, 2015.

BUSATO, Paulo César. *Direito penal*. Parte Geral. 1. 2a ed., São Paulo: GEN-Atlas, 2015.

FRANK, Reinhard. *Das Strafgesetzbuch für das Deutsche Reich nebst Einführungsgesetz*. 18. ed. Tübingen: J. C. B. Mohr, 1931.

GARÓFALO, Raffaele. *La Criminología*. Trad. de Pedro Dorado Montero. Montevideo-Buenos Aires: BdeF, 2005.

GÓMEZ, Eusebio. *Tratado de Derecho penal*, t.I. Buenos Aires: Compañia Argentina de Editores, 1939.

HIPPEL, Robert von. *Deutsches Strafrecht. Zweiter Band: das Verbrechen:* Allgemeine Lehre. Berlin: Springer, 1930.

HUNGRIA, Nélson. *Comentários ao Código Penal*, vol. IX . 2. ed. Rio de Janeiro: Forense, 1959.

JESCHECK, Hans-Heinrich; WEIGAND, Thomas. *Tratado de Derecho Penal*. 5. ed. Trad. de Miguel Olmedo Cardenete. Comares: Granada, 2002.

MARTÍNEZ-BUJÁN PÉREZ, Carlos. *Derecho Penal económico y de la empresa – parte general*. 2ª Ed. Valencia: Tirant lo Blanch, 2007.

MAURACH, Reinhart; GÖSSEL, Karl Heinz; ZIPF, Heinz. *Derecho penal. Parte General*. 2. Trad. de Jorge Bofill Genzsch. Buenos Aires: Astrea, 1995.

MAYER, Max Ernst. *Derecho penal. Parte General*. Trad. de Sergio Politoff Lifschitz. Buenos Aires-Montevideo: BdeF, 2007.

MUÑOZ CONDE, Francisco; GARCÍA ARÁN, Mercedes. *Derecho penal. Parte General*. 8. ed. Valencia: Tirant lo Blanch, 2010.

TELES, Nei Moura. *Direito penal*. Parte especial III. São Paulo: Atlas, 2004.

WELZEL, Hans. *Derecho penal alemán*. 4. ed. Trad. de Juan Bustos Ramírez e Sérgio Yáñez Pérez. Santiago: Editorial Jurídica de Chile, 1997.

WESSELS, Johannes. *Derecho penal. Parte General*. Trad. de Conrado Finzi, Buenos Aires: Depalma, 1980.

WITTGENSTEIN, Ludwig. *Investigações filosóficas*. 7a. ed., trad. de Marcos G. Montagnoli, Petrópolis: Vozes, 2012.

ZAFFARONI, Eugenio Raúl; PIERANGELI, José Henrique. *Da tentativa*. 5. ed. São Paulo: Revista dos Tribunais, 1998.

ZAFFARONI, Eugenio Raúl; ALAGIA, Alejando; SLOKAR, Alejandro. *Derecho penal. Parte General*. 2. ed. Buenos Aires: Ediar, 2002.

Art. 6º, caput
Receber, prover, oferecer, obter, guardar, manter em depósito, solicitar, investir, de qualquer modo, direta ou indiretamente, recursos, ativos, bens, direitos, valores ou serviços de qualquer natureza, para o planejamento, a preparação ou a execução dos crimes previstos nesta Lei:
Pena: reclusão, de quinze a trinta anos.

por Andressa Paula de Andrade e
Leonardo Henriques da Silva

1. Extraindo as finalidades do artigo 6º.

O delito em questão ataca a estrutura e planejamento das condutas encartadas na Lei 13.260/2016, a saber, uma política criminal combativa da *"economia do terrorismo"*. Busca, sem sombra de dúvidas, impedir que pessoa, grupo de pessoas, associação, entidade, organização criminosa (artigo 6º, parágrafo único) receba fundos – aferidos pecuniariamente – aptos a possibilitar a prática das condutas delitivas.

Ao analisar a exposição de motivos do PL 2016/2015 que culminou na edição da Lei 13.260/2016, nota-se que acima de tudo o Brasil busca uma integração supranacional[1] e o atendimento a diretrizes de órgãos internacionais. É bom relembrar que o Grupo de Ação Financeira contra a Lavagem de Dinheiro e o Financiamento do Terrorismo (GAFI/FATF) cujo propósito é desenvolver e promover políticas nacionais e internacionais de combate à lavagem de dinheiro e ao financiamento ao terrorismo já nos anos 90 recomendava a adoção de medidas administrativas e legislativas importantes para reprimir a lavagem de dinheiro, especialmente a necessidade de criação de órgãos de inteligência financeira em cada país para liderar investigações de possíveis atos de lavagem.

Em termos geográficos o Brasil não é uma *"zona de risco"* – até o momento – visada pelas atividades terroristas a exemplo do que ocorre na Europa e nos Estados Unidos da América. Assim, trata-se muito mais de uma adoção de comportamento político do Estado do que necessariamente uma legislação que visa disciplinar, delimitar e punir condutas de tal magnitude em solo nacional.

Para entender o delito em questão, veja o hodierno exemplo corporificado no *Estado Islâmico*. A potencialidade lesiva dos ataques aleatórios do grupo reside justamente que por trás do planejamento, há um sistema financeiro paralelo apto a aparelhar belicamente as ações destrutivas. O *Estado Islâmico* (EI) produz cerca

---

1   Veja os itens 3 e 4 da Exposição de Motivos do PL 2.016/2015: "3. Diante desse cenário, como um dos principais atores econômicos e políticos das relações internacionais, o Brasil deve estar atento aos fatos ocorridos no exterior, em que pese nunca ter sofrido nenhum ato em seu território; 4. Dessa forma, apresentamos um projeto que busca acolher na sua redação os principais debates mundiais e nacionais sobre o tema, respeitando sempre os direitos e garantias fundamentais, com o fim de criar uma lei que proteja o indivíduo, a sociedade com o um todo, bem como seus diversos segmentos, sejam eles social, racial, religioso, ideológico, político ou de gênero".

de 2 (dois) milhões de barris de petróleo por dia. Há uma pergunta importante que deve ser feita: quem compra esse produto do bando? A resposta permanece silente e a expansão territorial segue ampliando.

Com vistas a desmantelar as atividades de grupos de natureza terrorista, os centros legislativos da União Europeia frequentemente lançam diretrizes de forma que as legislações se tornem homogêneas na prevenção de utilização do sistema financeiro como um veículo facilitador de transações comerciais entre as células do terror. Datada de 20 de maio de 2015 – os Estados-Membros devem adotar disposições legislativas, regulamentares e administrativas até 26 de junho de 2017 –, a diretiva 2015/849 (UE) assinala que sua função é *prevenir* a utilização do sistema financeiro para efeitos de branqueamento de capitais e do financiamento do terrorismo. Diversas medidas se destacam na Diretiva 2015/849 (UE), dentre as quais se ressalta: a) Identificação de todas as pessoas singulares que detêm a propriedade ou o controle de uma pessoa coletiva (item 12); b) Identificação e verificação dos beneficiários efetivos, deverá, se aplicável, ser alargada às pessoas coletivas que detenham outras pessoas coletivas e as entidades obrigadas deverão determinar a pessoa ou as pessoas singulares que, em última instância, exercem o controle, através da propriedade ou através de outros meios, da pessoa coletiva que é o cliente (item 13); c) A necessidade de dispor de informações exatas e atualizadas sobre o beneficiário efetivo é um fator essencial para rastrear os agentes do crime, que de outro modo poderão dissimular a sua identidade numa estrutura societária (item 14) e outras. Portanto, a expressão *"guerra ao terror"* (sic) não se desenvolve apenas no campo da segurança e militar, mas essencialmente no campo econômico, impedindo e/ou dificultando a utilização do sistema financeiro como meio de incremento de atividades terroristas.

Neste mesmo sentido segue o Brasil, a saber, adequando-se a esse pensamento internacional muito mais com um fim político de demonstrar que o sistema financeiro nacional é transparente, moderno e, portanto, possibilita-se uma maior segurança de investimento e relações econômicas. Corolário, o campo penal acaba de certa forma sendo instrumentalizado[2] na medida em que se envia um recado de que não se permite perverter o sistema financeiro para fins escusos, vez que as sanções possuem como margens penais – pasmem! – de 15 a 30 anos de reclusão.

Especificamente quanto ao delito de *financiamento ao terrorismo*[3] da Lei

---

2   Nesse sentido: SILVA SÁNCHEZ, Jesús-María. ¿Derecho penal regulatorio? *InDret Penal*, Barcelona, n. 2, 2015.

3   Item 11 da Exposição de Motivos do PL 2016/2015: "Outrossim, tipifica-se a conduta de financiamento ao terrorismo, seja daquele que o faz para uma ação determinada seja daquele que financia uma pessoa ou grupo de forma genérica, sem esperar que ele realize de imediato uma ação, mas que saiba que essas condutas são por eles corriqueiramente praticadas, cumprindo com isso diversos acordos internacionais firmados pelo Brasil, principalmente em relação a organismos como o do Grupo de Ação Financeira (GAFI), entidade intergovernamental criada em 1989, que tem a função de definir padrões e implementar as medidas legais, regulatórias e operacionais para combater a lavagem de dinheiro, o financiamento ao terrorismo e o financiamento da proliferação e outras ameaças à integridade do sistema financeiro internacional relacionadas a esses crimes".

13.260/2016 o legislador optou por criminalizar o *autofinanciamento* e o *financiamento propriamente dito*. Quanto ao primeiro, aquele que angaria fundos (recursos, ativos, bens, direitos, valores ou serviços) para o planejamento, a preparação ou a execução dos crimes da Lei responderá na forma do artigo 6º, caput. Já aquele que financia pessoa, grupo de pessoas, associação, entidade, organização criminosa, mas sem necessariamente colocar a *'mão na massa'*, a saber, sem que participe efetivamente de atos terroristas seja no planejamento, preparação ou execução, responderá na forma do artigo 6º, parágrafo único.

A seguir, decanta-se o artigo em questão para uma melhor compreensão de sua estrutura e finalidades.

2. A incriminação do tipo-base.

O delito do artigo 6º da Lei 13.260 delimita um ato preparatório muito específico. Isto é, ao contrário do artigo 5º que incorre na ausente – para não dizer teratológica – técnica legislativa de criar um tipo penal de atos preparatórios sem qualquer respeito ao princípio da lesividade, da reserva legal e da taxatividade, o artigo 6º diz quais são as condutas incriminadas e deixa claro que o objeto material do dispositivo deve ser sempre monetariamente aferível – pecuniariamente, traduzido em montante, cifrado ou possível de aferição econômica. Assim, visando repelir o conflito aparente de normas, constatado um possível ato preparatório, o interprete deve valorar a conduta de modo a verificar se a mesma se adequa ao artigo 6º e, se não for o caso, a saber, não haver qualquer modalidade das condutas incriminadas e nem os objetos – recursos, ativos, bens, direitos, valores ou serviços de qualquer natureza – em jogo, a conduta poderá se amoldar a teratológica norma do artigo 5º. Portanto, reputamos que se alguém pretender a aplicação do artigo 5º da Lei 11.3260/2016 deve sempre o fazê-lo de modo subsidiário.

O *caput* do artigo 6º é delito de ação múltipla ou conteúdo variado. No total, oito modalidades de condutas – além de seus possíveis desdobramentos, vide o núcleo *prover* – criminalizadas: *a) receber*: trata-se de conduta voluntária *dependente* de um ato de terceiro, a saber, exige-se que um terceiro tome a iniciativa (comportamento positivo) de *dar/entregar* recursos, ativos, bens, direitos, valores ou serviços de qualquer natureza; *b) prover*: o verbo em questão é tentacular. Isto porquê, prover pode significar abastecer, custear, fornecer, pagar, munir, etc., recursos, ativos, bens, direitos, valores ou serviços de qualquer natureza;*c) oferecer*: é necessário uma conduta positiva em que se apresenta e/ou presenteia de forma gratuita as espécies de objetos financeiros (bens, recursos, serviços, etc) visando subsidiar o planejamento, a preparação ou a execução dos crimes da Lei 13.260/2016; *d) obter*: busca-se criminalizar a conduta exitosa que obteve recursos financeiros ali delimitados. Tal conduta pode eventualmente se confundir a modalidade de *recebimento* e a diferença radica que a ação de obter deve ser proativa, havendo uma iniciativa para a obtenção de recursos financeiros, ao contrário do recebimento onde é o terceiro que manifesta o comportamento positivo ao entregar/dar recursos ao sujeito. Acrescenta-se que essa obtenção pode ser por meios lícitos e/ou ilícitos. Quanto aos atos ilícitos, estes podem se dar através de delitos de estelionato (171, CP), extorsão (158, CP), furto (155, CP), roubo (157, CP), etc; e) *guardar*: o sujeito deverá exercer uma vigilância e proteção sobre os recursos/bens *financeiros* do caput que se dá geralmente por meio de ocultação. Ex: o sujeito guarda determinado veículo que será utilizado para a prática de condutas previstas na *Lei Antiterrorista*. f) *manter em depósito*: a conduta deve ser temporalmente transitória. Isto é, busca-se armazenar bens – que neste caso deve ser os bens móveis – com a finalidade de utilização futura para a prática delitiva. Ex: pode-se manter em depósito carros que serão utilizados para a perpetração dos delitos futuros ou determinados bens de alto valor como jóias que serão comercializadas futuramente com a finalidade de adquirir armamento e pagamento de pessoas para o planejamento e execução de crimes; g) *solicitar*: a conduta deve ser positiva, havendo uma tomada de iniciativa de recebimento de objetos/recursos financeiros a que se refere o caput; h) *investir*: trata-se de um dispositivo interessante. Investir traz a ideia de capitalização, posse, bens, ações, bolsa de valores e todo o universo do sistema financeiro. Ex: uma pessoa ou *um grupo de pessoas* criam uma pessoa jurídica com a finalidade única e exclusiva para movimentar bens/recursos financeiros lícitos, mas para a utilização desses proventos em fins ilícitos. Isto é, para que se perpetre os delitos da Lei em comento. Visando expandir o negócio espúrio, a empresa se torna aberta, cujo patrimônio se divide em cotas, possibilitando sua distribuição entre os investidores. Todavia, é importante relembrar que a finalidade empresarial em questão é o financiamento de atos terroristas. Ainda, acrescenta-se que a conduta de *investir* transcende a Lei 13.260/2016, a saber, busca-se tutelar também a inviolabilidade e credibilidade do sistema financeiro, buscando salvaguardar seu regular e lícito funcionamento. Portanto, *investir* pode ser um ato complexo pela possibilidade de desdobramento e difusão no seio corporativo.

3. Elemento subjetivo.

A conduta é punida somente a título de dolo. Ainda que possa haver o propósito de lucro no financiamento ao terrorismo, o tipo penal não faz referência a *obtenção de lucro*, logo, não há que se falar em elemento subjetivo especial do tipo penal. Portanto, será punido aquele que vise o lucro ou aquele que eventualmente custeie as atividades sem objetivar quaisquer contraprestações econômicas.

4. Natureza do delito.

Trata-se de crime instantâneo. Isso significa que a prática de uma única conduta será idônea para a configuração do delito. Se houver a prática reiterada ou a realização de mais de um verbo nuclear, a solução deverá ser feita pelo o instituto *do concurso de crimes*.

5. Sujeito ativo.

Trata-se de crime comum (qualquer pessoa poderá ser sujeito ativo).

6. Sujeito passivo.

É a coletividade.

7. Consumação e tentativa.

Trata-se de delito plurissubsistente. Ademais, trata-se de crime formal, a saber, basta a mera disponibilização de valores ou bens economicamente aferíveis para o planejamento, a preparação ou a execução dos crimes previstos na Lei Antiterrorista. Se estes forem de fato planejados, preparados ou executados, estar-se-á diante de mero exaurimento do crime. Como as ações de "planejar-preparar-executar" revelam uma gradação de realização, compreende-se que poderá ser sopesado esses fatores na dosimetria da pena, especialmente na circunstância judicial das "consequências do crime" do artigo 59, CP. Ex: A deposita 50 mil reais para B que irá adquirir explosivos com o montante. B adquire com sucesso todo o material bélico e instala diversos artefatos explosivos no Mosteiro São Bento de São Paulo e programa uma explosão para o domingo às 10h, horário em que ocorre a tradicional missa dos monges e o local religioso se encontra lotado. Como programado, a explosão ocorre no horário indicado, ceifando a vida de cerca de 150 pessoas e ferindo outras dezenas. Destarte, o financiamento foi bem sucedido, a saber, serviu para a execução da carnificina, cujas as consequências devem ser valoradas negativamente.

8. Classificação tipológica.

Trata-se de delito de ação múltipla ou conteúdo variado.

9. Pluriofensividade.

O delito de terrorismo é pluriofensivo (artigo 2º). Isto é, apto a violar diversos bens jurídicos (v.g. vida, integridade física, patrimônio, etc)[4] a serem aferidos no momento da prática do injusto. Adiciona-se a essa ofensividade um elemento a mais consistente na "finalidade de provocar terror social ou generalizado, expondo a perigo pessoa, patrimônio, a paz pública ou a incolumidade pública". O legislador da Lei 13.260/2016 optou por apresentar um conceito restritivo de terrorismo, bem como, quais as condutas que não devem ser consideradas como terrorismo (artigo 2º, §2º). Quanto ao financiamento ao terrorismo se trata do suporte financeiro para a perpetração das condutas delitivas. Assim, soma-se ao delito previsto no artigo 6º a busca de salvaguardar o regular funcionamento do sistema financeiro e da ordem econômica.

---

4   Silva Sánchez leciona que o delito de terrorismo é a realização de condutas que constituem infrações comuns, mas dotadas de "status terroristas" pela sua forma de comissão e pela finalidade que se persegue com sua execução. Assim, tais delitos não se consubstanciam apenas pela violação a bens jurídicos individuais, mas em um plano simbólico ataca elementos essenciais de uma convivência pautada pela Constituição. Cf. SILVA SÁNCHEZ, Jesús-María. Lecciones de Derecho Penal: parte especial. Barcelona: Atelier, 2006, p. 373.

10. Os elementos *"direta ou indiretamente"* previstos no caput.

O *caput* do artigo 6º da Lei 13.260/2016 traz a adição dos elementos "direta e indiretamente". Por *diretamente* deve ser compreendido como imediato e prontamente. Isto é, por meio de dinheiro em espécie, fornecimento de bens móveis e imóveis, compra de ações e outros feitos de forma franca e sem intermediação. A correlação entre a ação de financiar e o objetivo final de fornecer subsídios financeiros *diretamente* para o planejamento, a preparação ou a execução dos delitos não é dotada de uma maior complexidade negocial e financeira. Ex: A recebe 30 mil reais diretamente de B que é simpatizante de determinado grupo terrorista. Já *indiretamente* deve ser entendido como a obtenção/recebimento de lucros e rendimentos, por exemplo, de uma empresa constituída com a finalidade de angariar fundos para a perpetração dos delitos insculpidos na Lei 13.260/2016. Portanto, indiretamente deve ser compreendido como uma espécie de manobra mais complexa. É muito fácil de visualizar essa situação quando colocamos hipoteticamente a pessoa jurídica como *locus* para tal delito e matriz financeira apta a abastecer uma pessoa ou grupo que praticará os delitos. Logo, a estrutura da empresa seja por meio de um planejamento societário, da constituição do capital, do porte, da atividade empresarial desenvolvida e do setor mercadológico em que se opera, pode ter um fim comercial lícito e ao mesmo tempo uma espécie de contabilidade paralela para fins escusos, o que dificultará sem dúvida alguma a própria identificação de quem está por trás (pessoas físicas) do financiamento.

11. Objeto material.

As condutas do artigo 6º recaem sobre *recursos, ativos, bens, direitos, valores* ou *serviços de qualquer natureza*. É necessário buscar similitudes conceituais, especialmente na Lei de Lavagem de Dinheiro, Lei de Sociedades Anônimas, Convenção de Palermo e demais normas em sentido amplo. Vejamos: *a) recursos (caput parágrafo único)*: aqui se entende como tudo de natureza econômico-financeira e monetariamente aferível; *b) ativos*: engloba bens e direitos de uma entidade expressos em moedas; Caixa, Bancos (ambos constituem disponibilidades financeiras imediatas), imóveis, veículos, equipamentos, mercadorias, contas a receber de clientes, etc[5]; *c) bens*: consoante a Convenção das Nações Unidas contra o Crime Organizado Transnacional – também conhecida como Convenção de Palermo, cuja ratificação se deu por meio do Decreto 5.014/2004 – bens *são os ativos de qualquer tipo, corpóreos ou incorpóreos, móveis ou imóveis, tangíveis ou intangíveis, e os documentos ou instrumentos jurídicos que atestem a propriedade ou outros direitos sobre os referidos ativos*[6]; *d) direitos*: devem ser aqueles

---

5   Devemos recorrer ao conceito contábil para melhor compreender a definição de "ativo". Portanto, utilizou-se a seguinte obra: IUDÍCIBUS, Sérgio de. *Contabilidade introdutória*. São Paulo: Atlas, 2010, p. 18.

6   Há uma ampliação desse conceito na Diretiva 849/2015 do Parlamento Europeu do Conselho, relativa à prevenção da utilização do sistema financeiro para efeitos de branqueamento de capitais ou financiamento do terrorismo: *"«Bens»: quaisquer bens, corpóreos ou incorpóreos, móveis ou imóveis, tangíveis ou intangíveis, e os documentos ou instrumentos jurídicos sob qualquer forma, incluindo a eletrónica ou digital, que comprovem o direito de propriedade ou outros direitos sobre esses bens (artigo 3º, 3)".*

economicamente aferíveis ou passíveis de aferição, portanto, compreendemos que se trata de direitos patrimoniais consubstanciados nos direitos obrigacionais cujo objeto maior é o contrato e os direitos reais que possui simbolicamente a *propriedade* como tutela maior; *e) valores:* aqui entram ações que podem possuir valores nominais ou não (vide artigo 11 da Lei 6.404/1976 – Sociedade por Ações), valores de câmbio no mercado, etc; *f) serviços:* apesar do artigo afirmar que o serviço pode ser de qualquer natureza, compreende-se que o mesmo deve ser pecuniariamente verificável, contratado e negociado. Assim, pode-se listar serviços de transportes; serviços bancários de abertura de contas para os sujeitos ou até mesmo a concessão de créditos; serviços postais que visem o envio de conteúdos biológicos; serviços de hospedagem de sujeitos que visam se reunir para planejar e executar os delitos, etc.

12. O art. 6°, caput, como delito de posse.

Interessante observar que a *Lei Antiterrorista* utiliza de uma conhecida e velha técnica legislativa dos delitos de posse. Tais tipos penais podem ser observados a partir da incriminação de 'condutas' a exemplo de "ter em depósito", "possuir" e "guardar" como se verifica em tipos penais da Lei de Drogas e da Lei de Armas. Há um fim político-criminal nessas incriminações que visa incrementar a prevenção delitiva, a antecipação da incriminação sem uma correspondente e autorizada afetação do bem jurídico tutelado pela norma penal.

Com o movimento de expansão do Direito Penal e a guinada de paradigma onde a regra se tornou a *prevenção* muito antes da lesividade de fato, os *delitos de posse* passaram a ser uma constante, ainda que não se perquira acerca de suas principais consequências para os desarranjos dogmáticos. Dentre um desses possíveis desajustes sistemáticos se encontra a difícil adequação dessas incriminações ao inafastável conceito de conduta que sempre foi o objeto central da Dogmática Penal.[7]

13. Conexões com a Lei de Lavagem de Dinheiro.

Nessa adequação político-criminal da legislação nacional, é importante verificar uma conexão interessante com a Lei de Lavagem de Dinheiro (9.613/1998). Antes da edição da Lei 13.260 persistia uma discussão doutrinária acerca de uma figura típica do delito de terrorismo no Brasil. Havia um setor que defendia que o artigo 20 ("atos de terrorismo") da Lei 7.170/1983 (Lei de Segurança Nacional) seria o artigo disciplinador da questão no Brasil. Mas, devido a uma vagueza evidente do que poderia ser considerado como *ato de terrorismo,* a ideia não encontrava grandes seguidores.

---

7   Paulo César Busato a partir do conceito significativo de ação ressalta a dificuldade em se perquirir a instância interna do sujeito para definir a ação provoca demasiada confusão. Outrossim, assinala que *possuir* não é ação, mas somente um fato. Vide BUSATO, Paulo César. "Una crítica a los delitos de posesión a partir del concepto de acción significativa. Conexiones entre el civil law y el common law en las tesis de Tomás Vives Antón y George Fletcher". *Revista Penal,* Valencia, n. 35, ene. 2015. p. 19 e ss.

Na exposição de motivos da Lei 9.613/1998 assim consta: *"Quanto ao rol de crimes antecedentes, o narcotráfico (Lei nº 6.368, de 21de outubro de 1976), os crimes praticados por organização criminosa, independentemente do bem jurídico ofendido (Lei nº 9.034, de 3 de maio de 1995), o terrorismo (art. 20 da Lei nº 7.170, de 14 de dezembro de 1983) e o contrabando ou tráfico de armas, munições ou material destinado à sua produção (art. 334 do Código Penal e art. 12 da Lei no 7.170, de 1983), compõem as categorias de infrações perseguidas pelos mais diversos países. Trata-se de implementar o clássico princípio da justiça penal universal, mediante tratados e convenções, como estratégia de uma Política Criminal transnacional".*

Apesar da exposição de motivos definir o artigo 20 da Lei 7170/1983 como *terrorismo*, a sua obscuridade (ausência de redação técnica adequada e violadora, sobretudo, do princípio da taxatividade) é tremenda, podendo ser enquadrado qualquer comportamento humano. Assim, diante dessa ausência de tipificação do delito de terrorismo – antes da edição da Lei 13.260/2016 –, havendo uma infração antecedente praticada em outro país (artigo 2º, inciso II da Lei 9.613/1998), levantava-se a hipótese do cometimento do terrorismo e do financiamento do terrorismo no exterior em um país cujos delitos fossem tipificados (*v.g.* artigos 573 e ss. do Código Penal Espanhol que prevê expressamente o terrorismo e o financiamento ao terrorismo) e que eventualmente o sujeito viesse a reciclar os produtos da atividade criminosa no Brasil, poderia ocorrer uma atipicidade em decorrência do princípio da reserva legal, pois, deve-se respeitar o princípio da dupla incriminação[8] (ainda que o *nomen iuris* não corresponda), expressamente previsto no artigo 7º, §2º, 'b', do Código Penal e a redação do artigo 20 da Lei 7.170/1983 apresentava diversas impropriedades técnicas que obstaria o enquadramento na Lei 9.613/1998.

Agora, com a edição da Lei 13.260/2016 e uma definição legal mais restritiva do que se trata o *terrorismo* e de *financiamento ao terrorismo*, evita-se qualquer possibilidade de atipicidade. Portanto, caso algum sujeito pratique qualquer delito dessa natureza no exterior e aqui venha lavar os rendimentos da atividade criminosa, haverá um respeito ao princípio da reserva legal e da dupla incriminação, vez que há uma correspondência típica clara do que seriam tais condutas, imputando-se o delito de lavagem de dinheiro.

---

8   Nesse sentido o precedente: *"[...] IV - A adequação da conduta praticada no exterior a um dos crimes antecedentes previstos no rol taxativo do art. 1º da Lei 9.613/98 (Lavagem de Dinheiro) se submete ao princípio da dupla incriminação, segundo o qual, o fato deve ser considerado ilícito penal também no país de origem. Além disso, o enquadramento legal da conduta deve ser realizado à luz do ordenamento jurídico pátrio, isto é, conforme a legislação penal brasileira. [...] (HC 94.965/SP, Rel. Ministro FELIX FISCHER, QUINTA TURMA, julgado em 10/03/2009, DJe 30/03/2009)* ". Importante consignar que após a reforma da Lei de Lavagem de Dinheiro introduzida pela Lei 12.683/2012 não há um rol taxativo (*numerus clausus*) de infrações antecedentes, mas permanece sendo necessário o respeito ao princípio da dupla incriminação.

Referências bibliográficas.

BUSATO, Paulo César. "Una crítica a los delitos de posesión a partir del concepto de acción significativa. Conexiones entre el civil law y el common law en las tesis de Tomás Vives Antón y George Fletcher". *Revista Penal,* Valencia, n. 35, ene. 2015.

IUDÍCIBUS, Sérgio de. *Contabilidade introdutória.* São Paulo: Atlas, 2010.

SILVA SÁNCHEZ, Jesús-María. ¿Derecho penal regulatorio? *InDret Penal*, Barcelona, n. 2, 2015.

_____. *Lecciones de Derecho Penal: parte especial.* Barcelona: Atelier, 2006.

Art. 6º, parágrafo único.
Incorre na mesma pena quem oferecer ou receber, obtiver, guardar, mantiver em depósito, solicitar, investir ou de qualquer modo contribuir para a obtenção de ativo, bem ou recurso financeiro, com a finalidade de financiar, total ou parcialmente, pessoa, grupo de pessoas, associação, entidade, organização criminosa que tenha como atividade principal ou secundária, mesmo em caráter eventual, a prática dos crimes previstos nesta Lei.

por Andressa Paula de Andrade e
Leonardo Henriques da Silva

1. O parágrafo único: nova exceção à teoria monista de autor.

A diferença em relação ao *caput* é crucial, vez que na cabeça se encontra a ideia de que a gestão dos recursos financeiros será feita por aquele(s) que cometerão os atos descritos na Lei, vez que tais subsídios serão utilizados para o planejamento, a preparação ou a execução dos crimes previstos nesta Lei. Trata-se, portanto, do *autofinanciamento* ao terrorismo.

Já o parágrafo único se aparta essa ideia, cujo financiador não realizará os atos terroristas, mas tão somente o financiará, vez que se criminaliza condutas perpetradas com a finalidade de financiar, total ou parcialmente, pessoa, grupo de pessoas, associação, entidade, organização criminosa que tenha como atividade principal ou secundária, mesmo em caráter eventual, a prática dos crimes previstos nesta Lei. Temos aqui uma espécie de *heterofinanciamento* do terrorismo, feita por terceiro que sem assumir a condição de autor de terrorismo presta auxílio material a terroristas.

Destarte, a independência do parágrafo único configura mais uma exceção (cf. arts. 124, 317 e 333, CP) pluralista à teoria monista ou unitária de autor[1].

2. Semelhança com o financiamento ao tráfico de drogas.

Trata-se de um caso muito semelhante ao do artigo 36 da Lei 11.343/2006 denominado de *financiamento ou custeio ao tráfico de drogas*. No entanto, há uma diferença para com a Lei de Drogas, vez que não se fala de concurso material entre os crimes de tráfico e de financiamento para o tráfico quando praticado pelo mesmo sujeito, imputando-se ao agente o delito previsto no artigo 33, *caput*, com a causa de aumento de pena do artigo 40, inciso VII, da Lei de Drogas[2]. Já na Lei

---

1   Consoante lição de Paulo César Busato: "...para a teoria monista ou unitária o crime praticado por distintas pessoas em conjunto não deixa de ser uno. Portanto, tanto autores quanto partícipes respondem pelo mesmo crime. Não se distingue entre autor, partícipe, instigador, cúmplice, etc., sendo todos coautores do crime. A dificuldade aqui é que quem empresta a arma tem a mesma pena do homicida, quem indica a casa vazia teria, teoricamente, a mesma pena do ladrão". BUSATO, Paulo César. *Direito Penal: parte geral*. São Paulo: Atlas, 2013, p. 703.
2   No RESp 1.290.296/PR (Informativo de Jurisprudência nº 534 do STJ), DJe 03/02/2014, Rel. Maria Thereza de Assis Moura há tal entendimento: RECURSO ESPECIAL. PENAL. TRÁFICO IL´CIITO DE DROGAS. ART. 33, CAPUT, DA LEI Nº 11.343/2006. FINANCIAMENTO PARA O TRÁFICO. INCIDÊNCIA DA CAUSA DE

Antiterrorista haverá concurso de crimes, vez que não há um norma penal que trabalhe com causa de aumento de pena com conteúdo semelhante ao do artigo 6º.

Ao dar tal redação ao parágrado único da Lei Antiterrorista, objetivou o legislador – em exceção à teoria monista – punir o sujeito que não pratica diretamente o delito a execução de atos terroristas, limitando-se a fornecer subsídios financeiros para a prática dos delitos previstos na Lei 13.260/2016. Isso por si só já é reprovável aos olhos do legislador, cabendo intervir antes de ato mais grave, a saber, busca-se evitar que se angarie recursos para a preparação de condutas da Lei 13.260/2016.

3. Classificação tipológica.

Trata-se aqui também de delito de ação múltipla ou conteúdo variado. Assim, praticado mais de uma conduta descrita no tipo penal dentro de um mesmo conteúdo fático, ainda que realize todos os verbos nucleares, responderá por delito único. Todavia, nada impede que no momento de dosimetria da pena, o magistrado sopese as circunstâncias judiciais (v.g. circunstâncias e consequências do crime) de forma negativa.

4. Heterofinanciamento ao terrorismo e condutas neutras.

Em relação às modalidades de condutas previstas no parágrafo único, os verbos *receber, prover, oferecer, obter, guardar, manter em depósito, solicitar* e *investir* valem as mesmas considerações feitas anteriormente para a interpretação do *caput* do art. 6º. A distinção mais importante reside na conduta *contribuir de qualquer modo*, uma vez que à luz de uma aplicação ampla da teoria da equivalência das condições prevista no art. 13, *caput*, do Código Penal seria possível cogitar uma extensão desmensurada da presente incriminação, atingindo um grande número de pessoas dentro de uma estrutura empresarial usualmente lícita no tocante à gestão de recursos financeiros (uma instituição bancária ou uma corretora de valores mobiliários, por exemplo).

Resta evidente, porém, que aqui a incriminação do heterofinanciamento encontra claro limite nas condutas de caráter neutro, que são praticadas pelo autor sem qualquer liame subjetivo com o resultado previsto no parágrafo único (financiamento total ou parcial de atividades terroristas alheias) e que encontram fungibilidade dentro de estruturas organizadas. No âmbito de uma instituição bancária, por exemplo, é possível imaginar que se os requisitos estabelecidos para

---

AUMENTO DO ART. 40, INCISO VII, DA MESMA LEI. IMPOSSIBILIDADE DE CONDENAÇÃO, EM CONCURSO MATERIAL, PELA PRÁTICA DOS CRIMES DO ART. 33, CAPUT, E DO ART. 36 DA LEI DE DROGAS. 1. O financiamento ou custeio ao tráfico ilícito de drogas (art. 36 da Lei nº 11.343/2006) é delito autônomo aplicável ao agente que não tem participação direta na execução do tráfico, limitando-se a fornecer os recursos necessários para subsidiar a mercancia. 2. Na hipótese de autofinanciamento para o tráfico ilícito de drogas não há falar em concurso material entre os crimes de tráfico e de financiamento ao tráfico, devendo ser o agente condenado pela pena do artigo 33, caput, com a causa de aumento de pena do artigo 40, inciso VII, da Lei de Drogas. 3. Recurso especial improvido. (REsp 1290296/PR), Rel. Ministra MARIA THEREZA DE ASSIS MOURA, SEXTA TURMA, julgado em 17/12/2013, DJe 03/02/2014).

a gestão de ativos são ao menos aparentemente preenchidos por um potencial cliente pouco importa se a contratação de serviços bancários é validada pelo gerente A ou B.

A reforçar essa limitação o próprio dispositivo estipula um especial fim de agir por parte do autor, na medida em que sua conduta deve ser praticada *"com a finalidade de financiar, total ou parcialmente, pessoa, grupo de pessoas, associação, entidade, organização criminosa que tenha como atividade principal ou secundária, mesmo em caráter eventual, a prática dos crimes previstos nesta Lei".*

Dessa forma, uma conduta que contribua de qualquer modo para a obtenção de ativo, bem ou recurso financeiro sem que a finalidade específica esteja previamente caracterizada deverá ser tida como neutra e, portanto, atípica em relação ao parágrafo único.

Referência bibliográfica.

BUSATO, Paulo César. *Direito Penal: parte geral.* São Paulo: Atlas, 2013.

Art. 7º.
Salvo quando for elementar da prática de qualquer crime previsto nesta Lei, se de algum deles resultar lesão corporal grave, aumenta-se a pena de um terço, se resultar morte, aumenta-se a pena da metade.

por Priscilla Placha Sá

1. Salvo quando for elementar da prática de qualquer crime previsto nesta Lei.

A cláusula inicial aponta a hipótese de subsidiariedade expressa, ou seja, admite a aplicação desse dispositivo quando a lesão corporal grave ou morte não forem elementares de outro delito previsto na Lei[1]. Regra essa que, em sentido geral, é uma das figuras para, ao menos, tentar solucionar as hipóteses do conflito aparente de normas x concurso de crimes e que se encontra prevista em diversos dispositivos do próprio Código Penal, particularmente nos chamados delitos de perigo, mas não apenas neles, como nos Art. 132, 154-A, 163, par. único, 238, 239, 307, 308, 314, 325 e 327.

2. Se de algum deles resultar lesão corporal grave, aumenta-se a pena de um terço, se resultar morte, aumenta-se a pena da metade.

A questão mais complexa nesse dispositivo refere-se ao resultado ulterior mais grave nos denominados delitos qualificados pelo resultado (sobre a divergência entre o uso das expressões "delito qualificado pelo resultado" e "preterdolosos"[2]; sobre a necessidade de indicar as diferentes formas de delitos qualificados pelo resultado:[3] consistente na superveniência de lesão grave, com aumento de pena de um terço, e no caso de morte, com o aumento de metade aplicável a qualquer delito da Lei.

Essa disposição acerca do aumento de pena (relacionando esses dois resultados: lesão grave e morte) é bastante comum no Código Penal com importes bastante severos de pena, sobretudo, nos delitos patrimoniais, como as duas maiores previsões em abstrato de todo o ordenamento jurídico pátrio (a crítica aos apenamentos bastante severos também encontra assento na doutrina estrangeira, por afetar os princípios da igualdade e culpabilidade[4], constantes do § 3º tanto do Art. 157 (a figura do "latrocínio"), com pena mínima de 20 anos, quanto do Art.

---

1 BUSATO, Paulo. *Direito Penal: Parte Geral.* 2 ed. São Paulo: Atlas, 2015. p. 918.

FRAGOSO, Heleno Cláudio. *Lições de Direito Penal: Parte Geral.* 15 ed. Rio de Janeiro: Forense, 1994. p. 358.

2 BITENCOURT, Cezar Roberto. *Tratado de Direito Penal: Parte Geral 1.* 17 ed. São Paulo: Saraiva, 2012. p.379.

MIR PUIG, Santiago. *Derecho Penal: Parte Geral.* 7 ed. Barcelona: Editorial Reppertor, 2004. p. 302-303.

3 TAVARES, Juarez. *Direito Penal da Negligência: Uma Contribuição à Teoria do Crime Culposo.* 2 ed. Rio de Janeiro: Lumen Juris, 2003. p. 431.

4 ROXIN, Claus. *Derecho Penal. Parte General. Tomo I. Fundamentos. La Estructura de la Teoría del Delito.* Traducción y Notas. 2ª ed. alemãa. 1ª reimpresión. Diego-Manuel Luzón Peña; Miguel Díaz y García Conlledo; Javíer de Vicente Remesal. Madrid: Civitas, 1997. p. 330.

159 (sequestro com a finalidade de extorsão), com pena mínima de 24 anos.

Tal apenamento aparece, inclusive, em alterações recentes, como os delitos sexuais onde os aumentos, contudo, são bem mais comedidos tanto em comparação com os delitos patrimoniais quanto em comparação com a própria Lei Antiterrorismo.

A crítica acerca da utilização dos chamados delitos qualificados pelo resultado não é nova e insere-se na discussão sobre as combinações de elementos subjetivos em que se verifica acentuado desvalor ao resultado, especialmente, porque se pode ter (e isso também, por certo, será objeto de questionamento no presente dispositivo) a figura qualificada pelo resultado, tanto se a combinação for dolo-imprudência quanto se for dolo-dolo[5].

Não se olvide, ademais, a dúvida acerca da decisão político-criminal em não se enquadrar a combinação dolo-dolo como concurso de crimes ao invés de se resolver pela figura qualificada pelo resultado; solução que não implica necessariamente numa pena menor.

Apenas como argumentação é de se tomar como hipótese a conduta de alguém que guarde explosivos (hipótese do Art. 2º, § 1º, Inc. I) e por qualquer motivo (inclusive por imperícia nessa guarda, v. g. armazenamento inadequado) acabar por explodir e matar alguém, e assim responderá por tal delito acrescendo-se a pena em metade de acordo com o Art. 7º, o que lhe daria uma pena de, no mínimo, dezoito anos de reclusão.

Em outra suposição, a partir do mesmo Art. 2, § 1º, mas em seu Inc. V no qual o tipo objetivo afirma que é crime "atentar contra a vida ou a integridade física de pessoa", no qual claramente a morte e a lesão corporal são os objetivos da conduta, mas não são delitos materiais considerando a natureza do verbo que é "atentar", ou seja, um delito de atentado em que a consumação se dá com a própria tentativa (exemplo clássico do Art. 342, do CP no qual fugir ou tentar fugir de ergástulo público mediante violência ou grave ameaça têm a mesma pena). Assim se a pessoa, num "ato terrorista" tentar matar e conseguir responderá pela forma qualificada – ainda que os elementos dolo-dolo impliquem em maior desvalor jurídico-penal do que a combinação argumentativa de dolo-imprudência, em que a morte é produto do descuido do autor e não seu objetivo originário abarcado pelo dolo do delito-base.

Nesse item, as ponderações acerca da relação entre o delito-base e o resultado ulterior por parte de Juarez Tavares assumem especial relevância, "tendo em vista essas características dos respectivos grupos de delito, devem ser ajustados os respectivos requisitos necessários à limitação do processo de imputação."[6]

Problemas dessa natureza, a partir da deficiência legislativa, levaram a

---

5   ROXIN, Claus. Derecho Penal. Parte General. Tomo I. *Fundamentos. La Estructura de la Teoría del Delito.* Traducción y Notas. 2ª ed. alemaña. 1ª reimpresión. Diego-Manuel Luzón Peña; Miguel Díaz y García Conlledo; Javíer de Vicente Remesal. Madrid: Civitas, 1997. p. 330-331.

6   TAVARES, Juarez. *Direito Penal da Negligência: Uma Contribuição à Teoria do Crime Culposo.* 2 ed. Rio de Janeiro: Lumen Juris, 2003. p. 431.

jurisprudência brasileira a consagrar uma verdadeira violação ao princípio da igualdade, na contramão da solução apontada pela doutrina de uma interpretação conforme a Constituição[7] que reduziria a pena (e as demais consequências, como a classificação crime hediondo e etc), nos casos da figura indevidamente chamada de "latrocínio" (sobre seu *nomen iuris* e os problemas da tifipicação.[8] A partir da ausência de indicação expressa acerca do elemento subjetivo que enseja o resultado ulterior no § 3º do Art. 157 do CP os tribunais pátrios consolidaram o entendimento de que "tanto faz" se o "roubo seguido de morte" (e aqui a morte pode acontecer antes!: mata o vigia do banco para adentrar à agência...) tem o resultado a título de culpa ou dolo.

Outro ponto é a discussão sobre tal figura (a dos delitos qualificados pelo resultado) consistir em violação ao princípio da culpabilidade caracterizando a hipótese de responsabilidade penal objetiva por reavivar o princípio medieval da *versari in re illicita*[9] atribuindo de forma direta o resultado ulterior mais grave sem que se observe a necessária relação de causalidade com o delito originário.[10]

---

7 ROXIN, Claus. Derecho Penal. Parte General. *Tomo I. Fundamentos. La Estructura de la Teoría del Delito.* Traducción y Notas. 2ª ed. alemaña. 1ª reimpresión. Diego-Manuel Luzón Peña; Miguel Díaz y García Conlledo; Javíer de Vicente Remesal. Madrid: Civitas, 1997. p. 331-332.

8 MOURA, Maria Thereza Rocha de Assis; SAAD, Marta. *Código Penal e sua Interpretação: Doutrina e Jurisprudência.* Alberto Silva Franco e Rui Stoco (Coord). 8 ed. São Paulo: Revista dos Tribunais, 2007. p. 804-806.

9 MIR PUIG, Santiago. *Derecho Penal: Parte Geral.* 7 ed. Barcelona: Editorial Reppertor, 2004. p.303-304. SANTOS, Juarez Cirino dos. *Direito Penal: Parte Geral.* Curitiba: ICPC, 2006. p. 193-196.

10 TAVARES, Juarez. *Direito Penal da Negligência: Uma Contribuição à Teoria do Crime Culposo.* 2 ed. Rio de Janeiro: Lumen Juris, 2003. p. 431.

Referências bibliográficas.

BITENCOURT, Cezar Roberto. *Tratado de Direito Penal: Parte Geral* 1. 17 ed. São Paulo: Saraiva, 2012.

BUSATO, Paulo. *Direito Penal: Parte Geral*. 2 ed. São Paulo: Editora Atlas, 2015.

FRAGOSO, Heleno Cláudio. *Lições de Direito Penal: Parte Geral*. 15 ed. Rio de Janeiro: Forense, 1994.

MIR PUIG, Santiago. *Derecho Penal: Parte Geral*. 7 ed. Barcelona: Editorial Reppertor, 2004.

MOURA, Maria Thereza Rocha de Assis; SAAD, Marta. *Código Penal e sua Interpretação: Doutrina e Jurisprudência*. Alberto Silva Franco e Rui Stoco (Coord). 8 ed. São Paulo: Editora Revista dos Tribunais, 2007.

ROXIN, Claus. *Derecho Penal. Parte General. Tomo I. Fundamentos. La Estructura de la Teoría del Delito*. Traducción y Notas. 2ª ed. alemaña. 1ª reimpresión. Diego-Manuel Luzón Peña; Miguel Díaz y García Conlledo; Javíer de Vicente Remesal. Madrid: Civitas, 1997.

SANTOS, Juarez Cirino dos. *Direito Penal: Parte Geral*. Curitiba: ICPC, 2006.

Art. 10.

Mesmo antes de iniciada a execução do crime de terrorismo, na hipótese do art. 5º desta Lei, aplicam-se as disposições do art. 15 do Decreto-Lei 2.848 de 7 de dezembro de 1940 – Código penal.

por Paulo César Busato

1. Desistência voluntária e arrependimento eficaz.

Esta disposição remete especificamente à desistência voluntária e arrependimento eficaz que são figuras associadas em oposição direta, respectivamente, à tentativa imperfeita ou inacabada e à tentativa perfeita ou acabada.

A referência diz respeito especificamente ao art. 5º desta lei, porque ele trata de incriminar os atos preparatórios do crime de terrorismo.

Acontece que, como visto nos comentários formulados ao art. 5º, aquele tipo não comporta tentativa e, como tal, é impossível falar em desistência voluntária ou arrependimento eficaz, já que só se desiste ou se arrepende do que se tenta.

Note-se que a desistência voluntária consiste precisamente na interrupção dos atos de execução durante seu curso, voluntariamente, antes que se chegue à consumação. O arrependimento eficaz, por seu turno, se dá uma vez acabados os atos de execução, mas antes da superveniência do resultado, a partir de uma nova atuação do agente, dirigida precisamente a impedir que tal resultado sobrevenha.

Em ambos os casos – no primeiro, em parte e no segundo, completamente – é imprescindível a existência de atos de execução.

A pergunta passaria a ser: é possível a existência – e interrupção voluntária ou contra-atuação – de atos de execução de um ato preparatório de terrorismo?

A resposta, certamente, há de ser negativa.

Isto porque não se trata da realização de algo preciso e determinado.

Tivesse o legislador optado pela fórmula taxativa do legislador espanhol – de onde copiou, e muito mal, a idéia – seria possível cogitar do início e interrupção – voluntária ou não – de atos de execução. Imagine-se, por exemplo, na fórmula do art. 576 do Código penal espanhol, que alguém vá realizar uma conversão de moeda para facilitar aquisição futura de armas para um grupo terrorista em determinado país. É possível que ao entregar o dinheiro, tenha impedida a conversão, porque antes de receber o que lhe cabe da moeda trocada, seja interceptado por um agente que o monitorava. Poderá ele, também, desistir voluntariamente no meio da operação de crédito, pedindo seu dinheiro de volta. Ou seja, tanto é possível a tentativa, quanto a desistência voluntária ou o arrependimento eficaz. Mas isto se dá porque a conduta incriminada é definida[1]. Não é o caso da lei brasileira.

---

1   Em boa parte dos casos do Código penal espanhol, mesmo quando se trata de atos preparatórios, a conduta é bem definida. Exceto, quiçá, no que refere ao núcleo de *possuir*, que carece, obviamente, de ação. Sobre críticas específicas aos chamados delitos de posse veja-se BUSATO, Paulo César. "Uma crítica aos delitos de posse a partir do conceito de ação significativa: conexões entre o civil law e o common law nas teses de Tomás

A Lei 13.260 de 16 de março de 2016 optou por referir a um conceito aberto e dogmático de *realizar atos preparatórios*.

Atos não são o mesmo que ações ou condutas. As ações ou condutas podem ser fragmentáveis em vários atos; os atos, ao contrário, são unos. É precisamente a possibilidade ou não de fragmentar uma conduta em vários atos o que define os chamados delitos unissubsistentes e os delitos plurissubsistentes.

Ora, se o tipo do art. 5º consiste na prática de quaisquer *atos preparatórios,* surgem duas possibilidades: ou se interpreta literalmente o dispositivo e se exige que se realize obrigatoriamente mais de um ato preparatório para configurar o delito, ou se entende, como parece ser o sentido do texto, que basta a prática de um ato preparatório para configurá-lo.

Na primeira hipótese, estaria salvo o sentido do art. 10, pois a interrupção se poderia dar entre o primeiro e o segundo ato preparatório, mas se permitiria, ao mesmo tempo, que fragmentando os atos entre vários distintos e sucessivos contribuintes para um ato terrorista, restassem todos eles impunes, e o ato desejado, realizado. Parece que isso quebraria completamente a razão de ser do art. 5º. Assim, para salvar o art. 10, seria necessário sacrificar o art. 5º.

Na segunda hipótese, bastanto um único ato contributivo, de caráter preparatório para castigar por crime do art. 5º, tal conduta não seria passível de fragmentação e, como tal, de tentativa. Ao não ser passível de tentativa, tampouco seria compatível com as figuras da desistência voluntária ou do arrependimento eficaz, pois a diferença entre eles e as tenativas perfeita e imperfeita dizem respeito unicamente a de quem parte a iniciativa de interrupção dos atos de execução.

Finalmente, poder-se-ia pretender que atos que não se relacionam de modo algum com o terrorismo pudessem ser considerados atos de execução dos atos preparatórios de terrorismo. Assim, por exemplo, àquele que fosse adquirir os componentes elétricos para a montagem de um detonador (ato preparatório de crime de terrorismo), teria, por exemplo, que sacar dinheiro de um caixa eletrônico para a compra, tomar o ônibus que vai para a rua em que fica a loja de material eletrônico e pegar uma senha de atendimento na loja. Poderia, neste caso, interromper a realização de qualquer destes atos (que nada tem a ver com terrorismo) repentinamente desistindo de realizar a aquisição.

Acontece que se os atos de execução do crime de realizar atos preparatórios de terrorismo são mesmo atos que em nada se relacionam com terrorismo propriamente dito, nos casos de interrupção voluntária ou mesmo involuntária de tais atos, se estaria diante de condutas absolutamente impunes. Isso em 100% dos casos, deixando novamente de fazer qualquer sentido a existência da previsão legal do art. 10.

Aliás, bem pelo contrário, preservá-la levaria a um absoluto *nonsense*. Vejamos.

Se existe a *ponte de ouro* (desistência voluntária ou arrependimento eficaz), a

---

Vives Antón e George Fletcher", in *Delitos de posse: drogas, porte de arma e pornografia.* [José Danilo Tavares Lobato, Eduardo Saad-Diniz e Andrés Falcone – org.] São Paulo: Liber Ars, 2016.

permitir a impunidade ou responsabilidade reduzida a resultados parciais relativos ao crime do art. 5º, deve haver, como corolário lógico, quando a interrupção dos atos se dê involuntariamente, a figura da tentativa.

Pois bem.

Seria aceitável que no exemplo dado, havendo interrupção involuntária se castigasse por tentativa? Parece razoável que, se o sujeito fosse impedido, contra a sua vontade, de realizar uma conduta que não se relaciona com terrorismo, respondesse por tentativa de ato preparatório de terrorismo? Quem poderia sustentar ser punível em grau de tentativa do art. 5º, por exemplo, que nosso agente tenha acudido ao caixa eletrônico em horário em que não permite mais saques, tenha perdido o horário do ônibus para a rua da loja de eletrônicos, ou tenha chegado lá quando a loja estava fechada para o almoço? Seria algo não apenas ilógico, como completamente ridículo.

E, apenas para encerrar, um golpe definitivo: as normas da parte geral do Código penal se aplicam, no que couber, aos dispositivos desta e de outra qualquer lei penal incriminadora, por determinação expressa do art. 12 do Código penal[2]. Existisse alguma forma de conceber a supradita *ponte de ouro*, seria dispiscienda qualquer menção a isto no corpo desta lei.

O resultado inexorável é que o dispositivo legal contido no art. 10 da Lei 13.260 de 16 de março de 2016 é completamente inútil.

Referências bibliográficas.

BUSATO, Paulo César. "Uma crítica aos delitos de posse a partir do conceito de ação significativa: conexões entre o civil law e o common law nas teses de Tomás Vives Antón e George Fletcher", in *Delitos de posse: drogas, porte de arma e pornografia*. [José Danilo Tavares Lobato, Eduardo Saad-Diniz e Andrés Falcone – org.] São Paulo: Liber Ars, 2016.

---

2   Art. 12 - As regras gerais deste Código aplicam-se aos fatos incriminados por lei especial, se esta não dispuser de modo diverso.

Art. 11.

Para todos os efeitos legais, considera-se que os crimes previstos nesta Lei são praticados contra o interesse da União, cabendo à Polícia Federal a investigação criminal, em sede de inquérito policial, e à Justiça Federal o seu processamento e julgamento, nos termos do inciso IV do art. 109 da Constituição Federal.

por Bruno Augusto Vigo Milanez

1. Objetivo.

A regra em análise possui objetivo tríplice. Em *primeiro lugar,* define que os crimes tipificados na Lei 13.260/16 são necessariamente praticados contra interesse da União. Em *segundo lugar*, afeta a atribuição investigativa dos crimes de terrorismo necessariamente à Polícia Federal. Em *terceiro lugar*, define a Justiça Federal como órgão jurisdicional competente para o processo e julgamento de todos os crimes previstos na Lei 13.260/16. A partir dos objetivos legais identificados, três ordens de indagações podem ser formuladas: *(a)* regra infraconstitucional pode definir o que seja *interesse da União?*; *(b)* segundo critérios constitucionais e infraconstitucionais, é correto afetar à Polícia Federal a investigação de todo e qualquer crime tipificado na Lei 13.260/16? e; *(c)* é possível formular hipóteses de crimes de terrorismo que, a partir dos critérios constitucionais, não se enquadrem na competência da Justiça Comum Federal? As análises subsequentes trarão as respostas.

2. "Interesse da União" (histórico legislativo).

A previsão de que a competência processual penal será da Justiça Comum Federal quando o crime for praticado em detrimento de um *interesse da União* não é fenômeno recente. Com efeito, previsão semelhante vinha positivada nas Constituições de 1934 (art. 81, *i*), de 1946 (art. 105, § 3º, *e*), de 1967 (art. 119, IV) bem como na EC 1/69 (art. 125, IV). Na atualidade, esta previsão está contida na regra do art. 109, IV, da CR/88, que também prevê a competência da Justiça Comum Federal quando a prática do crime afetar um *bem* ou um *serviço* da União.

3. "Interesse da União" (conteúdo).

A definição do que seja um *interesse da União*, para fins de fixação da competência da Justiça Comum Federal, não é tarefa simples. Com efeito, não há no texto constitucional indicação objetiva de quais são esses *interesses,* diferentemente do que ocorre, por exemplo, com os *bens* da União, que estão disciplinados de forma expressa na regra do art. 20, da CR/88. Ademais, como bem adverte a doutrina[1], quando o crime é praticado contra um bem da União, está-se afetando automaticamente um *interesse* da União. O mesmo ocorre quando

---

1 CARVALHO, Vladimir Souza. *Competência da Justiça Federal*. 3ª ed. Curitiba: Juruá, 1998, p. 316.

o crime é praticado contra um *serviço* da União. Dessa forma, não é equivocado dizer que, em diversas hipóteses, os conceitos de *bem, serviço e interesse* da União se entrelaçam e se confundem.

Pensando-se o conceito de *interesse* de forma ampla, qualquer violação de uma regra federal poderia ser suficiente para se afirmar a existência de um interesse da União, o que acarretaria inequívoca hipertrofia da competência penal da Justiça Comum Federal. Nesse contexto, o principal critério interpretativo para (de)limitar o conteúdo da expressão consiste em reconhecer que *interesses genéricos e indiretos* da União não são suficientes para atrair a competência da Justiça Comum Federal:

Mas, que interesse? A resposta há de ser *interesse particular, específico* e *direto* de toda ordem e não apenas econômico. Se se quisesse dar ao termo interpretação mais elástica, considerando o interesse público, genérico e indireto da União, toda infração penal teria seu processo e julgamento sujeitos à Justiça Federal, pois é inegável o interesse da União de ver observada qualquer lei federal[2].

4. "Interesse da União" (parâmetros constitucionais).

Afirmar que os interesses da União, para determinarem a competência penal da Justiça Comum Federal, são particulares, específicos e diretos ainda diz pouco. Uma forma de limitar ainda mais essa expressão consiste em identificar quando não está presente este interesse, o que se faz – ou ao menos se deve fazer – a partir da CR/88, notadamente por se cuidar de hipótese de *competência constitucional material*[3]. Assim, exemplificativamente, não está presente um *interesse específico* da União nos casos de competência administrativa comum (art. 23, da CR/88), bem como nas hipóteses de competência legislativa concorrente (art. 24, da CR/88), notadamente porque nas matérias tratadas nesses dispositivos constitucionais, há um interesse genérico de todos os entes federados, o que não se coaduna com a concepção de interesse específico da União.

Veja-se, por exemplo, nesse contexto, que crimes ambientais, como regra geral, estão submetidos a processo e julgamento pela Justiça Comum Estadual – razão pela qual superou-se o enunciado da Súmula 91, do STJ[4] –, pois tanto a preservação das florestas, fauna, flora e a proteção ao meio ambiente são de competência administrativa comum (art. 23, VI e VII), como também a competência legislativa a respeito da conservação da natureza é concorrente (art. 24, VI, da

---

2   ALVARENGA, Aristides Junqueira. *A competência Criminal da Justiça Federal de Primeira Instância*. São Paulo: Saraiva, 1978, p. 50. No mesmo sentido: LIMA, Renato Brasileiro de. *Manual de Competência Criminal*. Niterói: Impetus, 2013, p. 160.

3   PACELLI, Eugênio; FISCHER, Douglas. *Comentários ao Código de Processo Penal e sua Jurisprudência*. 8ª ed. rev., atual. e ampl. São Paulo: Atlas, 2016, p. 154: *"Também a segunda espécie (de competência constitucional), fixada em razão da matéria, recebeu regramento detalhado na Carta de 1988. Primeiro, pela instituição de determinadas jurisdições, caso, por exemplo, da Justiça Eleitoral, cabendo-lhe julgar toda a matéria eleitoral, aí incluídos os crimes eleitorais. E, depois, por força de determinação expressa da matéria, como ocorreu em relação à competência da Justiça Federal, consoante o disposto no art. 109 da Constituição."* (gn).

4   Súmula 91, STJ: Compete à Justiça Federal processar e julgar os crimes praticados contra a fauna.

CR/88). Somente de forma excepcional os crimes ambientais são de competência federal, como por exemplo, quando o ilícito ambiental afeta um bem da União (v.g. um rio fronteiriço entre dois ou mais Estados-membros)[5].

Por outro lado, tratando-se de hipóteses de competência administrativa exclusiva (art. 21, da CR/88) e de competência legislativa privativa da União (art. 22, da CR/88), é possível afirmar a existência de um *interesse específico, direto* e *pontual* da União, de modo a atrair a competência federal. Nesse contexto, tem-se reconhecido, por exemplo, a existência de um *interesse específico* da União – de forma a atrair a competência federal – nos casos de crime de moeda falsa (art. 289, do CP), pois a emissão de moeda é atividade administrativa exclusiva da União (art. 21, VII)[6].

5. "Interesse da União" (definição por regras infraconstitucionais).

Como visto, extrai-se do próprio texto constitucional a existência ou não de interesses da União, para efeitos de fixação de competência processual penal. Poder-se-ia indagar se é admissível que regra infraconstitucional defina o conteúdo desse *interesse,* ou seja, se mesmo a despeito das regras constitucionais, seria possível regra infraconstitucional definir quando se faz presente ou ausente o interesse da União.

Em comentário ao art. 119, IV, da CR/67 – que no ponto se aplica integralmente à análise proposta –, Pontes de Miranda esclarece o seguinte:

A Constituição de 1891 nada dizia sôbre *êsses crimes praticados em detrimento de bens, serviços ou interêsses da União.* A Constituição de 1934, art. 81, i), mencionou os 'crimes praticados em prejuízo de serviços e interêsses da União', o que dizia o mesmo, pois 'bem' cabe no conceito de interêsses. O texto de 1967, aí, corresponde ao de 1946. *A lei que repute de outra competência o julgamento de tais crimes é inconstitucional.*[7]

Segundo a posição do autor, não é possível que uma regra infraconstitucional afaste da competência da Justiça Comum Federal os crimes praticados em detrimento de interesses da União, pois esta previsão seria materialmente incompatível com a Constituição. Em sentido análogo, é possível aplicar o mesmo raciocínio doutrinário exposto acima para se concluir que a definição dos *interesses* da União, para efeitos de fixação de competência processual penal, não compete à legislação infraconstitucional, de modo que é somente a partir da CR/88 que se pode definir o que seja ou não interesse da União. Pensar de outra forma seria permitir que a competência processual penal da Justiça Comum Federal fosse esvaziada (ou

---

5   Nesse sentido, cf.: STJ - CC 146.373, Rel. Min. Reynaldo Soares da Fonseca, DJe 17.5.2016.

6   Na jurisprudência: "Por lesar diretamente os interesses da União, o crime de moeda falsa deve ser processado e julgado perante a Justiça Federal." (STJ - CC 79.889, Rel. Min. Jane Silva (Des. Conv. TJ/MG), DJe 4.8.2008).

7   PONTES DE MIRANDA, Francisco Cavalcanti. *Comentários à Constituição de 1967.* Tomo IV (Arts. 113-150, § 1º). São Paulo: Revista dos Tribunais, 1967, p. 210 (gn).

124 GRUPO MODERNAS TENDÊNCIAS DO SISTEMA CRIMINAL

assoberbada) a partir da simples previsão em texto infraconstitucional de que o crime 'x' atinge um interesse da União ou de que o crime 'y' não afeta interesse da União, independente de qualquer análise sistemática a respeito das atribuições, competências e deveres constitucionais inerentes a este ente federado.

Sendo assim, é possível afirmar que a existência (ou ausência) de um interesse da União, para efeitos de fixação de competência processual penal, deve ser sempre firmada a partir de uma análise sistemática da CR/88, não sendo legítimo que regra infraconstitucional afaste a presença ou afirme a existência desses interesses. Obviamente, se existir previsão infraconstitucional nesse sentido que seja compatível com a sistemática constitucional (v.g. lei ordinária que afirme a competência federal para o processo e julgamento de crimes contra a organização do trabalho) não há que se falar em qualquer vício, porém, se a regra afirmar a competência federal ampliando as hipóteses constitucionais (v.g. lei ordinária que afirme ser de competência federal o crime de roubo, furto ou receptação de bem particular), deve-se reconhecer a sua inconstitucionalidade material.

6. Atribuições investigativas (panorama geral).

A investigação preliminar, por muito tempo, restou concebida no Brasil – salvo raras exceções[8] – como atividade de *menor importância*, como fase administrativa meramente informativa e preparatória de uma futura acusação (como se isso fosse pouco!). O reflexo dessa concepção autoritária, aliada à mentalidade inquisitorial ainda prevalente em nosso país, é sentida em *standards dogmáticos e jurisprudenciais*, como é o caso da afirmação segundo a qual *"exatamente por ser o inquérito policial peça meramente informativa, os vícios incorridos durante seu trâmite não contaminarão a ação penal ajuizada"*[9]. Por detrás desse tipo de afirmação se esconde, em realidade, um sem número de violações a direitos e garantias individuais.

A ruptura com essa mentalidade implica em fortalecimento da democracia processual e da própria atividade investigativa, o que passa pela superação da concepção autoritária que está na base da investigação preliminar brasileira[10].

---

8   A devida importância da investigação preliminar, aliada ao reconhecimento de um espaço necessário para o exercício de direitos e garantias individuais do cidadão - e, por consectário lógico, da efetivação da legalidade - era posição defendida, mesmo na vigência de um regime de exceção, por Joaquim Canuto Mendes de Almeida, que em 1937 defendeu na USP sua tese de livre docência intitulada *"A Contrariedade na Instrução Criminal"*, na qual defendia a possibilidade de atuação defensiva - ainda que limitada - no curso da fase investigativa, notadamente em decorrência dos efeitos nefastos que a investigação preliminar pode acarretar em desfavor do cidadão investigado. Posteriormente, as ideias básicas da tese restaram incorporadas em sua obra *"Princípios Fundamentais do Processo Penal"*, de 1973.

9   BONFIM, Edílson Mougenot. *Curso de Processo Penal*. 8ª ed. atual. São Paulo: Saraiva, 2013, p. 151. Na jurisprudência, dentre infindáveis exemplos: "2. A jurisprudência do Supremo Tribunal Federal estabelece que a suspeição de autoridade policial não é motivo de nulidade do processo, pois o inquérito é mera peça informativa, de que se serve o Ministério Público para o início da ação penal. Precedentes. 3. É inviável anulação do processo penal por alegada irregularidade no inquérito, pois, segundo jurisprudência firmada neste Supremo Tribunal, as nulidades processuais concernem tão somente aos defeitos de ordem jurídica pelos quais afetados os atos praticados ao longo da ação penal condenatória." (STF - RHC 131.450, Rel. Min. Cármen Lúcia, DJe 17.5.2016).

10 COUTINHO, Jacinto Nelson de Miranda. *Temas de Direito Processual & Processo Penal (por prefácios*

Uma via possível para esse câmbio epistêmico e de mentalidade transita – ou pode transitar – pelo reconhecimento de que a investigação deve ser orientada a partir da instrumentalidade constitucional, internalizando-se como fundamento da atividade investigativa a promoção da *máxima eficácia de direitos fundamentais* do cidadão investigado e do *eficaz funcionamento da Justiça*[11]. Assim, mantém-se o escopo investigativo de apuração do ilícito penal – sob o prisma da materialidade e indícios de autoria/participação – sem se descurar dos limites constitucionais e infraconstitucionais que funcionam como freio ao arbítrio estatal.

A aceitação dessa concepção *democrática* a respeito da investigação preliminar não é tarefa simples. Basta pensar, por exemplo, que mais de vinte anos após a vigência da CR/88 e do princípio da ampla defesa (art. 5º, LV) foi necessário que o STF editasse a Súmula Vinculante nº 14, para garantir ao cidadão investigado acesso aos atos investigativos produzidos em seu desfavor, com o intuito de exercitar atos inerentes à defesa. E mais recentemente, foi necessário dizer o óbvio, ao se reconhecer expressamente em lei que as funções de polícia judiciária são de natureza jurídica (art. 2º, da Lei 12.830/13).

Ainda assim, em que pese a enorme dificuldade no reconhecimento da importância da investigação preliminar – notadamente naquilo que diz com a afirmação de direitos e garantias individuais –, é possível identificar avanços legislativos efetivos na matéria, como é o caso do art. 2º, § 5º, da Lei 12.830/13, que ao dispor que "*a remoção do delegado de polícia dar-se-á somente por ato fundamentado*", concretiza os princípios constitucionais da legalidade e impessoalidade (art. 37, caput, da CR/88) no que diz com a atuação policial e incorpora, segundo parcela da doutrina, o *princípio do delegado natural*[12].

Essa garantia é de extrema importância no que tange às investigações. É que as atribuições investigativas, tanto da Polícia Federal como das Polícias Civis, vêm disciplinadas no texto constitucional (art. 144, § 1º, I e § 4º, da CR/88), que nesse aspecto funciona como mecanismo que, ao mesmo tempo, *atribui* poder de investigação a determinado órgão e exclui – ou deveria excluir[13] – os demais órgãos da atividade investigativa. Trata-se de concretização do princípio da legalidade aplicável aos órgãos do Executivo, que somente permite a atuação da administração pública em hipótese de autorização legal expressa, evitando afetações subjetivas e pessoalizadas de determinadas investigações a determinadas pessoas ou órgãos.

---

selecionados). Rio de Janeiro: Lumen Juris, 2010, p. 32.

11 LOPES JUNIOR, Aury; GLOECKNER, Ricardo Jacobsen. *Investigação Preliminar no Processo Penal*. 5ª ed., rev. atual. e ampl. São Paulo: Saraiva, 2013, p. 97-102.

12 PACELLI, E.; FISCHER, D. *Comentários ... op. cit.*, p. 13; TÁVORA, Nestor; ALENCAR, Rosmar Rodrigues. *Curso de Direito Processual Penal*. 10ª ed. Salvador: JusPodivum, 2015, p. 118.

13 ROSA, Alexandre Morais da. *Guia Compacto do Processo Penal Conforme a Teoria dos Jogos*. 3ª ed. rev. atual e ampl. Florianópolis: Empório do Direito, 2016, p. 225-226: "(...) como atividade exercida pelo Estado em face da invasão de Direitos Fundamentais, somente pode se dar por meio de Instituições reconhecidas pela normatividade, ou seja, não se pode investigar fora do contexto democrático."

7. Atribuições investigativas da Polícia Federal.

A CR/88 reservou à Polícia Federal a função de polícia investigativa nas hipóteses de *"infrações penais contra a ordem política e social ou em detrimento de bens, serviços e interesses da União ou de suas entidades autárquicas e empresas públicas, assim como outras infrações cuja prática tenha repercussão interestadual ou internacional e exija repressão uniforme, segundo se dispuser em lei"* (art. 144, § 1º, I, da CR/88). Por outro lado, *"às polícias civis, dirigidas por delegados de polícia de carreira, incumbem, ressalvada a competência da União, as funções de polícia judiciária e a apuração de infrações penais, exceto as militares"* (art. 144, § 4º, da CR/88).

Um cotejo entre as regras constitucionais postas em análise evidencia que as atribuições investigativas das Polícias Civis são residuais: *"caberá a elas [Polícias Civis] investigar os crimes que não são objeto de inquérito policial militar, nem investigados mediante inquérito policial atribuído à Polícia Federal."*[14]

A Polícia Federal, por seu turno, possui atribuições investigativas que podem ser compreendidas em dois grandes 'blocos', segundo exegese da regra do art. 144, § 1º, I, da CR/88: *(a)* a *primeira parte* do dispositivo legal vincula a investigação da Polícia Federal aos crimes que são de competência da Justiça Comum Federal e; *(b)* a *segunda parte* da precitada regra contempla *delegação constitucional* para que, mesmo em hipótese de crime de competência não federal, regra infraconstitucional possa afetar a investigação à Polícia Federal. Os pressupostos constitucionais para a *delegação* investigativa à Polícia Federal são cumulativos e consistem na repercussão internacional/interestadual do crime e na exigência de repressão uniforme.

A partir dessas duas hipóteses, necessário averiguar se todos os crimes tipificados na Lei 13.260/16 efetivamente estão englobados nas atribuições investigativas da Polícia Federal, ou se há espaço (constitucional e legal) para a investigação de atos terroristas pelas Polícias Civis. Em outros termos, necessário investigar se a regra do art. 11, da Lei 13.260/16, ao dispor que a investigação de todo e qualquer ato de terrorismo é atribuição da Polícia Federal, é compatível com o texto constitucional.

Nesse sentido, a primeira parte do art. 144, § 1º, I, da CR/88 atribui poderes de investigação à Polícia Federal em relação aos crimes de competência da Justiça Comum Federal (art. 109, da CR/88). Não há, nas regras que definem a competência federal, previsão expressa a respeito do crime de terrorismo[15] como ocorre, por exemplo, em relação aos crimes contra a organização do trabalho (inc. VI). Assim, em interpretação do art. 109, da CR/88, é possível que os crimes da Lei

---

14 BADARÓ, Gustavo. *Processo Penal.* 3ª ed. rev., atual. e ampl. São Paulo: Revista dos Tribunais, 2015, p. 114.

15 A previsão de que os crimes de terrorismo, em sua integralidade, são processados e julgados pela Justiça Comum Federal (o que atrairia a atribuição investigativa da Polícia Federal) poderia ter sido objeto de regramento específico na CR/88, seja pelo legislador constituinte originário, seja pelo legislador constituinte derivado reformador, via Emenda Constitucional, precipuamente porque a questão do terrorismo vem tratada em norma constitucional originária (arts. 4, VIII e art. 5º, XLIII, da CR/88), não sendo novidade em nosso ordenamento jurídico

13.260/16 sejam de competência federal nos casos em que afetem *bem, serviço ou interesse da União* (inc. IV), quando assumam *caráter transnacional* (inc. V) ou quando praticados a bordo de navio ou aeronave (inc. IX). Ademais, sendo o crime de terrorismo conexo a crime federal, também seria possível a investigação pela Polícia Federal, tendo-se em vista que, segundo a posição dominante, refletida no enunciado da Súmula 122, do STJ, *"compete à Justiça Federal o processo e julgamento unificado dos crimes conexos de competência federal e estadual"*[16].

Portanto, a primeira parte do art. 144, § 1º, I, da CR/88, somente engloba a investigação do terrorismo pela Polícia Federal nas hipóteses acima delineadas, mas não em todo e qualquer caso de terrorismo, mesmo porque é possível conceber hipóteses em que o crime de terrorismo não afete bem, serviço ou interesse da União, que não detenha caráter transnacional, que não seja praticado a bordo de navio ou aeronave e/ou que não seja conexo a crime federal.

No contexto, parece equivocada a justificativa ao PLC 101/2015 – que originou a Lei 13.260/16 – no sentido de que *"A última alteração é permitir que a Polícia Federal possa atuar nesses crimes, já que as condutas tipificadas têm efeito para além das fronteiras de um Estado, repercutindo até mesmo fora do país."* O equívoco se justifica porque – como se verá adiante –, é possível formular hipóteses de atos terroristas que não sejam transnacionais, além do que nos casos de crimes interestaduais, a competência jurisdicional é como regra da justiça estadual[17] e a consequente investigação é, também de regra, desenvolvida pelas Polícias Civis e não pela Polícia Federal.

Por outro lado, a segunda parte do art. 144, § 1º, I, da CR/88 permite, nos casos expressos em lei, que em hipóteses de *'repercussão internacional/ interestadual'* e quando houver a necessidade de *'repressão uniforme'*, a Polícia Federal possa investigar crimes que não são de competência da Justiça Comum Federal.

Em que pese a indefinição e extrema abertura semântica das expressões *"repercussão internacional/interestadual"*[18] e *"repressão uniforme"*[19], o dispositivo constitucional restou regulamentado pela Lei 10.446/02[20], que em seu art. 1º definiu as hipóteses nas quais a investigação pela Polícia Federal é admissível, ainda que o crime não seja de competência da Justiça Comum Federal:

---

16 Em sentido diverso, na doutrina, compreendendo que nas hipóteses de conexão entre crime federal e estadual, deve-se promover a cisão dos casos: KARAM, Maria Lúcia. *Competência no Processo Penal.* 3ª ed., rev. e atual. São Paulo: Revista dos Tribunais, 2002, p. 78-79.

17 Nesse sentido é o teor da Súmula 522, do STF: "Salvo ocorrência de tráfico para o Exterior, quando, então, a competência será da Justiça Federal, compete à Justiça dos Estados o processo e julgamento dos crimes relativos a entorpecentes."

18 Não se sabe, por exemplo, se a *"repercussão"* é social, política, econômica ou jurídica.

19 Em decisão monocrática no RHC 57.487/STJ, publicada em 31.3.2015, o Min. Newton Trisotto, fundado em parecer do órgão do MP, entendeu que a expressão *"repressão uniforme"* "serve para harmonizar uma melhor atuação para os agentes de segurança pública, de modo que as diligências investigativas sejam realizadas de forma coerente, bem como aproveitadas para a efetiva e plena solução dos delitos."

20 Ainda assim, há precedentes que, mesmo antes da Lei 10.446/02, entendiam pela eficácia imediata da regra contida na segunda parte do art. 144, § 1º, I, da CR/88, possibilitando que crimes de competência da Justiça Comum Estadual fossem investigados pela Polícia Federal. Nesse sentido, cf.: TRF-4 - AMS 41.742, Rel. Amir José Finocchiaro Sarti, DJ 4.2.1998.

GRUPO MODERNAS TENDÊNCIAS DO SISTEMA CRIMINAL

Art. 1º - Na forma do inciso I do § 1o do art. 144 da Constituição, quando houver repercussão interestadual ou internacional que exija repressão uniforme, *poderá* o Departamento de Polícia Federal do Ministério da Justiça, sem prejuízo da responsabilidade dos órgãos de segurança pública arrolados no art. 144 da Constituição Federal, em especial das Polícias Militares e Civis dos Estados, proceder à investigação, *dentre outras*, das seguintes infrações penais: I – seqüestro, cárcere privado e extorsão mediante seqüestro (arts. 148 e 159 do Código Penal), se o agente foi impelido por motivação política ou quando praticado em razão da função pública exercida pela vítima; II – formação de cartel (incisos I, a, II, III e VII do art. 4º da Lei nº 8.137, de 27 de dezembro de 1990); e III – relativas à violação a direitos humanos, que a República Federativa do Brasil se comprometeu a reprimir em decorrência de tratados internacionais de que seja parte; e IV – furto, roubo ou receptação de cargas, inclusive bens e valores, transportadas em operação interestadual ou internacional, quando houver indícios da atuação de quadrilha ou bando em mais de um Estado da Federação; V - falsificação, corrupção, adulteração ou alteração de produto destinado a fins terapêuticos ou medicinais e venda, inclusive pela internet, depósito ou distribuição do produto falsificado, corrompido, adulterado ou alterado (art. 273 do Decreto-Lei nº 2.848, de 7 de dezembro de 1940 - Código Penal); VI - furto, roubo ou dano contra instituições financeiras, incluindo agências bancárias ou caixas eletrônicos, quando houver indícios da atuação de associação criminosa em mais de um Estado da Federação.

Parágrafo único. Atendidos os pressupostos do caput, o Departamento de Polícia Federal procederá à apuração de outros casos, desde que *tal providência seja autorizada ou determinada pelo Ministro de Estado da Justiça.* (gn)

Alguns aspectos da regra merecem análise mais detida.

Em primeiro lugar, a expressão *'poderá'*, contida na parte inicial do art. 1º, *caput,* da Lei 10.446/02, indica que mesmo em hipóteses de crimes com repercussão interestadual ou internacional e que exija repressão uniforme, a investigação não ocorra pela Polícia Federal. O texto legal possibilita que o Ministro de Estado da Justiça realize análise discricionária – baseada, portanto, em *conveniência* e *oportunidade,* nos limites da legalidade – a respeito da (des) necessidade de investigação desses crimes pela Polícia Federal. Assim, pode-se concluir que mesmo quando presentes os pressupostos constitucionais positivados no art. 144, § 1º, I, *segunda parte,* da CR/88, a investigação pela Polícia Federal não é automática.

Essa interpretação atende não apenas aos limites semânticos do art. 1º, *caput,* da Lei 10.446/02, como também se coaduna com o objetivo da investigação preliminar. É que a primeira fase da persecução penal tem por escopo angariar elementos para subsidiar o exercício do direito de ação pelo órgão de acusação, bem como evitar a formação de processos infundados/temerários, sem suporte empírico (*justa causa*) em face do cidadão. Logo, se a investigação dos crimes com repercussão interestadual/internacional – que exijam repressão uniforme e não sejam de competência federal – estiver sendo desenvolvida de forma efetiva por outro órgão investigativo *(v.g.* Polícia Civil), não há razão para transferir a investigação para a Polícia Federal.

Nesse sentido, a *discricionariedade* estaria vinculada a um juízo relativo à efetividade investigativa, ou seja, preenchidos os pressupostos constitucionais (art. 144, § 1º, I, *segunda parte,* da CR/88) e legais (art. 1º, *caput* e incisos, da Lei 10.446/02), haveria a possibilidade – e não a obrigatoriedade – de afetação da investigação à Polícia Federal, a depender de um juízo discricionário em relação à efetividade investigativa[21].

Em *segundo lugar,* o dispositivo legal em análise contém em seus incisos um rol de hipóteses que – não se cuidando de casos penais de competência federal –, podem ser investigados pela Polícia Federal. Em face da expressão *'dentre outras (...) infrações penais'* contida no art. 1º, *caput,* da Lei 10.446/02, é de se questionar: o rol de crimes previstos nos incisos do art. 1º é taxativo ou exemplificativo? A questão é oportuna para a presente análise na medida em que, no rol de hipóteses referidas nos incisos do art. 1º, da Lei 10.446/02, não se encontram os atos de terrorismo.

E a melhor interpretação parece ser no sentido de que o rol hipóteses nas quais – presentes os requisitos do art. 144, § 1º, I, segunda parte, da CR/88 – se admite a investigação pela Polícia Federal é taxativo.

Não se deve descurar para o fato de que a investigação preliminar, pensada a partir da instrumentalidade constitucional, representa garantia individual do cidadão e, portanto, deve ser exercitada pelo Estado segundo os limites da legalidade. Logo, permitir a transferência de poderes investigativos em face de todo e qualquer crime não federal, sem que haja previsão expressa nesse sentido, significa desbordar os limites da CR/88, possibilitando, em última análise, o esvaziamento dos poderes de outros órgãos investigativos – e a hipertrofia investigativa da Polícia Federal, por outro vértice – sem qualquer critério e sem definição de limites objetivos, permitindo-se eventual direcionamento (por critérios subjetivos e, portanto, alheios à impessoalidade) de determinados casos. Nessas hipóteses não haveria que se falar em discricionariedade que, por evidente, somente pode ser exercida nos

---

21 Esse argumento está encampado, *mutatis mutandis,* na lógica que orienta o incidente de deslocamento de competência da justiça estadual para a justiça federal (art. 109, § 5º, da CR/88). Segundo o STJ, o deslocamento de competência somente deve ser admissível em hipóteses de inércia, desídia ou impossibilidade efetiva de processar o caso na justiça estadual, causando risco de responsabilização da União no âmbito internacional: *"(...) as autoridades estaduais encontram-se empenhadas na apuração dos fatos que resultaram na morte da missionária norte-americana Dorothy Stang, com o objetivo de punir os responsáveis, refletindo a intenção de o Estado do Pará dar resposta eficiente à violação do maior e mais importante dos direitos humanos, o que afasta a necessidade de deslocamento da competência originária para a Justiça Federal, de forma subsidiária, sob pena, inclusive, de dificultar o andamento do processo criminal e atrasar o seu desfecho,* utilizando-se o instrumento criado pela aludida norma em desfavor de seu fim, que é combater a impunidade dos crimes praticados com grave violação de direitos humanos." - g.n. - (STJ - IDC 1, Rel. Min. Arnaldo Esteves Lima, DJ 10.10.2005). Em raciocínio analógico, as investigações de crimes não federais pela Polícia Federal somente devem ocorrer nos casos de inércia, desídia ou impossibilidade de investigação efetiva pelos demais órgãos investigativos com atribuição específica.

GRUPO MODERNAS TENDÊNCIAS DO SISTEMA CRIMINAL

limites da legalidade[22].

Ademais, fosse possível afetar à Polícia Federal a investigação de todo e qualquer crime não federal, não haveria razão para a existência dos incisos do art. 1º, da Lei 10.446/02. Em que pese a pouca discussão pretoriana sobre o tema, há precedente recente e específico do STJ[23] encampando a tese da taxatividade do rol contido nos incisos do art. 1º, da Lei 10.446/02:

As atribuições da Polícia Federal não se vinculam necessariamente ao âmbito de competência da Justiça Comum Federal, malgrado a evidente intersecção quanto aos crimes eminentemente federais. Contudo, o plexo de atribuições da Polícia Federal, delineada no rol *numerus clausus* da Lei 10.446/2002, caso dotadas de interestadualidade, abrangem, pois, infrações de competência penal residual da Justiça Comum Estadual. Nessas hipóteses, há concorrência de atribuições investigatórias entre Polícia Federal e a Polícia Civil, portanto, não há falar em avocação das atribuições da Polícia Judiciária da União. (STJ - RHC 57.487, Rel. Min. Ribeiro Dantas, DJe 17.6.2016).

Por outro lado, admitindo-se que o rol de crimes previstos nos incisos do art. 1º, da Lei 10.446/02 é taxativo, poder-se-ia questionar: quais seriam então as *"outras (...) infrações penais"* a que se refere o *caput* da regra? Uma possibilidade interpretativa seria considerar que, além dos crimes previstos no rol taxativo, também poderiam ser afetados à investigação pela Polícia Federal os crimes conexos de competência da justiça estadual (art. 76, do CPP) posição esta que inclusive se coaduna com a competência da justiça federal para processar e julgar conjuntamente os crimes federais e estaduais conexos (Súmula 122, do STJ). Ademais, através dessa interpretação não se esvazia o conteúdo da expressão *"outras (...) infrações penais"*, sem que se viole, por outro lado, o princípio da legalidade e a taxatividade das hipóteses de transferência de atribuições investigativas.

E por derradeiro, em *terceiro lugar,* deve-se indagar se, em face do parágrafo único, do art. 1º, da Lei 10.446/02, sempre será necessária a autorização do Ministro de Estado da Justiça para que a investigação de crimes não federais seja realizada pela Polícia Federal. A se seguir os critérios interpretativos anteriormente fixados, a resposta é afirmativa.

Se eventualmente se admitisse que o rol de hipóteses previstas nos incisos do art. 1º, da Lei 10.446/02 fosse exemplificativo – ou seja, em caso de interpretação ampliativa da regra –, poder-se-ia compreender o dispositivo legal no sentido de que nos casos expressos em lei – vale dizer, naqueles previstos nos incisos –, não haveria necessidade de autorização do Ministro de Estado da Justiça. E em outras

---

22 JUSTEN FILHO, Marçal. *Curso de Direito Administrativo.* 2ª ed., rev. e atual. São Paulo: Saraiva, 2006, p. 160.

23 A matéria, porém, está longe de ser pacífica. Em análise de pedido liminar no mesmo precedente citado (STJ - RHC 57.487), o Min. Rel. à época da decisão monocrática (Min. Newton Trisotto) afirmou que *"o diploma legal acima transcrito [Lei 10.446/02] elenca rol - não taxativo - de infrações de repercussão interestadual e internacional que exijam repressão uniforme a serem apurados, excepcionalmente, pela Polícia Federal."*

hipóteses não expressamente previstas nos incisos, a autorização do Ministro da Justiça seria necessária para a investigação pela Polícia Federal.

Porém, seguindo-se a interpretação restritiva do art. 1º, da Lei 10.446/02, tal como se propõe, a investigação de crimes não federais pela Polícia Federal somente é admissível nos casos expressos em lei, ou seja, somente nos casos disciplinados nos incisos da regra citada. Entendendo-se que a atribuição da Polícia Federal para a investigação de delitos não federais é *excepcional* e somente admissível no âmbito do rol taxativo previsto em lei, não haveria que se falar em uma *'carta branca'* para que se possa afetar à Polícia Federal a investigação de qualquer ilícito penal que apresente repercussão interestadual/internacional e necessidade de repressão uniforme, até mesmo porque o *caput* da regra sugere apenas a *possibilidade* de transferência investigativa (pelo significante *'poderá'* contido no *caput*) e não em *obrigatoriedade*.

Em outros termos, o limite legal de transferência de atribuições investigativas de crimes não federais é taxativo (sendo ainda possível a investigação das infrações penais conexas às do rol do art. 1º, da Lei 10.446/02). E se não há possibilidade de investigação, pela Polícia Federal, de crimes não federais, para além das hipóteses expressas na lei, parece consequência lógica que o Ministro de Estado da Justiça tenha de autorizar a investigação em todos os casos nos quais a transferência investigativa é possível, sob pena de se tornar letra morta o parágrafo único do art. 1, da Lei 10.446/02.

Assim, para além dos requisitos legais e constitucionais, há a necessidade de uma análise discricionária a respeito da *necessidade* da investigação pela Polícia Federal, que deve ser realizada pelo Ministro de Estado da Justiça. Essa análise deve ocorrer em todos os casos nos quais se cogite a transferência de atribuições investigativas para a Polícia Federal exatamente porque o rol de casos que admitem transferência é taxativo[24] e, portanto, não há outras hipóteses nas quais a transferência de atribuições é possível.

Em conclusão, uma análise da segunda parte do art. 144, § 1º, I, *segunda parte*, da CR/88, em um cotejo com as hipóteses de transferência de atribuições investigativas previstas nos incisos do art. 1º, da Lei 10.446/02, evidencia que o crime de terrorismo poderá ser investigado pela Polícia Federal quando implicar em violação de direitos humanos relativos aos quais o Brasil se obrigou a reprimir,

---

24 Nesse sentido, cf.: STJ - HC 66.008. Muito embora a discussão central desse precedente não seja a questão da autorização do Ministro da Justiça para a transferência da investigação, o tema restou abordado de forma tangencial, o que se fez nos termos do voto da Min. Rel. do *writ*, Maria Thereza Rocha de Assis Moura, nos seguintes termos: "Tal atuação da Polícia Federal, que pode ser considerada excepcional, foi regulamentada pela Lei nº 10.446/2002. Tal diploma legal, nos incisos do seu artigo 1º, estabeleceu um rol de infrações penais passíveis de apuração pela Polícia Federal - desde que preenchidos os pressupostos da repercussão interestadual ou internacional da conduta e a necessidade de sua repercussão uniforme. Já o p. único do mesmo artigo 1º previu que, atendidos os referidos pressupostos, o Departamento de Polícia Federal procederá à apuração de outros casos, desde que tal providência seja autorizada ou determinada pelo Ministro de Estado da Justiça. *Em suma: os delitos de competência da Justiça Federal são apurados pela Polícia Federal (CF, artigo 144, § 1º, parte inicial, e IV); excepcionalmente, é atribuída à Polícia Federal, também, a competência para a apuração de delitos de outras esferas de competência jurisdicional, desde que obedecidos os requisitos constitucionais (art. 144, § 1º, incisos I, parte final) e legais (Lei nº 10.446/2002)"* (gn).

GRUPO MODERNAS TENDÊNCIAS DO SISTEMA CRIMINAL

através de tratado ou convenção internacional (art. 144, § 1º, I, segunda parte, da CR/88, c.c. art. 1º, III, da Lei 10.446/02), ou ainda quando for praticado em conexão com as demais hipóteses previstas nos incisos do art. 1º, da Lei 10.446/02 e, em ambos os casos, a investigação somente será legítima se precedida de autorização pelo Ministro de Estado da Justiça.

8. Investigação de terrorismo pela Polícia Civil: (im)possibilidade?

De uma análise das regras constitucionais (art. 144, I, § 1º e IV) e infraconstitucionais (art. 1º, da Lei 10.446/02) que disciplinam os poderes investigativos da Polícia Federal, conclui-se que esse órgão exerce atribuições para investigar: (a) crimes federais de competência da justiça comum federal e crimes estaduais conexos aos federais e; (b) crimes não federais, desde que apresentem repercussão internacional ou interestadual, exijam repressão uniforme, estejam previstos nas hipóteses taxativas dos incisos do art. 1º, da Lei 10.446/02 (ou sejam conexos aos crimes desse rol), a depender de autorização pelo Ministro de Estado da Justiça. Foras dessas hipóteses, a investigação pela Polícia Federal é inconstitucional.

Pode-se afirmar, portanto, que os atos de terrorismo – e todos os tipos penais positivados na Lei 13.260/16 – serão investigados pela Polícia Federal quando: (a) forem praticados em detrimento de *bens, serviços e interesses* da União (art. 109, IV, da CR/88); (b) possuírem caráter transnacional (art. 109, V, da CR/88); (c) forem praticados a bordo de navio ou aeronave (art. 109, IX, da CR/88); (d) forem praticados em conexão com crime de competência da justiça federal (Súmula 122, do STJ); (e) implicarem violação de direitos humanos relativos aos quais o Brasil se obrigou a reprimir, através de tratado ou convenção internacional (art. 1º, III, da Lei 10.446/02), desde que haja autorização pelo Ministro de Estado da Justiça, ou; (e) forem praticados em conexão com as demais hipóteses previstas nos incisos do art. 1º, da Lei 10.446/02, desde que haja autorização pelo Ministro de Estado da Justiça.

E por exclusão, nas hipóteses em que a investigação não se enquadrar nestes critérios constitucionais e legais, a investigação será realizada pelas Polícias Civis, nos termos do art. 144, IV, da CR/88. Nesse sentido, é possível formular algumas hipóteses genéricas nas quais os crimes tipificados na Lei 13.260/16 poderão ser investigados pela Polícia Civil.

Um primeiro exemplo consiste no caso em que o crime de terrorismo *não afete bem, serviço ou interesse* da União. Imagine-se caso em que um cidadão é preso em flagrante trazendo consigo gases tóxicos capazes de promover destruição em massa (art. 2º, § 1º, I, da Lei 13.260/16), descobrindo-se posteriormente que esse indivíduo pretendia dissipar esse material em praça pública, com o fim provocar terror generalizado e de aniquilar parcela de um determinado grupo religioso que ali estaria realizando uma comemoração. Mesmo que esse indivíduo pudesse simpatizar ou pertencer a alguma célula terrorista estrangeira, se não existir vínculo específico entre esse ataque e o grupo transnacional, inexiste, no exemplo formulado, qualquer *interesse* específico da União ou mesmo transnacionalidade que atraia as atribuições investigativas da Polícia Federal.

No que diz especificamente com as hipóteses de transnacionalidade – que fazem com que o crime seja de competência federal (art. 109, V, da CR/88) e as atribuições investigativas, por consequência, sejam desempenhadas pela Polícia Federal –, deve-se ter em mente que a caracterização da internacionalidade do crime, segundo os precedentes recentes dos Tribunais Superiores, tem sido interpretada de forma bastante restritiva.

Veja-se, por exemplo, que nos casos de tráfico de drogas, tem-se considerado insuficiente para se reconhecer a internacionalidade do delito a simples procedência estrangeira do entorpecente[25], aplicando-se a mesma lógica para o tráfico de armas[26].

Igualmente, nos casos de pedofilia praticada através da internet, a internacionalidade do crime tem sido reconhecida como exceção e não como regra pois "*o fato de o suposto crime praticado contra menores ter sido cometido por meio da rede mundial de computadores (internet), não atrai, necessariamente, a competência da Justiça Federal para o processamento do feito*"[27], e assim "*necessária é a presença de indícios de crime transnacional (consumado ou tentado) para que seja firmada a competência da jurisdição federal (...) Não bastando riscos internacionais ou mesmo a potencialidade de dano transnacional, irrelevante é o site ou programa onde arquivado o material pornográfico infantil para a definição da competência.*"[28]

No mesmo sentido, em hipóteses nas quais a cogitação do crime e o início dos atos preparatórios se dá no Brasil e a execução ocorre no exterior, tem-se entendido pela inexistência da internacionalidade do delito[29].

Logo, seguindo-se a tendência jurisprudencial, o reconhecimento do caráter transnacional do terrorismo – que teria o condão de definir a atribuição investigativa da Polícia Federal – não seria a regra[30]. Seguindo-se os parâmetros

---

25 Nesse sentido: STJ - CC 144.030, Rel. Min. Reynaldo Soares da Fonseca, DJe 2.3.2016; STJ - HC 297.028, Rel. Min. Rogério Schietti Cruz, DJe 6.11.2015, dentre outros.

26 "(...) para a configuração do tráfico internacional de arma de fogo não basta apenas a procedência estrangeira do armamento ou munição, sendo necessário que se comprove a internacionalização da ação" (STJ - CC 105.933, Rel. Min. Jorge Mussi, DJe 20.5.2010).

27 STJ - CC 121.215, Rel. Min. Alderita Ramos de Oliveira (Des. Conv. TJ/PE), DJe 1.2.2013.

28 STJ - CC 128.140, Rel. Min. Rogério Schietti Cruz, Rel. p/ Ac. Min. Néfi Cordeiro, DJe 2.2.2015.

29 "Competência – Homicídio praticado por brasileiro no exterior – Tribunal do júri estadual. O cometimento de crime por brasileiro no exterior, por si só, não atrai a competência da Justiça Federal, sendo neutra, para tal fim, a prática de atos preparatórios no território nacional." (STF - HC 105.461, Rel. Min. Marco Aurélio, DJe 2.8.2016).

30 Veja-se exemplo no qual não há que se falar em transnacionalidade do terrorismo ou mesmo em prática terrorista que afete bem, serviço ou interesse da União: "Da mesma forma como ocorre com o crime de tráfico de drogas, as "células terroristas" podem se instalar em um Estado e não necessariamente, em razão da vasta dimensão territorial que possuem os Estados brasileiros, praticarem os crimes definidos como "terroristas" com repercussão Estadual, sem, contudo, [que] atinjam bens, serviços ou interesses da União, podendo, por exemplo, o agente terrorista, por preconceito de raça, cor, etnia ou religião, com o fim de causar terror social ou generalizado, por meio de explosivos, atentar contra a vida e a integridade física de dezenas de pessoas em transportes coletivos, sabotando o funcionamento de uma malha viária intermunicipal. Neste exemplo não há em absoluto, nenhuma congruência com o texto constitucional, seja no art. 109, IV e art. 144, §1, I,

jurisprudenciais, poder-se-ia afirmar, por exemplo, que o simples fato de o cidadão ser membro de grupo terrorista sediado no exterior seria insuficiente para se determinar a transnacionalidade do delito, caso não fosse demonstrada a efetiva prática de atos de execução em âmbito internacional e nacional.

Outra ordem de casos nos quais a investigação seria atribuição das Polícias Civis e não da Polícia Federal seria aqueles nos quais, mesmo presente a repercussão interestadual ou internacional do delito, o crime não se enquadre nas hipóteses taxativas dos incisos do art. 1º, da Lei 10.446/02. E mesmo nos casos em que o crime de terrorismo possa se enquadrar em alguma destas hipóteses, é possível que o Ministro de Estado da Justiça não determine a transferência de atribuições investigativas, quando se evidenciar que a investigação por outro órgão que não a Polícia Federal se desenvolve de forma efetiva.

Nesse sentido, é de se concluir que a segunda parte do art. 11, da Lei 13.260/16, ao prever que cabe *"à Polícia Federal a investigação criminal, em sede de inquérito policial"* de todos os crimes previstos nesta Lei, deve ser declarada inconstitucional, por afronta ao art. 144, § 1º, I e IV, da CR/88. Como alternativa para salvar o conteúdo da regra, poder-se-ia promover *declaração de nulidade parcial sem redução de texto*, porém com redução de sentido da regra em análise, para se concluir que a investigação dos crimes de terrorismo pela Polícia Federal somente ocorrerá quando compatível com as hipóteses do art. 144, § 1º, I, da CR/88, vale dizer, quando o ato terrorista for praticado contra *bem, serviço ou interesse* da União, quando praticado a bordo de navio ou aeronave, quando detiver caráter transnacional, ou quando se enquadrar nas hipóteses do art. 1º e incisos, da Lei 10.446/02 e, nestes últimos casos, houver autorização do Ministro de Estado da Justiça.

9. Competência processual penal e Juiz natural.

A primeira e terceira partes do art. 11, da Lei 13.260/16, tratam da competência processual penal para o processo e julgamento dos crimes tipificados na denominada *Lei Antiterror*. Segundo a previsão legal, o crime de terrorismo é necessariamente praticado contra *interesse* da União e, por força do art. 109, IV, da CR/88, a competência para o processo e julgamento dos ilícitos penais positivados na *Lei Antiterror* são de competência da Justiça Comum Federal.

Ao dispor sobre a competência processual penal, o dispositivo legal visa concretizar o princípio do Juiz Natural que, segundo a sistemática constitucional, possui uma vertente negativa (vedação de *Tribunais de Exceção*) e outra positiva (*julgamento por órgão jurisdicional competente*). Trata-se, como se sabe, de matéria de importância nodal no âmbito das garantias individuais do cidadão, na medida em

---

ambos da CR. Não haverão [crime praticado em] detrimento de bens, serviços ou interesse da União, nem, contudo, repercussão interestadual, [que] necessite de investigação que dependa de repressão uniforme." BARBOSA, Ruchester Marreiros. *A inconstitucionalidade do art. 11 da Lei Antiterrorismo*. Disponível em: http://canalcienciascriminais.com.br/artigo/a-inconstitucionalidade-do-art-11-da-lei-antiterrorismo. Acesso em 7 ago. 2016.

que concretiza postulados inerentes à legalidade processual penal[31], bem como à isonomia entre os jurisdicionados e à imparcialidade jurisdicional[32].

E na medida em que a regra do art. 11, da Lei 13.260/16 versa sobre a *competência material constitucional* – ao dispor que os crimes tipificados na Lei *Antiterror* afetam interesses da União e são necessariamente de competência da Justiça Comum Federal –, imperioso que se verifique a compatibilidade da previsão infraconstitucional com a CR/88, pois não é cabível que regra infraconstitucional amplie ou restrinja a competência da justiça federal, determinando o que seja ou não um interesse da União. Em outros termos, deve-se identificar se a previsão do art. 11, da *Lei Antiterror,* na parte que diz com o juiz natural, é ou não constitucional do ponto de vista material.

Antes, porém, uma breve incursão em relação à garantia do juiz natural é necessária.

10. Juiz natural (vedação de Tribunais de Exceção).

Em sua vertente *negativa*, o princípio do Juiz Natural está positivado no art. 5º, XXXVII, da CR/88, segundo o qual *"não haverá juízo ou tribunal de exceção"*, que dentre suas características precípuas, são constituídos para julgar um fato específico *(ad hoc)* e são constituídos após a ocorrência dos fatos postos a julgamento *(ex post factum)*. Em que pese parcela da doutrina compreender a garantia do ponto de vista exclusivo da investidura do órgão jurisdicional[33], não se pode negar que, ao compor um dos núcleos da garantia do Juiz Natural, a vedação de tribunais de exceção também tem por escopo evitar manipulações para subtrair o caso penal do julgamento pelo órgão jurisdicional predeterminado por lei para exercer jurisdição[34]. E mais do que isso, a garantia visa evitar tanto a criação de órgão jurisdicional por ato normativo diverso da lei, como garantir que as regras infraconstitucionais sejam compatíveis com as regras constitucionais de fixação de competência:

O juízo processante e julgador há de ser previsto em lei ordinária, não por medidas provisórias ou provimentos administrativos, satisfeito o processo legislativo, inclusive de competências constitucionais. *Os juízos criados por dispositivos infralegais ou sem adesão constitucional são de exceção e, portanto, inconstitucionais.* (...) Também, no que tange ao processo legislativo, não se admite a criação de juízos *ad hoc,* ou seja, para processar e julgar um determinado caso ou conjunto de casos, em qualquer grau jurisdicional. Ocorrendo isso, haverá quebra da unidade abstrata e geral da lei e da garantia do juízo ordinário, predeterminado pela lei, instituindo-se um juízo de exceção. Também, não é de ser admitida a criação de

---

31 DIAS, Jorge de Figueiredo. *Direito Processual Penal.* reimp. da 1ª ed. de 1974. Coimbra: Coimbra Editora, 2004, p. 332.

32 COUTINHO, Jacinto Nelson de Miranda. "O Princípio do Juiz Natural na CF/88: ordem e desordem". In: *Revista de Informação Legislativa,* v. 45, n. 179, jul./set. 2008, p. 168.

33 BADARÓ, Gustavo. *Juiz Natural no Processo Penal.* São Paulo: Revista dos Tribunais, 2014, p. 125-126.

34 COUTINHO, J. N. M. *O princípio ... op. cit.,* p. 168.

juízos após a prática do fato *(tempus delicti)*, para processar e julgar aquele fato ou um conjunto deles. Do conteúdo da garantia do juízo predeterminado pela lei se extrai a vedação dos juízos *ex post factum*, vedando-se a retroatividade. O juízo assim instituído será considerado de exceção, afeto a interesses escusos, apartados dos jurídico-constitucionais, com a quebra da garantia e da constitucionalidade.[35]

S   endo assim, possível concluir que uma regra infraconstitucional que define competência em desacordo com a CR/88, além de obviamente ser inconstitucional do ponto de vista material, institui julgamento por *juízo de exceção*.

11. Juiz natural (Julgamento por juiz competente).

Em sua vertente *positiva*, o princípio do Juiz Natural vem previsto no art. 5º, LIII, da CR/88, que prevê a garantia individual de que *"ninguém será processado nem sentenciado senão pela autoridade competente"*. Igualmente, a garantia vem expressa em regras positivadas em tratados e convenções internacionais ratificadas pelo Brasil, como é o caso do art. 8.1, da Convenção Americana de Direitos Humanos, segundo o qual *"toda pessoa tem direito a ser ouvida, com as devidas garantias e dentro de um prazo razoável, por um juiz ou tribunal competente, independente e imparcial, estabelecido anteriormente por lei, na apuração de qualquer acusação penal formulada contra ela, ou para que se determinem seus direitos ou obrigações de natureza civil, trabalhista, fiscal ou de qualquer outra natureza."*

A fixação do órgão jurisdicional competente decorre da aplicação isonômica de um conjunto de princípios e regras que irão afetar cada caso penal e um único órgão jurisdicional[36]. Nas palavras de Jacinto Nelson de Miranda Coutinho:

Essa é a razão pela qual a *competência é exclusiva de quem a detém e excludente dos demais*, tudo de modo a se chegar, a partir dos critérios de sua distribuição, a um juízo único para o ato processual – ou atos –, ou seja, o juiz natural. Nada, porém, de difícil compreensão. É como se o crime 'agarrasse' o juiz, *mutatis mutandis* como na sucessão e o conhecido *droit de saisine: le serf mort* saisit *le vif, son hoir de plus proche*, ou, como na fórmula mais conhecida: le *mort saisit le vif.*[37]

Segundo Figueiredo Dias, a competência jurisdicional no processo penal comporta um aspecto tríplice, compreendido pelos planos da *fonte* (somente lei em sentido estrito define competência), *temporal* (a lei que define competência é a do momento da prática do fato em tese delituoso) e da *ordem taxativa* (o conjunto normativo que define a competência não permite escolhas discricionárias do órgão

---

35 GIACOMOLLI, Nereu José. *O devido processo penal: abordagem conforme a Constituição Federal e o Pacto de São José da Costa Rica.* São Paulo: Atlas, 2014, p. 258 (gn).

36 DIAS, J. F. *Direito ... op. cit.*, p. 329

37 COUTINHO, J. N. M. *O princípio ... op. cit.*, p. 173.

jurisdicional)[38]. Ainda nesse contexto, o doutrinador é categórico ao asseverar que a competência processual penal não pode decorrer de critérios de ocasião ou mesmo em nome de eventual *"razão de Estado"*:

O que o princípio [do juiz natural] quer proibir é apenas, como atrás dissemos, a criação post factum de um juiz, *ou a possibilidade arbitrária ou discricionária de se determinar o juiz competente. Em um caso como no outro estaríamos então, na verdade, perante actos políticos norteados somente pela raison d'Etat, que acabam por inevitavelmente se dirigir "a um tratamento discriminatório e por isso incompatível com os cânones do Estado-de-direito"*.[39]

Logo, pode-se concluir que a previsão constitucional de que todos serão julgados pelo órgão jurisdicional competente busca, através de critérios constitucionais e legais, predeterminar o juiz natural do caso penal, evitando-se que a fixação do juiz competente se dê através de critérios políticos, econômicos ou subjetivos.

12. Competência penal da Justiça Federal.

Em nosso ordenamento, a competência processual penal é definida segundo os critérios funcional *(ratione personae)*, material *(ratione materiae)* e territorial *(ratione loci)*, seguindo-se a tradicional divisão promovida por Giuseppe Chiovenda. Para o que aqui importa, o critério material é determinado de acordo com a natureza jurídica do delito. Assim, os crimes militares são processados e julgados perante a justiça militar (arts. 124 e 125, §§ 3º a 5º, da CR/88), os crimes eleitorais (e os conexos da justiça comum federal e estadual) são processados na justiça eleitoral (art. 121, da CR/88, c.c. art. 35, II, do Código Eleitoral), os crimes federais são processados perante a Justiça Comum Federal (art. 109, da CR/88) e os crimes estaduais são processados e julgados na Justiça Comum Estadual, pela aplicação do critério residual (subsidiário ou negativo), que também é constitucional.

Sabendo-se que a maior parcela das atribuições investigativas da Polícia Federal se refere a crimes de competência da Justiça Comum Federal, foi necessário abordar anteriormente as regras constitucionais que definem a competência federal. Nesse contexto, são processados e julgados na justiça federal, segundo o art. 109, da CR/88, os crimes: políticos ou praticados em detrimento de bens, serviços e interesses da União, suas entidades autárquicas e empresas públicas (inc. IV); previstos em tratados ou convenções internacionais ratificados pelo Brasil, em hipóteses de extraterritorialidade da conduta (inc. V); que tenham sido objeto de deslocamento de competência, segundo a regra do art. 109, § 5º, da CR/88 (inc. V-A); contra a organização do trabalho e, nos casos previstos em lei, contra o sistema financeiro e a ordem econômico-financeira (inc. VI); praticados a bordo de navios ou aeronaves (inc. IX); e de ingresso ou permanência irregular de estrangeiro

---

38 DIAS, J. F. *Direito ... op. cit.*, p. 322-323.
39 *Idem, ibidem*, p. 326 (gn).

em território nacional (inc. X).

Como se vê, não há previsão expressa de que o crime de terrorismo seja de competência federal, também não sendo admissível – como pretende o art. 11, da Lei 13.260/16 – que regra infraconstitucional amplie ou reduza o sentido da expressão *"interesse da União"*, que deve ser compreendido a partir da sistemática constitucional.

Logo, é possível concluir que também no que se refere à questão da competência, a regra do art. 11, da Lei 13.260/16 é inconstitucional, seja por ampliar as hipóteses de competência material da justiça federal, seja por reduzir a competência constitucional residual da justiça estadual. Pode-se dizer que, ao dispor como competente a justiça federal para o processo e julgamento de todo e qualquer ato de terrorismo, a regra do art. 11, da Lei 13.260/16 viola tanto a garantia da vedação de tribunais de exceção como a do julgamento por órgão jurisdicional competente, na medida em *que prevê competência da justiça federal em contrariedade à CR/88.*

13. Hipóteses de competência federal.

A partir de uma análise das hipóteses constitucionais de competência da justiça comum federal previstas nos incisos do art. 109, da CR/88, pode-se concluir que os crimes de terrorismo serão de competência federal nos seguintes casos:

(a) quando forem praticados em detrimento de bens, serviços ou interesses da União (art. 109, IV): como exemplo, poder-se-ia formular hipótese em que o grupo terrorista planeja ataque com explosivos em prédio público federal, acarretando não apenas danos a bens da União, como também interrompendo momentaneamente os serviços federais ali desempenhados;

(b) quando o terrorismo for transnacional (art. 109, V): seria o caso, exemplificativamente, em que um terrorista planeja, de país lindeiro ao Brasil, um ataque em determinada praça pública, através de um *drone;*

(c) quando o crime for praticado a bordo de navio ou aeronave (art. 109, IX): como exemplo, ter-se-ia o caso em que um terrorista, visando eliminar um grupo étnico, aproveita-se da oportunidade em que parcela desse grupo se reúne para um evento em um transatlântico e, causando terror e pânico geral, solta gases tóxicos no navio;

(d) quando o crime de terrorismo for praticado em conexão com crime de competência da justiça comum federal: suponha-se que o terrorista roube um veículo pertencente a um órgão federal (v.g. Receita Federal do Brasil) e, ato contínuo, utilizando-se desse veículo, dirija-se à praça pública e atropele indistintamente os diversos transeuntes que ali estão em um evento público festivo.

É importante perceber que a definição da competência, muitas das vezes, decorre de peculiaridades inerentes ao caso concreto, sendo impossível formular hipóteses exaustivas que determinem a competência federal. No caso dos crimes de terrorismo, a situação é ainda mais complexa, tendo-se em vista a *diversidade de atos* que se enquadram no conceito legal de terrorismo, bem como a *pluralidade de formas* através das quais o crime pode ser praticado.

14. Hipóteses de competência estadual.

A partir do momento em que se tem definido quais são as hipóteses constitucionais nas quais está presente a competência penal da Justiça Comum Federal face à existência de um *interesse da União* (art. 109, IV, da CR/88), em decorrência da *transnacionalidade* do crime (art. 109, V), quando o terrorismo for praticado a bordo de navio ou aeronave (art. 109, inc. IX) ou quando os atos terroristas forem praticados em conexão com um crime de competência federal (Súmula 122, do STJ), pode-se afirmar, por exclusão, que as demais hipóteses de terrorismo são, por força da CR/88, processadas e julgadas na justiça comum estadual.

Para ficar em apenas um exemplo, imagine-se que o recente atentado terrorista ocorrido na cidade de Nice, em França, tivesse ocorrido no Brasil. Ou seja, um cidadão, mediante uso de veículo particular, imbuído das finalidades previstas no *caput* do art. 2º, da Lei 13.260/16, atropela diversas pessoas em praça pública na qual ocorre uma festa, matando e ferindo diversas delas. Sem adentrar em detalhes, suponha-se que essa ação preencha todos os requisitos para se qualificar como um ato terrorista. E que nenhum ato de execução tenha sido praticado no exterior. Qual seria o fundamento constitucional para fixar a competência desse caso penal na justiça comum federal? Nenhum. Cuida-se aqui de evidente hipótese de competência constitucional (residual) da justiça comum estadual.

Ademais, talvez não seja equivocado dizer que, pelas regras de competência positivadas em nosso ordenamento jurídico, a extragrande maioria dos atentados terroristas praticados em espaços públicos (v.g. explosões e tiroteios em praças, trens, shoppings, hoteis etc) seja de competência da justiça estadual[40], na medida em que não se preenche, nesses casos, nenhuma das hipóteses dos incisos do art. 109, da CR/88, que atraia a competência da justiça comum federal.

Dessa forma, a previsão do art. 11, da Lei 13.260/16, no sentido de que todo e qualquer crime de terrorismo deve ser processado e julgado na justiça comum federal é inconstitucional, dado ampliar indevidamente a competência federal, a partir da criação de hipóteses inexistentes de interesse da União e, ao mesmo tempo, subtraindo inconstitucionalmente estes mesmo crimes da competência (constitucional) estadual.

---

40 CALLEGARI, André Luís et al. *O crime de terrorismo: reflexões críticas e comentários à Lei de Terrorismo: de acordo com a Lei nº 13.260/2016*. Porto Alegre: Livraria do Advogado, 2016, p. 28: "(...) o terrorismo possui uma identidade inicial com os crimes comuns. Isto é, ele se utiliza, em regra, do cometimento de atos já tipificados na lei penal. A sua distinção dos crimes comuns se apresenta em um momento posterior, referente ao seu impacto social, que o torna mais grave do que o crime utilizado como meio. Essa circunstância mais grave é representada pela disseminação do sentimento de terror na população."

15. Possibilidade de federalização.

Em face da ratificação, pelo Brasil, tanto da Convenção Americana de Direitos Humanos (Decreto 678/92) como do Protocolo Adicional à Convenção (Decreto 2.754/98), passou-se a admitir – no âmbito do sistema regional de proteção dos Direitos Humanos – a responsabilização internacional do Estado brasileiro por violações de direitos humanos. A responsabilização, nestas hipóteses, é sempre da União[41]. É nesse contexto que, por força da Emenda Constitucional 45/04, inseriu-se no ordenamento o incidente de deslocamento de competência, no seguintes termos: *"nas hipóteses de grave violação de direitos humanos, o Procurador-Geral da República, com a finalidade de assegurar o cumprimento de obrigações decorrentes de tratados internacionais de direitos humanos dos quais o Brasil seja parte, poderá suscitar, perante o Superior Tribunal de Justiça, em qualquer fase do inquérito ou processo, incidente de deslocamento de competência para a Justiça Federal."* (art. 109, § 5º, da CR/88)

Trata-se de mecanismo através do qual se admite que casos investigados ou processados em âmbito estadual sejam deslocados para a justiça federal, em hipóteses de grave violações de direitos humanos, quando existir possibilidade concreta de responsabilização do Brasil no cenário internacional.

Em que pese se reconhecer as diversas críticas ao instituto – notadamente no que tange a abertura semântica das hipóteses constitucionais que autorizam o deslocamento[42] –, fato é que o Superior Tribunal de Justiça, em todos os casos nos quais se discutiu o deslocamento de competência, reconheceu a constitucionalidade do instituto.

No contexto dos IDC's julgados até o momento, são extraídos os seguintes critérios interpretativos para que o deslocamento do caso ocorra: *(a)* a expressividade abstrata do bem jurídico tutelado é insuficiente para o reconhecimento da *grave violação de direitos humanos; (b)* deve se verificar risco concreto de responsabilização do Brasil no cenário internacional, decorrente de obrigações assumidas em tratado ou convenção internacional subscrita pelo país; *(c)* deve-se demonstrar a incapacidade – oriunda de omissão, negligência, inércia estatal, falta de vontade política ou de condições materiais do Estado-membro – para a persecução penal; *(d)* deve-se atender ao princípio da proporcionalidade, reconhecendo-se que o IDC é instituto excepcional e que, portanto, não deve ser banalizado, sob pena de se esvaziar indevidamente a competência da justiça comum estadual.

Assim, sequer o argumento da possibilidade de responsabilização internacional do Brasil em hipótese de inefetividade na repressão ao terrorismo, em âmbito estadual, seria suficiente a justificar que todos os atos terroristas praticados em nosso território sejam investigados pela Polícia Federal e/ou processados e julgados na justiça comum federal, pois nas hipóteses em que a investigação seja de atribuição da Polícia Civil ou o processo e julgamento seja de competência

---

41 PIOVESAN, Flávia. *Direitos Humanos e o Direito Constitucional Internacional.* 11ª ed., rev. e atual. São Paulo: Saraiva, 2010, p. 315.
42 Nesse sentido, cf.: BADARÓ, G. *Juiz ... op. cit.*, p. 302-308.

estadual, se a repressão ao crime de terrorismo for deficitária por estes órgãos, o incidente de deslocamento de competência será cabível.

16. Respostas.

No início desse texto, foram formuladas três ordens de indagações, a repeito dos propósitos explícitos contidos na regra do art. 11, da Lei 13.260/16. Nesse momento, oportuno revisitar as indagações e sintetizar as respostas, a partir das análises dogmáticas efetuadas:

(a) Regra infraconstitucional pode definir o que *seja interesse da União?* Não. Os interesses da União são determinados a partir da sistemática constitucional, sendo que regra infraconstitucional que amplia ou limita esses interesses é inconstitucional.

(b) *Segundo* critérios constitucionais e infraconstitucionais, é correto afetar à Polícia Federal a investigação de todo e qualquer crime tipificado na Lei 13.260/16? Não. As hipóteses de investigação pela Polícia Federal decorrem de previsão expressa do art. 144, § 1º, I, da CR/88 (*crimes de competência da justiça federal),* bem como nas hipóteses taxativas previstas nos incisos do art. 1º, da Lei 10.446/02, desde que haja autorização do Ministro de Estado da Justiça. E nessas regras não há previsão expressa de que os atos terroristas sejam investigados pela Polícia Federal. Assim, os crimes de terrorismo serão investigados pela Polícia Federal apenas quando afetarem bem, serviço ou interesse da União, quando detiverem caráter transnacional, quando forem praticado a bordo de navio ou aeronave, quando forem praticado em conexão com crime de competência da justiça federal ou, ainda - nas hipóteses dos incisos do art 1º, da Lei 10.446/02 -, quando possuírem repercussão interestadual ou internacional, exigirem repressão uniforme e houver prévia autorização do Ministro de Estado da Justiça. Nos demais, casos, a investigação é de atribuição das Polícias Civis;

(c) É possível formular hipóteses de crimes de terrorismo que, a partir dos critérios constitucionais, não se enquadrem na competência da Justiça Comum Federal? Sim. Diferentemente do que dispõe o art. 11, da Lei 13.260/16, os atos tipificados como terrorismo nem sempre afetam um *interesse* da União, nos termos do art. 109, IV, da CR/88. Por outro lado, não há previsão expressa, no texto constitucional, de que todo e qualquer ato terrorista seja de competência da justiça comum federal. Dessa forma, a partir de uma exegese do art. 109, da CR/88, os crimes de terrorismo deverão ser processados e julgados na justiça comum federal apenas quando: *(i)* forem praticados em detrimento de bens, serviços ou interesses da União (inc. IV); *(ii)* possuírem caráter transnacional (inc. V); *(iii)* forem praticados a bordo de navio ou aeronave (inc. IX) ou; *(iv)* forem praticados em conexão com crime de competência da justiça federal (Súmula 122, do STJ).

Referências bibliográficas.

ALVARENGA, Aristides Junqueira. *A competência Criminal da Justiça Federal de Primeira Instância*. São Paulo: Saraiva, 1978.

BADARÓ, Gustavo. *Juiz Natural no Processo Penal*. São Paulo: Revista dos Tribunais, 2014.

BADARÓ, Gustavo. *Processo Penal*. 3ª ed. rev., atual. e ampl. São Paulo: Revista dos Tribunais, 2015.

BARBOSA, Ruchester Marreiros. *A inconstitucionalidade do art. 11 da Lei Antiterrorismo*. Disponível em <http://canalcienciascriminais.com.br/artigo/a-inconstitucionalidade-do-art-11-da-lei-antiterrorismo>. Acesso em 7 ago. 2016.

BONFIM, Edílson Mougenot. *Curso de Processo Penal*. 8ª ed. atual. São Paulo: Saraiva, 2013.

CALLEGARI, André Luís et al. *O crime de terrorismo: reflexões críticas e comentários à Lei de Terrorismo: de acordo com a Lei nº 13.260/2016*. Porto Alegre: Livraria do Advogado, 2016.

CARVALHO, Vladimir Souza. *Competência da Justiça Federal*. 3ª ed. Curitiba: Juruá, 1998.

COUTINHO, Jacinto Nelson de Miranda. *Temas de Direito Processual & Processo Penal* (por prefácios selecionados). Rio de Janeiro: Lumen Juris, 2010.

COUTINHO, Jacinto Nelson de Miranda. "O Princípio do Juiz Natural na CF/88: ordem e desordem". In: *Revista de Informação Legislativa,* v. 45, n. 179, jul./set. 2008, p. 168.

DIAS, Jorge de Figueiredo. *Direito Processual Penal*. reimp. da 1ª ed. de 1974. Coimbra: Coimbra Editora, 2004.

GIACOMOLLI, Nereu José. *O devido processo penal: abordagem conforme a Constituição Federal e o Pacto de São José da Costa Rica*. São Paulo: Atlas, 2014.

JUSTEN FILHO, Marçal. *Curso de Direito Administrativo*. 2ª ed., rev. e atual. São Paulo: Saraiva, 2006.

KARAM, Maria Lúcia. *Competência no Processo Penal*. 3ª ed., rev. e atual. São Paulo: Revista dos Tribunais, 2002.

LIMA, Renato Brasileiro de. *Manual de Competência Criminal.* Niterói: Impetus, 2013.

LOPES JUNIOR, Aury; GLOECKNER, Ricardo Jacobsen. *Investigação Preliminar no Processo Penal.* 5ª ed., rev. atual. e ampl. São Paulo: Saraiva, 2013.

PACELLI, Eugênio; FISCHER, Douglas. *Comentários ao Código de Processo Penal e sua Jurisprudência.* 8ª ed. rev., atual. e ampl. São Paulo: Atlas, 2016.

PIOVESAN, Flávia. *Direitos Humanos e o Direito Constitucional Internacional.* 11ª ed., rev. e atual. São Paulo: Saraiva, 2010.

PONTES DE MIRANDA, Francisco Cavalcanti. *Comentários à Constituição de 1967.* Tomo IV (Arts. 113-150, § 1º). São Paulo: Revista dos Tribunais, 1967.

ROSA, Alexandre Morais da. *Guia Compacto do Processo Penal Conforme a Teoria dos Jogos.* 3ª ed. rev. atual e ampl. Florianópolis: Empório do Direito, 2016.

TÁVORA, Nestor; ALENCAR, Rosmar Rodrigues. *Curso de Direito Processual Penal.* 10ª ed. Salvador: JusPodivum, 2015.

Art. 12.

O juiz, de ofício, a requerimento do Ministério Público ou mediante representação do delegado de polícia, ouvido o Ministério Público em vinte e quatro horas, havendo indícios suficientes de crime previsto nesta Lei, poderá decretar, no curso da investigação ou da ação penal, medidas assecuratórias de bens, direitos ou valores do investigado ou acusado, ou existentes em nome de interpostas pessoas, que sejam instrumento, produto ou proveito dos crimes previstos nesta Lei.

§ 1º - Proceder-se-á à alienação antecipada para preservação do valor dos bens sempre que estiverem sujeitos a qualquer grau de deterioração ou depreciação, ou quando houver dificuldade para sua manutenção.

§ 2º - O juiz determinará a liberação, total ou parcial, dos bens, direitos e valores quando comprovada a licitude de sua origem e destinação, mantendo-se a constrição dos bens, direitos e valores necessários e suficientes à reparação dos danos e ao pagamento de prestações pecuniárias, multas e custas decorrentes da infração penal.

§ 3º - Nenhum pedido de liberação será conhecido sem o comparecimento pessoal do acusado ou de interposta pessoa a que se refere o caput deste artigo, podendo o juiz determinar a prática de atos necessários à conservação de bens, direitos ou valores, sem prejuízo do disposto no § 1º.

§ 4º - Poderão ser decretadas medidas assecuratórias sobre bens, direitos ou valores para reparação do dano decorrente da infração penal antecedente ou da prevista nesta Lei ou para pagamento de prestação pecuniária, multa e custas.

por Gabriel Rodrigues de Carvalho

1. Medidas cautelares pessoais?

Diante da não rara utilização tanto do termo "assecuratórias" quanto da expressão "cautelar" para tratar de institutos diversos do processo penal[1], poder-se-ia questionar se o artigo 12 da Lei antiterrorismo, ao mencionar "medidas assecuratórias de [...] direitos" diria respeito a medidas cautelares prisionais. A resposta, porém, é negativa.

Analisando o próprio texto constante no *caput* do artigo e em seus

---

1   Vide HC 203953/PR do Superior Tribunal de Justiça, por exemplo, no qual o termo "medidas assecuratórias" se refere a prisões cautelares. Na doutrina mais atual, denomina-se tanto as prisões cautelares quanto sequestro de bens, hipoteca, etc... como "medidas cautelares penais", apenas diferenciando-as entre reais e pessoais. Nesse sentido, cf. LOPES JR., Aury. *Direito Processual Penal*. 11ª ed. São Paulo: Saraiva, 2014 e BARDARÓ, Gustavo Henrique. *Processo Penal*. 3ª ed. São Paulo: Revista dos Tribunais, 2015.

parágrafos, é possível verificar que o dispositivo *não trata de prisões cautelares*, como a prisão preventiva ou temporária. Ao mencionar "medidas assecuratórias", utiliza-se do termo adotado pelo Código de Processo Penal (Capítulo VI, do Título VI: "Das medidas assecuratórias"; vide artigo 125 e seguintes).

Assim, para a decretação de prisões cautelares em investigações e ações penais que tenham como objeto quaisquer dos crimes previstos pela Lei nº 13.260/2016, deve-se atentar aos artigos 282 e seguintes do Código de Processo Penal e à Lei nº 7.960/1989, essa em relação às prisões temporárias (por força de previsão expressa constante no artigo 18 da Lei antiterror).

2. Da demasiada preocupação da Lei antiterror com as questões patrimoniais.

Em uma legislação penal que trata da criação de crimes com altíssimas penas e com grande repercussão social como são, nos dias de hoje, os atos considerados "terroristas", é de se estranhar a escassa previsão legal a respeito de medidas cautelares prisionais (pessoais).

Se, por um lado, há motivos para comemorar (a previsão legal de medidas prisionais já se encontra, nos dias de hoje, extremamente "remendada", tendo sido alterada por diversas vezes - mais recentemente pela lei 12.403/2011; ademais, uma nova previsão legal, principalmente se inovasse nessa seara, poderia ser demasiado prejudicial, o que geralmente ocorre em leis - mais - punitivas[2]), no outro se tem a necessidade de ressaltar os motivos pelos quais a questão patrimonial recebe, na presente lei, uma atenção especial: trata-se da intenção brasileira de *"conquistar a imagem de economia sólida, segura e, portanto, atraente para investidores estrangeiros, especialmente grupos empresariais multinacionais e fundos de investimentos"*, como bem explica Gustavo Britta Scandelari ao tratar (nos comentários ao artigo 1º da Lei antiterror, nesta obra, aos quais se remete o leitor) dos argumentos supracanionais para a criminalização do terrorismo.

3. Medidas assecuratórias – Lei antiterror x CPP.

Embora a Lei 13.260/2016 se utilize do mesmo termo trazido também pelo Código de Processo Penal, qual seja: "medidas assecuratórias", não são muitas as semelhanças entre ambas as previsões legais.

Primeiro, tem-se o fato de prever medidas assecuratórias sobre "instrumentos do crime", o que não é objeto das medidas assecuratórias previstas pelo CPP.

Em verdade, sobre instrumentos do crime, o referido Codex prevê a busca domiciliar, prevista no artigo 240, § 1º, alínea "d", ou seja, na parte do CPP que

---

2 Tem-se, por exemplo, a Lei de crimes hediondos que, ao adentrar ao mérito de medidas prisionais, mostrou-se equivocada e populista, inclusive recaindo em inconstitucionalidade evidente, sanada apenas após produzir efeitos (inconstitucionais) na prática, como fora com a tentativa de vedar a concessão do benefício de liberdade provisória. Essa expressa vedação ocorreu também na Lei antidrogas, e os tribunais, tanto estaduais quanto superiores, ainda hoje emitem decisões para rechaçar prisões preventivas fundamentadas nessas vedações legais, o que demonstra os prejuízos que essa espécie de equívoco (?) ocasiona em face da liberdade individual.

trada "das provas".

Não se trata, aqui, de um equívoco da Lei antiterror em face do CPP, mas pode-se dizer que há uma diferença de sistemática já trabalhada por Aury Lopes Jr., por exemplo, para o qual a busca e apreensão poderia estar inserida no rol de medidas assecuratórias[3]. Aparentemente, essa foi a opção legislativa (intencional ou não) da lei antiterror.

A questão de fundo, porém, é mais ampla: as medidas cautelares patrimoniais saíram de um período de "profundo repouso", no qual eram pouco utilizadas na prática, passando a serem de uso reiterado, por vezes até de forma abusiva, meramente midiática[4]. Assim, a legislação sobre o tema se mostra defasada em face nos novos delitos com os quais o processo penal se depara (problema do CPP como um todo, diga-se), e o processo permanece, cada dia mais, "retalhado" pelas previsões supervenientes, carentes de uma unidade. Se a "colcha de retalhos" de que trata a legislação processual penal atual não causa (necessariamente) abusos, também não os evita, sendo tarefa da doutrina e da jurisprudência combate-los com os instrumentos que lhe caibam.

4. Medidas assecuratórias e o princípio da legalidade.

O Código de Processo Penal prevê medidas cautelares patrimoniais com dois fins diferentes:

> [...] o sequestro destina-se a assegurar o cumprimento do efeito da condenação consistente na perda do produto do crime. Já a inscrição e registro da hipoteca legal e o arresto prévio visam a reparação do dano causado pelo delito. Enquanto a primeira medida cautelar impede o lucro ilícito, as duas últimas asseguram a reparação do prejuízo causado a vítima.[5]

Embora a legislação antiterror não efetue, textualmente, essa diferença, entende-se que as "medidas assecuratórias" por ela previstas devem ser aquelas existentes no Código de Processo Penal. *Afinal, o processo penal, assim como o Direito penal material, está sujeito ao princípio da legalidade. Portanto, não poderá o juiz aplicar medidas que não sejam previstas pela legislação, quais sejam: o sequestro, a hipoteca legal, e o arresto.* Noutras palavras, não há o que se falar em um "poder geral de cautela", no qual o julgador possa "criar" uma medida

---

3   LOPES JR., Aury. *Direito Processual Penal,* p. 932.
4   Cf., nesse sentido, a crítica de LOPES JR., Aury. *Direito Processual Penal,* op. cit., p. 931-932: "No Brasil, durante muito tempo, as medidas assecuratórias permanecem em profundo repouso, sem utilização, tornando-se ilustres desconhecidas nos foros criminais. Mas isso é passado e, na última década, com a crescente expansão do direito penal econômico e tributário, as medidas assecuratórias estão na pauta do dia. Hoje, a pirotecnia das megaoperações policiais com seus nomes marcantes (uma interessante estratégia de *marketing* policial), para além das sirenes e algemas, conta com esse importante argumento: indisponibilidade patrimonial. Mais do que prender, engessar o patrimônio dos suspeitos passou a ser grande notícia, até porque, esteticamente, é embriagante ver no telejornal "as mansões cinematográficas e os caríssimos carros importados que serão sequestrados"".
5   BARDARÓ, Gustavo Henrique. *Processo Penal,* p. 1049.

cautelar contra "bens, direitos e valores" da pessoa indiciada/acusada.[6]

Dito isso, é possível verificar que o caput do artigo 12 trata da medida de sequestro ao mencionar o "produto ou proveito dos crimes previstos" na Lei em tela, aplicando-se os artigos 125 a 133 do Código de Processo Penal.

Quanto aos "bens, direitos ou valores" que sejam "instrumento" desses mesmos crimes, a medida (assecuratória?) cabível seria a busca e apreensão, cabendo a atenção aos artigos 240 a 250, também do CPP.

Por sua vez, quando o § 2º permite a "constrição dos bens, direitos e valores necessários e suficientes à reparação dos danos e ao pagamento de prestações pecuniárias, multas e custas decorrentes da infração penal" mesmo após "comprovada a licitude de sua origem e destinação", entende-se que as medidas cabíveis seriam a hipoteca legal e o arresto (artigos 134 a 143, todos do CPP).

5. Dos princípios das medidas cautelares reais.

Nada obstante, para a aplicação de tais medidas, exige-se alguns requisitos. O caput do artigo traz em seu corpo o requisito básico, consistente no *fumus commissi delicti*, ou os "indícios suficientes de crime previsto nesta Lei". Porém, embora outros elementos não constem no corpo do artigo, existem sim outras exigências para a aplicação do artigo 12, ora em tela.

Além das determinações constantes no próprio Código de Processo Penal, importa ressaltar que se aplicam às medidas assecuratórias princípios próprios das medidas cautelares como um todo, quais sejam: jurisdicionalidade, provisonalidade, provisoriedade, excepcionalidade e proporcionalidade[7].

A jurisdicionalidade exigiria, no caso, ordem judicial devidamente fundamentada para a aplicabilidade das medidas assecuratórias, podendo-se justificar essa noção a partir de alguns dispositivos Constitucionais, a começar pelo art. 5º, inc. LIV que, *in verbis*, determina que "ninguém será privado da liberdade ou de seus bens sem o devido processo legal". Ademais, tem-se o inc. IX do artigo 93 da Constituição, o qual positivou o princípio da fundamentação das decisões judiciais desde a Emenda Constitucional nº 45 de 2004.

A excepcionalidade das medidas cautelares reais, por sua vez, embora não possa ter uma aplicação prática como ocorre nas medidas cautelares pessoais (diz-se, aqui, a exigência de se verificar a possibilidade de medidas cautelares diversas da prisão antes da decretação de prisões provisórias), pode (e deve) ser vista em conjunto com o princípio da proporcionalidade, averiguando por meio dela, sua adequação, sua necessidade e sua proporcionalidade em sentido estrito[8].

---

6 Gustavo Bardaró, inclusive, é taxativo ao exaltar o princípio da legalidade nas medidas cautelares: "O princípio da legalidade também se aplica às medidas cautelares. No processo penal, mormente em tema de prisão processual, não existem medidas cautelares atípicas. Não há, como no processo civil, a previsão de um poder geral de cautela do juiz que o autorize a decretar medidas cautelares não previstas em lei". *In*: BARDARÓ, Gustavo Henrique. *Processo Penal*, p. 944-945.

7 LOPES JR., Aury. *Direito Processual Penal*, p. 933.

8 LOPES JR., Aury. *Direito Processual Penal*, p. 820.

A provisionalidade é outro princípio que deve receber atenção especial, eis que, "desaparecendo o suporte fático legitimador da medida"[9], por óbvio que a medida assecuratória cai por terra, consequentemente. Entretanto, vale dizer que, com isso, não desaparece, necessariamente, a *possibilidade* de se indiciar/acusar o indivíduo sobre o qual, antes, recaía medidas cautelares[10].

Possível aduzir, ainda, a provisoriedade, distinto do anterior por estar "relacionada ao fator tempo"[11], e que também não pode ser ignorado. Nas palavras de Gustavo Bardaró:

O provimento cautelar é provisório porque seus efeitos perdurarão até a superveniência de um evento sucessivo. A eficácia da medida cautelar perdurará até que seja proferido o provimento final. Do processo cognitivo ou executivo, este, sim, definitivo. No processo penal, a medida cautelar [...] patrimonial (por exemplo, o sequestro de bens) será eficaz até que ocorra o trânsito em julgado da sentença penal.[12]

Embora não prisionais, as medidas cautelares reais também constituem espécies de penas processuais. Assim, se o processo principal perdurar por tempo excessivo, não pode a constrição de "bens, direitos e valores" se perpetuar no tempo de forma desproporcional, podendo o juiz aquilatar sua necessidade em face da duração razoável do processo (considerando, inclusive, o art. 5º, inc. LXXVIII, da Constituição[13]).

6. Da atenção ao fundamento das medidas assecuratórias.

Além dos mencionados princípios, tem-se que, para a aplicação das medidas assecuratórias previstas na Lei antiterror, exige-se um requisito básico de uma medida cautelar, qual seja o seu fundamento. No que tange as medidas assecuratórias, esse fundamento se resume no *periculum in mora*[14].

---

9   LOPES JR., Aury. *Direito Processual Penal*, p. 812.
10 Interessante, aqui, salientar a diferença feita por Aury Lopes Jr. entre *juízos de possibilidade* e *juízos de probabilidade* para a constituição do *fumus commissi delicti* referente às prisões cautelares. Para o autor, "a decretação de uma prisão preventiva (ou qualquer outra prisão cautelar), diante do altíssimo custo que significa, é necessário um juízo e probabilidade, um predomínio das razões positivas. Se a possibilidade basta para a imputação, não pode bastar para a prisão preventiva, pois o peso do processo agrava-se notavelmente sobre as costas do imputado", *in*: LOPES JR., Aury. *Direito Processual Penal*, p. 852. Entende-se que essa noção é perfeitamente aplicável, também, às medidas cautelares reais. Não se quer comparar o peso da restrição da liberdade e da restrição de bens, mas quaisquer dessas restrições, primordialmente antes de uma sentença penal condenatória, deve ser a exceção, e o cuidado quando de sua aplicação deve ser significativo, servindo o raciocínio de juízos de probabilidade e possibilidade um instrumento eficaz para se evitar abusos por parte do Judiciário. Ademais, o *fumus commissi delicti* é requisito, também, das medidas assecuratórias, não havendo motivos para se utilizar do mesmo raciocínio aplicado para medidas prisionais.
11 LOPES JR., Aury. *Direito Processual Penal*, p. 813.
12 BARDARÓ, Gustavo Henrique. *Processo Penal,* p. 940.
13 "A todos, no âmbito judicial e administrativo, são assegurados a razoável duração do processo e os meios que garantam a celeridade de sua tramitação".
14 Se, nas medidas cautelares pessoais, a importação da noção de *periculm in mora* se mostrava inadequada, o mesmo não e pode dizer no âmbito das medidas cautelares reais, por força de "sua estreita vinculação com o interesse patrimonial a ser satisfeito na esfera cível". *In*: LOPES JR., Aury. *Direito Processual Penal*, p. 933.

É verdade que, quando se trata de bens direitos e valores que sejam "instrumento, produto ou proveito dos crimes previstos" na Lei antiterror, esse fundamento passa a ser secundário; tratando-se da apreensão (instrumento) ou sequestro (produto ou proveito) de bens, direitos e valores, esses terão origem ilícita, ou serão ilicitamente utilizados, bastando aqui o *fumus commissi delicti.*

A problemática, pois, reside quando o artigo 12, § 2º, permite a "constrição dos bens, direitos e valores necessários e suficientes à reparação dos danos e ao pagamento de prestações pecuniárias, multas e custas decorrentes da infração penal" *mesmo quando "comprovada a licitude de sua origem e destinação".* As medidas assecuratórias que se enquadram a tais situações, como dito, são a hipoteca legal e o arresto.

Entretanto, diante da (comprovada) licitude dos bens, inegável que o fundamento de tais (danosas) medidas ganha enorme relevância, uma vez que, como prevê expressamente o texto constitucional (a repetição, aqui, é necessária), "ninguém será privado da liberdade ou de seus bens sem o devido processo legal" (art. 5º, inc. LIV). Portanto, em atenção ao *due process, incumbe ao órgão acusatório demonstrar de maneira concreta e efetiva o risco de dilapidação do patrimônio lícito da pessoa indiciada/acusada, bem como o intento de fraudar o pagamento da indenização que venha se originar de sentença condenatória.*[15]

É Aury Lopes Jr. quem destaca a comum omissão do Poder Judiciário em, atualmente, desprezar o "imenso custo que representa" essas medidas na prática, ignorando uma cuidadosa análise do fundamento em tela:

À luz da presunção de inocência, não se pode presumir que o imputado irá fraudar a responsabilidade civil decorrente do delito, como também não se pode presumir que vá fugir, para decretar a prisão preventiva. A presunção de inocência impõe que se presuma que o réu irá atender ao chamamento judicial e assumir sua eventual responsabilidade penal e civil. Cabe ao acusador ou ao assistente da acusação demonstrar efetivamente a necessidade da medida. Trata-se da prova suficiente para dar conta do imenso custo da cautelar, baseada em suporte fático real, não fruto de presunções ou ilações despidas de base probatória verossímil.[16]

Assim, embora extremamente lamentável, não surpreendente a omissão legislativa quanto esse básico fundamento das medidas assecuratórias, sobre a qual nem a doutrina, nem a jurisprudência, poderão dar às costas.

Sua atenção pode se dar, inclusive, em face do caráter excepcional das medidas cautelares, visto acima, o qual é de enorme importância no *due process* almejado pelo texto constitucional.

Diga-se que, inclusive, tal comprovação deve se atentar, também, à proporcionalidade da medida, aquilatando sua gravidade, como dito, em face da

---

15 LOPES JR., Aury. *Direito Processual Penal*, p. 945.
16 LOPES JR., Aury. *Direito Processual Penal*, p. 945.

circunstância concreta demonstrada nos autos[17].

7. Outros pontos que merecem destaque.

7.1 Da alienação antecipada.

Quanto ao §1º do artigo 12, surge uma nova questão a ser enfrentada tanto pelo órgão que representa pela medida, quanto pelo Poder Judiciário. Para a autorização da alienação antecipada, necessária a efetiva demonstração do "grau de deterioração ou depreciação" dos bens sujeitos a medidas assecuratórias, bem como a "dificuldade para sua manutenção", o que, além de constituir verdadeiros requisitos da alienação antecipada, novamente exige uma *demonstração concreta* de sua constatação.

Ainda em face do § 1º, verifica-se que seu texto é idêntico àquele constante no art. 144-A do CPP, o qual foi incluído no referido Código através da Lei 12.694/2012, legislação essa que, dentre outras previsões, trata do "processo e o julgamento colegiado em primeiro grau de jurisdição de crimes praticados por organizações criminosas"[18], demonstrando que a alienação antecipada surge na legislação pátria a partir das ações legislativas voltadas ao combate da criminalização organizada.

7.2 Da liberação de bens.

O § 3º do artigo 12, por sua vez, trata do pedido de liberação de bens submetidos a medidas assecuratórias, o qual só poderá ser realizado pelo "acusado" (compreendendo aqui o indiciado, a nosso ver) ou de "interposta pessoa". Ao prever que o juiz pode "determinar a prática de atos necessários à conservação de bens, direitos ou valores, sem prejuízo" da alienação antecipada prevista no § 1º, entende-se que o legislador intenta permitir a nomeação de depositário ou administrador desses bens. É o que o Código de Processo Penal permite, remetendo à legislação civil, como se vê em seu artigo 139, *in verbis: "O depósito e a administração dos bens arrestados ficarão sujeitos ao regime do processo civil".*

7.3 Da "infração antecedente".

Ao final do dispositivo ora em tela, tem-se o § 4º, com uma redação um tanto quanto intrincada. Para ilustrar, tem-se que o § 2º do artigo 12, por exemplo, une em seu texto as passagens "reparação dos danos" e "pagamento de prestações

---

17 Possível aqui fazer remissão a outras características das medidas cautelares (reais e pessoais) trabalhadas por Gustavo Bardaró, quais sejam: a acessoriedade ("o provimento cautelar não é um fim em si mesmo, não tendo aptidão de solucionar e satisfazer a situação de direito material carecedora de tutela jurisdicional" e a preventividade (a "finalidade é prevenir a ocorrência de um dano irreparável ou de difícil reparação, durante o tempo necessário para que se desenvolva o devido processo legal"). *In:* BARDARÓ, Gustavo Henrique. *Processo Penal,* p. 939.

18 A referida lei, inclusive, trouxe em seu artigo 2º uma definição de "organização criminosa", embora tal previsão, para a doutrina, tenha sido substituída por aquela advinda da Lei 12.850/2013. Sobre o tema, cf.: BITENCOURT, Cezar Roberto, e BUSATO, Paulo César. *Comentários à lei de organização criminosa – Lei n.* 12.850/2013. São Paulo: Saraiva, 2014.

pecuniárias, multas e custas", possuindo uma leitura de fácil compreensão.

O § 4º, por sua vez, traz essas mesmas passagens, mas as separa por outras informações ("infração penal antecedente ou da prevista nesta Lei"), tudo isso ligado por uma *repetitiva* utilização da conjugação alternativa *"ou"*. Daí a confusa redação.

Dificultado ainda mais a compreensão, tem-se ainda o fato de que a decretação de medidas assecuratórias (seja para reparar danos, seja para pagamento de multas, custas ou prestações pecuniárias) relativas à infração penal "prevista nesta Lei", a nosso ver, já possui previsão no acima trabalhado § 2º do artigo 12. Com isso, entende-se que o cerne do § 4º reside no termo "infração penal antecedente", e medidas assecuratórias que com ela tenham relação. Uma redação mais adequada, salvo melhor juízo, seria: *"Poderão ser decretadas medidas assecuratórias sobre bens, direitos ou valores para reparação do dano ou para pagamento de prestação pecuniária, multa e custas decorrentes da infração penal antecedente".*

Assim, a problemática está na noção de "infração antecedente". Isso porque as medidas cautelares como um todo, como leciona Gustavo Bardaró, possuem uma inafastável característica, consistente na *referibilidade: a medida cautelar real deve ser aplicada em relação estrita ao crime objeto do processo* (no caso, um daqueles previstos na Lei antiterror):

> [...] no tocante às medidas cautelares patrimoniais, a referibilidade significa que, por exemplo, em um processo por corrupção, o sequestro de bens deva incidir sobre o proveito que o corrupto obteve por tal delito (o imóvel comprado com o dinheiro recebido), mas não poderá atingir outro bem, ainda que também ilícito, que seja proveito de crime diverso e que não integre tal processo, v.g., um carro comprado com dinheiro furtado.[19]

Dito isso, a única maneira de se adequar a previsão legal do § 4º com a inafastável característica da referibilidade seria num hipotético exemplo da prática de um determinado delito de forma antecedente àquele previsto na Lei antiterror, mas que com ele esteja relacionado no contexto fático, como por exemplo, a subtração (furto ou roubo) de um veículo a ser utilizado no transporte dos agentes que cometam o crime de "atentar contra a vida ou a integridade física de pessoa", previsto no artigo 2º, § 1º, inc. V, da Lei antiterror.

Diga-se que, para existir uma medida assecuratória sobre "infração penal antecedente", essa não poderá ser absorvida (princípio da consunção solucionando conflitos aparentes de normas) pela conduta "terrorista", pois, nesse caso, a medida cautelar real iria incidir sobre o próprio crime previsto na lei antiterror, sendo ineficaz a previsão que tratar de uma (inexistente) "infração antecedente".

---

19 BARDARÓ, Gustavo Henrique. *Processo...op, cit.*, p. 944.

8. Lei antiterror e o Projeto do novo Código de Processo Penal.

O texto existente no artigo 12 da Lei antiterror, como visto, apresenta divergências com as previsões do atual Código de Processo Penal. É sabido o quão defasado está o CPP atual, bem como os problemas que esse fato acarreta nas medidas cautelares reais. A legislação processual, com suas poucas reformas no capítulo referente a medidas assecuratórias, não acompanhou as evoluções decorrente dos últimos setenta e cinco anos, ao menos não aquelas decorrentes das questões patrimoniais e de como as medidas cautelares devem a elas se adequar.

Assim, tendo em vista o fato de que o combate ao terrorismo encontrou seu ápice no início do século XXI, a recente legislação antiterrorista brasileira não encontrou, no CPP de 1941, um texto que fosse adequado a esse moderno intento legislativo.

Talvez seja por esse motivo que o texto do artigo 12 da Lei antiterror tenha se utilizado de elementos que constam no Projeto de Lei 8045/2010 - o projeto do novo Código de Processo Penal, em trâmite no Senado Federal.

Ao prever "medidas assecuratórias de bens, direitos ou valores", a Lei 13.260/2016 se utilizou de texto semelhante ao artigo 615 do projeto do novo CPP, o qual prevê uma medida cautelar real inexistente no CPP atual: a *indisponibilidade de bens.* Veja-se:

Art. 615. O juiz, observado o disposto no art. 525, poderá decretar a indisponibilidade, total ou parcial, dos bens, direitos ou valores que compõem o patrimônio do investigado ou acusado, desde que a medida seja necessária para recuperar o produto do crime ou qualquer bem ou valor que constitua proveito auferido pelo agente com a prática do fato criminoso.

Essa medida, denominada de indisponibilidade de bens, ao tratar de "bens, direitos e valores", parece mais abrangente do que as medidas assecuratórias do atual CPP, as quais se limitam a mencionar "bens móveis e imóveis". Porém, conforme § 2º do artigo supracitado (do PL 8045), "A indisponibilidade de bens só é cabível quando ainda não se tenha elementos para distinguir, com precisão, os bens de origem ilícita daqueles que integram o patrimônio regularmente constituído", motivo pelo qual o projeto do novo CPP também traz em seu texto as medidas assecuratórias já existentes (sequestro de bens, especialização da hipoteca legal e arresto de bens, vide art. 612 do PL 8045).

Com essas pontuações, verifica-se que a eventual aprovação e promulgação do novo CPP, nos moldes em que hoje se encontra estruturado no projeto de lei em trâmite perante o Senado Federal, ao menos no que tange as medidas cautelares reais, não trará grandes divergências em relação a Lei antiterror; ao contrário, pois ao mencionar "medidas assecuratórias", encontrará no novo CPP mais semelhanças do que encontra no atual Código de Processo Penal.

Até lá, porém, em atendimento ao princípio da legalidade, a aplicação do artigo 12 da Lei antiterror deverá atentar ao que prevê o CPP vigente (repita-se) e, principalmente, aos princípios e fins das medidas cautelares como um todo, com especial relevância a atenção ao *periculum in mora* a ser comprovado quando da restrição de bens de origem lícita.

O texto do CPP é, de fato, defasado, mas desde 1988 sua aplicação deve se dar à luz da Constituição, sendo devida uma especial atenção aos direitos e garantias que limitam da atuação jurisdicional que restringe o patrimônio das pessoas indiciadas/acusadas, em especial as previsões a respeito do devido processo legal e da presunção de inocência; são elas que devem nortear, antes de tudo, a aplicação de medidas assecuratórias em inquéritos/processos que tratem dos delitos previstos pela Lei 13.260/2016.

Referências bibliográficas.

BADARÓ, Gustavo Henrique. *Processo Penal.* 3ª ed. São Paulo: Revista dos Tribunais, 2015.

BITENCOURT, Cezar Roberto, e BUSATO, Paulo César. *Comentários à lei de organização criminosa* – Lei n. 12.850/2013. São Paulo: Saraiva, 2014.

LOPES JUNIOR, Aury. *Direito Processual Penal.* 11ª ed. São Paulo: Saraiva, 2014.

Art. 13.

Quando as circunstâncias o aconselharem, o juiz, ouvido o Ministério Público, nomeará pessoa física ou jurídica qualificada para a administração dos bens, direitos ou valores sujeitos a medidas assecuratórias, mediante termo de compromisso.

por Leonardo Henriques da Silva

1. O administrador judicial como sujeito auxiliar do processo na Lei Antiterror.

A figura do administrador judicial encontra previsão expressa no âmbito da legislação civil, notadamente nos artigos 159 a 161 do vigente CPC e nos artigos 21 e 22 da Lei 11.101/05 (Lei de Falências e Recuperações Judiciais). Tradicionalmente a doutrina aponta como idênticos os múnus de administrador e de depositário, residindo a distinção no fato do depositário ser usualmente designado para exercer atividades de guarda e conservação de coisas submetidas à custódia judicial e o administrador possuir um papel mais ativo na gestão dos bens, sendo responsável por manter bens e estabelecimentos em atividade enquanto perdurar a constrição judicial[1].

Ainda que sem previsão expressa no CPP a importância desse sujeito auxiliar do processo é inegável no Processo Penal, particularmente quando se trata de crimes de expressiva repercussão econômica ou que envolvam ativos e recursos financeiros de vulto. Por melhores que sejam as intenções do magistrado responsável pela condução do processo-crime é certo que nem sempre ele contará com o tirocínio necessário para uma gestão adequada de ativos patrimoniais, ou mesmo tempo hábil para tanto. Por tal razão o legislador cuidou de prever expressamente que os bens submetidos às medidas assecuratórias mencionadas no art. 12 podem ser submetidos à administração de um terceiro nomeado pelo Juízo enquanto perdurar a constrição.

2. Escolha e qualificações do administrador judicial.

Em relação à pessoa do administrador é certo que sua escolha e designação são prerrogativa do Juízo, dispondo o artigo que a nomeação se dará "quando as circunstâncias o aconselharem". Tanto pessoas físicas quanto jurídicas podem ser nomeadas pelo Juízo para exercer o múnus, desde que possuam qualificações para tanto. É de se ter cautela neste particular, uma vez que a mera qualificação profissional como administrador de empresas ou gestor patrimonial, por si só, pode ser insuficiente para a adequada preservação e de ativos ou manutenção de atividades produtivas.

A qualificação do administrador, a nosso ver, deve guardar estrita relação com a natureza dos bens, direitos ou valores submetidos à constrição judicial, o que

---

1 Nesse sentido: BARBI, Celso Agrícola. *Comentários ao Código de Processo Civil*. Vol. I, 14ª edição, Rio, Forense, 2010, p. 465.

vale também para a pessoa jurídica (o estatuto social deve prever como objetivo da pessoa jurídica a administração de bens de terceiros, bem como seus funcionários e dirigentes devem ter formação compatível com a natureza dos ativos, direitos ou valores a serem administrados). Nesse sentido é possível recorrer à previsão do art. 21 da Lei 11.105/05 para fins de saneamento de lacuna na Lei Antiterror.

3. A intervenção do Ministério Público.

Aqui o Ministério Público atua de forma fiscalizatória, aferindo previamente se a pessoa física ou jurídica indicada pelo Juízo possui a capacidade necessária para assumir o múnus de administrador judicial. A manifestação do Ministério Público não se afigura vinculante ao Juízo, mas da leitura do artigo se deduz que tal ato é imprescindível à validade da nomeação na medida em que o juiz somente nomeará o administrador após a oitiva do representante ministerial.

Assim, incumbe ao juiz abrir vista dos autos ao Ministério Público após a indicação da pessoa física ou jurídica, para que ao menos seja dada ao seu representante a oportunidade de se manifestar quanto à indicação, seja concordando com esta ou mesmo questionando sua pertinência. Na ausência de vista ao Ministério Público é de se considerar configurada a nulidade da nomeação, uma vez que o artigo estabelece tal providência como essencial ao procedimento de nomeação.

4. A intervenção da Defesa.

Em que pese o artigo não mencionar expressamente é certo que na medida em que se concede vista dos autos ao Ministério Público para concordar ou impugnar a indicação do administrador judicial a Defesa também deverá ter a mesma oportunidade, seja para concordar, impugnar ou mesmo quedar silente. Ademais, no silêncio da lei nada impede que a Defesa venha a indicar uma pessoa física ou jurídica para assumir o múnus de administrador, respeitadas as exigências de qualificação técnica e profissional. Assim, podemos imaginar os sócios de uma empresa cujo patrimônio se veja submetido a medidas assecuratórias na forma desta lei indicando um funcionário da empresa que conheça profundamente suas atividades e seja plenamente capaz de administrá-la adequadamente durante a constrição judicial.

5. Meios de impugnação da nomeação de administrador judicial.

Inexplicavelmente a lei silenciou quanto a meios de impugnação contra a nomeação de administrador judicial, verificando-se que a hipótese em tela não corresponde a nenhum dos incisos do art. 581 do CPP. De toda forma, é certo que a nomeação de pessoa desqualificada ou mesmo com a imparcialidade comprometida caracteriza clara violação ao direito de propriedade do titular do ativo, direito ou valor acautelado e submetido à administração na forma desta lei, o que torna inafastável o cabimento de mandado de segurança para impugnar a nomeação já efetivada. Vale lembrar que a oitiva prévia do Ministério Público e da

Defesa pode e deve servir como importante forma de controle da legalidade da nomeação, em particular diante de vícios previamente conhecidos quanto à falta de qualificações ou de imparcialidade.

Referência bibliográfica

BARBI, Celso Agrícola. *Comentários ao Código de Processo Civil*. Vol. I, 14ª edição, Rio, Forense, 2010.

Art. 14.
A pessoa responsável pela administração dos bens:
I – fará jus a uma remuneração, fixada pelo juiz, que será satisfeita preferencialmente com o produto dos bens objeto da administração;
II – prestará, por determinação judicial, informações periódicas da situação dos bens sob sua administração, bem como explicações e detalhamentos sobre investimentos e reinvestimentos realizados.
Parágrafo único. Os atos relativos à administração dos bens serão levados ao conhecimento do Ministério Público, que requererá o que entender cabível.

por Leonardo Henriques da Silva

1. Remuneração pelo exercício da administração judicial.

Observa-se que o múnus de administrador de bens acautelados na forma desta lei não pode se dar a título gracioso. Com efeito, a complexidade da atividade e os melhores esforços do administrador judicial na gestão de ativos, direitos e valores tornam repulsiva ao senso comum eventual gratuidade no exercício do múnus. Dessa forma a lei estabelece que o administrador, seja ele pessoa física ou jurídica, tem direito a uma remuneração fixada pelo Juízo, cujo custeio recairá preferencialmente sobre os frutos civis das coisas administradas.

Ocorre que por vezes os bens administrados podem se mostrar insuscetíveis de gerar retorno financeiro, ou este pode se mostrar insuficiente para custear a remuneração fixada pelo Juízo. Nesse caso é de se entender que na medida em que o administrador é um auxiliar do Poder Judiciário o custeio da remuneração deverá recair sobre a Fazenda Nacional, sem prejuízo de eventual compensação pelo perdimento de bens em caso de condenação. Não se afigura razoável, assim como a gratuidade, a alienação de bens acautelados para tal finalidade, ressalvada a possibilidade de obtenção de frutos civis pela gestão de recursos financeiros obtidos a partir da venda de bens perecíveis por natureza.

2. A fiscalização do exercício da administração judicial.

A reforçar sua natureza de auxiliar do Poder Judiciário o artigo prevê a fiscalização direta do administrador judicial pelo Juízo no curso de suas atividades, devendo essa fiscalização se concretizar pela prestação de informações periódicas sobre os bens geridos, bem como sobre os eventuais resultados financeiros da gestão (lucros ou prejuízos). Além dessa fiscalização direta pelo Juízo há também previsão de fiscalização indireta pelo Ministério Público, na forma do parágrafo único, incumbindo a seu representante tomar conhecimento das informações prestadas ao Juízo e requerer o que entender de direito. Não se afigura impossível, por exemplo, a solicitação de informações adicionais caso o representante do Ministério Público identifique situações anômalas no curso da gestão.

E ainda que a lei não afirme resta evidente que o titular dos bens também pode solicitar informações sobre a gestão do administrador judicial, bem como ter acesso às informações prestadas ao Juízo. Em caso de recusa na prestação de tais informações, ou reputando-as insatisfatórias, o titular dos ativos, direitos ou valores acautelados poderá se valer de ação de prestação de contas ou até mesmo solicitar a apuração de eventual crime por parte do administrador judicial.

3. Responsabilidade penal do administrador judicial.

Por fim, aqui nos filiamos à corrente que defende a administração judicial como insuscetível de gerar a equiparação de seu encarregado a funcionário público para fins penais. Como se trata de um evidente múnus público a interpretação taxativa do art. 327 do Código Penal não permite a extensão da responsabilização ali prevista para quem não exerce cargo, emprego ou função pública. Dessa forma, ocorrendo eventual desvio de bens em proveito próprio no curso da gestão patrimonial o administrador judicial designado na forma da presente lei estará incurso no art. 168, § 1º, II, do Código Penal, em especial considerando que o administrador incorpora também a condição de depositário, como já exposto.

Nada impede, contudo, que na eventualidade do Juízo designar um servidor do Poder Judiciário para tal mister a condição antecedente de funcionário público prevaleça para fins penais, o que se justifica pela maior reprovabilidade do servidor ainda que no exercício do múnus.

Art. 15.

O juiz determinará, na hipótese de existência de tratado ou convenção internacional e por solicitação de autoridade estrangeira competente, medidas assecuratórias sobre bens, direitos ou valores de crimes descritos nesta Lei praticados no estrangeiro.

§ 1° - Aplica-se o disposto neste artigo, independentemente de tratado ou convenção internacional, quando houver reciprocidade do governo do país da autoridade solicitante.

§ 2° - Na falta de tratado ou convecção, os bens, direitos ou valores sujeitos a medidas assecuratórias por solicitação de autoridade estrangeira competente ou os recursos provenientes da sua alienação serão repartidos entre o Estado requerente e o Brasil, na proporção de metade, ressalvado o direito do lesado ou de terceiro de boa-fé.

por Acácio Miranda da Silva Filho

1. Tratado e convenção internacional.

As relações entre as pessoas internacionais dependem de regras capazes de regulamentá-las, diante disso, surgem as fontes de Direito Internacional Público, conforme indicado no artigo 38, do Estatuto da Corte Internacional de Justiça.

O tratado e a convenção internacional são expressões sinônimas, que correspondem a um ato jurídico através do qual os Estados, em conformidade a sua soberania, e as Organizações Internacionais, criam, modifiquem e extinguem direitos entre si (entre Estados, entre Estados e Organizações Internacionais).

No ordenamento jurídico brasileiro a adesão a um tratado depende dos pressupostos estabelecidos pelos artigos 84, inciso VIII, e 49, inciso I, ambos da Constituição Federal: O Presidente da República vai celebrá-lo, e, após, enviá-lo ao Congresso Nacional, para que este o aprecie, e, em caso de aprovação, haverá um Decreto Legislativo. Após, haverá o Decreto de promulgação.

A principal característica dos tratados diz respeito ao seu caráter *vinculante* e *obrigatório*[1] aos seus signatários.

O Brasil é signatário de inúmeros tratados e convenções internacionais, relacionados ao terrorismo: - Convenção para Prevenir e Punir os Atos de Terrorismo Configurados em Delitos Contra as Pessoas e a Extorsão Conexa, Quando Tiverem Eles Transcendência Internacional (Washington, 1971 – Promulgada pelo Decreto 3.018, de 1999); - Convenção Interamericana contra o Terrorismo (Barbados, 2002 – Promulgada pelo Decreto 5639, de 2005); - Convenção relativa às infrações e a certos outros atos cometidos a borde de aeronaves (Tóquio, 1963 – Promulgada pelo Decreto 66.250, de 1970); - Convenção para a Repressão do Apoderamento Ilícito de Aeronaves (Montreal, 1970 – Promulgada pelo Decreto 70.201, de

---

1 PIOVESAN, Flávia. *Direitos Humanos e o Direito Constitucional Internacional*. São Paulo: Saraiva, 2008, p. 48.

1972); - Convenção Internacional sobre a Supressão de Atentados Terroristas com Bombas (Assembleia Geral da ONU, New York, 1997 – Promulgada pelo Decreto 4394, de 2002); - Convenção Internacional para a Supressão do Financiamento do Terrorismo (New York, 1999 – Promulgada pelo Decreto 5.640, de 2005).

Vê-se, diante disso, que o Brasil dispõe de instrumentos jurídicos que permitem a sua cooperação jurídica no âmbito internacional com outros países, quando a motivação desta for atos ligados ao terrorismo e suas práticas.

2. A Cooperação jurídica internacional.

Partindo de alguns elementos trazidos pela doutrina mais abalizada[2], trata-se de instrumento de intercâmbio internacional para o cumprimento de medidas judiciais e extrajudiciais, desde que associadas à investigação, pelos Poderes Judiciários de países distintos, tendo em vista necessidade gerada pela soberania e as suas limitações territoriais.

3. A cooperação jurídica internacional na legislação pátria.

O Novo Código de Processo Civil estabelece duas formas de colaboração entre países, quais sejam: - a cooperação jurídica internacional (artigos 26 e 27); - e o auxílio direto (artigos 28 a 34).

A principal distinção entre eles é a autoridade de quem emanou a decisão a ser cumprida no Brasil.

Quando este decorrer de autoridade jurisdicional, a via a ser utilizada será a cooperação jurídica internacional, e, quando não decorrer diretamente de autoridade jurisdicional estrangeira, será o auxílio direto.

Tal distinção reverberará na liberalidade da autoridade brasileira no cumprimento da medida, pois, enquanto a cooperação jurídica internacional decorre de tratado, que tem caráter vinculante e obrigatório, o auxílio direto está sujeito à deliberação da autoridade acerca da sua realização, ou não.

Diante disso, de acordo com a aplicação conjunta do artigo 15, da Lei 13.260, de 2016, e do Código de Processo Civil, o pedido para a aplicação das medidas assecuratórias, no caso da existência de tratado nesse sentido, depende da recepção e da transmissão do pedido pela autoridade central brasileira, no caso, o Ministério da Justiça (artigo 26, inciso IV, do CPC) e se dará com fundamento em um dos incisos do artigo 27, do CPC.

4. Da dupla incriminação.

A dupla imputação corresponde à necessária tipificação do crime objeto de cooperação jurídica internacional no ordenamento jurídico dos dois (ou mais) países envolvidos no intercâmbio.

Este requisito pode ser consagrado no próprio acordo de cooperação, ou na legislação interna de um dos países cooperadores.

---

2   Nadia de Araújo, citada em BECHARA, Fábio Ramazzini. *Cooperação Jurídica Internacional em matéria penal*. São Paulo: Saraiva, 2011, p. 42.

O Brasil, por exemplo, exige esta dupla imputação no caso da cooperação jurídica internacional para a investigação ou persecução penal da Lavagem de Dinheiro, ou na extradição requerida por Estados estrangeiros (artigo 77, inciso II, da Lei 6815, de 1980).

Apesar disso, o Brasil também dispõe de acordos de cooperação onde essa exigência é desnecessária, como por exemplo, o celebrado com a Espanha, Canadá, e o MLAT Brasil/EUA[3].

No caso do MLAT, especificamente, o artigo XVI.2 estabelece que as medidas assecuratórias devem ser permitidas nas respectivas leis de cada um dos países. Apesar disso, um dos aspectos a serem ressaltados do artigo ora em comento diz respeito à indicação pelo legislador da expressão: *"...crimes descritos nesta lei praticados no estrangeiro"*.

Causa certa confusão a redação utilizada pelo legislador, visto que não há referência incisiva a dupla imputação, mas a prática de crimes descritos pela própria lei, perpetrados no estrangeiro.

A falta de precisão legislativa pode conduzir a algumas interpretações, quais sejam: a) o legislador fez referência à possibilidade de aplicação da regra nos casos em que o crime seja da competência do Brasil, mesmo quando praticado no estrangeiro, e as medidas assecuratórias sejam requeridas pelo Brasil para serem realizadas em outro país. Ocorre que, ao adotar-se esse entendimento, estar-se-ia diante de uma hipótese de extraterritorialidade, além das citadas no artigo 7°, do Código Penal; b) o legislador quis correlacionar as legislações dos países envolvidos na cooperação, ao exigir que os elementos dos tipos penais que configuram o terrorismo no Brasil também estejam presentes na legislação da outra parte – país, mesmo que esta correlação não seja em um tipo penal especificamente de terrorismo; c) há, apesar da pobreza da redação, a exigência do critério objetivo da dupla imputação, ou seja, é necessário que haja tipo (s) análogo (s) na legislação da outra parte – país.

Por fim, importa frisar que essa exigência só ocorrerá nos casos de cooperação jurídica passiva, ou seja, quando o outro país requer ao Brasil a aplicação das medidas assecuratórias, pois, no caso da ativa (pedido feito pelo Brasil a outro país) as regras serão definidas pelo outro país, quando obviamente não estiverem disciplinadas por tratado.

5. Da autoridade responsável pelo cumprimento da medida.

O artigo 15 da lei em comento é taxativo ao afirmar que caberá ao juiz, quando houver tratado e após solicitação da autoridade estrangeira, a decretação das medidas assecuratórias.

Conclui-se tratar do Juiz Federal (vide comentários ao artigo 11) competente para a decretação das medidas, segundo as regras de competência estabelecidas

---

3 · In Boletim do IBCCRIM n° 237 - Agosto de 2012. *Dupla Incriminação na Cooperação Jurídica Internacional.*

pelo Código de Processo Penal (artigo 69, e seguintes, além da observância dos artigos 125 e seguintes).

Por mais simples que seja essa conclusão, torna-se válido indica-la, uma vez que outros instrumentos de Direito Internacional, quando aplicados pelo Poder Judiciário Brasileiro, ensejam regramentos específicos relacionados a competência, como é o caso da Carta Rogatória, que é da competência do Superior Tribunal de Justiça, por exemplo.

6. Das medidas assecuratórias abrangidas pela lei.

O artigo 15 não é categórico ao indicar quais são as medidas assecuratórias a serem utilizadas em relação ao terrorismo, fato que pode gerar certa confusão, visto que o Código De Processo Penal traz em seu bojo algumas espécies (sequestro, hipoteca legal e arresto), enquanto os tratados e as convenções internacionais podem dispor sobre outras medidas, de forma mais ampla, de forma restrita ou até mesmo indicar a adoção do procedimento estabelecido internamente.

Cita-se, a título de exemplo, o Artigo 5°, da Convenção Interamericana sobre o Terrorismo, que trata do embargo e confisco dos fundos e outros bens, sem especificar quais são as medidas para tanto. Neste caso, o tratado afirma que serão adotados os procedimentos internos de cada pais.

Independentemente da amplitude de cada norma, entende-se que o sistema deve ser analisado de forma integrada, de modo que a existência de uma norma específica no tratado não pode repelir a utilização das normas previstas na legislação interna, assim como o oposto.

Diante disso, as 03 (três) medidas consagradas no Código de Processo Penal poderão ser aplicadas em qualquer circunstância, em conjunto ou complementação ao estabelecido no tratado, ou, como únicos instrumentos, na omissão deste.

Por fim, importa frisar que as medidas incompatíveis com as garantias do nosso sistema jurídico ou com a soberania nacional, a ordem pública e os bons costumes (artigo 17, LINDB) não terão aplicação, mesmo quando expressamente consagradas no tratado internacional.

7. Da reciprocidade.

A reciprocidade constitui a aceitação mútua de determinadas obrigações por um Estado soberano, quando o outro Estado aceita igualmente o seu conteúdo, só havendo necessidade da sua existência quando não há tratado ou convenção internacional regulando o tema, ou quando um, ou ambos, países não são signatários destes.

A lei em comento indicou a possibilidade na sua realização exatamente por isso. Como se sabe, alguns países recusam a assinatura de determinados tratados por entenderem que o conteúdo destes fere a sua soberania, ou por porque o conteúdo é contrário aos seus preceitos internos, por questões políticas, econômicas, ou por qualquer razão plausível.

Em relação a estes países, o Brasil poderá realizar a cooperação passiva, desde que o país assuma a obrigação de realizar para o Brasil quando necessária.

Referências bibliográficas.

BECHARA, Fábio Ramazzini. *Cooperação Jurídica Internacional em matéria penal.* São Paulo: Saraiva, 2011.

PIOVESAN, Flávia. *Direitos Humanos e o Direito Constitucional Internacional.* São Paulo: Saraiva, 2008.

Art. 16.
Aplicam-se as disposições da Lei 12.850, de 02 de agosto de 2013, para a investigação, processo e julgamento dos crimes previstos nesta Lei.

por Acácio Miranda da Silva Filho

1. Do Direito penal do inimigo: breves apontamentos.

Na concepção do excepcional jurista Gunther Jakobs[1], o Direito Penal do Inimigo não pretende contrapor duas esferas isoladas do Direito Penal – o do cidadão e o do inimigo -, mas de descrever dois polos de um só mundo ou de mostrar duas tendências opostas em um só contexto jurídico-penal.

Este concebeu a teoria do Direito Penal do Inimigo a partir da insuficiência dos elementos de pacificação social existentes, sob a perspectiva dos rebeldes, visto que esses não têm o condão de coibir comportamentos impulsivos, desregrados e repugnantes, diferentemente do que acontece com os cidadãos comuns, onde o Direito Penal atua com eficácia.

Nesta linha, os inimigos são taxados dessa forma em virtude da sua incapacidade de adequação aos instrumentos de pacificação social, ou, sob outra ótica, há a estigmatização das pessoas que não são alcançadas pelos instrumentos de pacificação comuns. A partir disso, surge a necessidade de serem instituídos novos meios de pacificação social, capazes de alcançar estes sujeitos "diferentes".

E nos dois pontos do parágrafo anterior estão os principais objetos merecedores de análise, pois, os terroristas e os membros de organizações criminosas, dentro da perspectiva do Direito Penal do Inimigo, são considerados os principais rebeldes, visto que as suas ações são contumazes, repugnantes, de enorme danosidade, e, apesar disso, os instrumentos jurídicos existentes são incapazes de alcança-los, seja sob o viés preventivo (pena), seja sob o viés concreto (materialmente e processualmente).

Diante disso, surge o discurso do combate a estes "inimigos" da sociedade, e, consequentemente, novas leis penais mais gravosas, novas instrumentos de investigação supostamente mais eficazes, novas ferramentas processuais, como é o exemplo das duas leis ora analisadas conjuntamente: 12.850, de 2013 e 13.260, de 2016.

O problema é que no afã de combater suficientemente estes "inimigos" são inobservadas garantias fundamentais, prerrogativas processuais, lições de política-criminal, entre outras conquistas fundamentais (Processo Penal de Terceira Velocidade e dicotomia Eficientismo versus Garantismo).

---

1 JAKOBS, Günther. *Direito Penal do Inimigo. Noções e Críticas.* Porto Alegre: Livraria do Advogado, 2012.

2. Da sobreposição do eficientismo em detrimento ao garantismo e o processo penal efetivo como solução?

A Lei 12. 850, de 2013, em substituição a Lei 9.034, de 1995, introduziu alguns meios de produção de prova, em complementação aos anteriormente consagrados pelo Código de Processo Penal, conforme redação do artigo 3°, caput, da Lei.

A análise destes evidencia a sua disposição acusatória, no sentido que há uma menor passividade dos órgãos de Estado, que poderão fazer uso de instrumentos mais incisos, e supostamente mais eficazes.

Conforme explicitado no item anterior, essa amplitude está justificada na suposta ineficiência dos instrumentos disponíveis, tendo em vista a evolução e a eficácia dos meios utilizados pelo "inimigo".

Ocorre que, essa expansão dos meios de prova atenta, em algumas hipóteses, as garantias e princípios processuais, tais como a ampla defesa, o contraditório, a paridade de armas, além de revelar uma tendência a retroagir para o Sistema Processual Inquisitivo, em detrimento ao Sistema Acusatório.

Importa salientar que esta não é uma tendência exclusiva da legislação brasileira. Países como os Estados Unidos[2], por exemplo, adotaram instrumentos ainda mais incisos, que aceitam o afastamento dos direitos e garantias fundamentais, sob o pretexto que os objetivos tutelados pela lei, dada a sua importância para a sociedade, justificam violações individuais.

Tecnicamente, essa sobreposição do bem coletivo aos direitos individuais, e o seu reflexo nos meios de prova, são decorrências do "eficientismo penal".
Este está associado ao Direito Penal Máximo, onde há uma maior atuação do Direito Penal como forma de repressão a condutas violadoras, somando-se ao Direito Penal de Emergência, onde há a utilização de uma política de resultados face a suposta impotência dos meios de repressão atuais.

Trata-se, portanto, de uma escola que pleiteia a máxima efetividade do controle social[3], e neste ponto os seus preceitos guardam consonância com o papel de "inimigo" dos terroristas e dos membros de organizações criminosas, uma vez que estes são os incapazes de adequarem-se a este controle social.

Alguns aspectos da Lei 12.850, de 2013, podem ser correlacionados ao eficientismo, na medida em que a sua utilização é permeada exclusivamente ao controle social. Como exemplo, pode-se citar a decretação da prisão preventiva de um acusado, exclusivamente para força-lo a realização da colaboração premiada. Veja que há o desrespeito aos requisitos para a decretação da prisão preventiva, e

---

2   O *USA Patriot Act* é um Decreto de 26 de outubro do 2001, da lavra do Chefe do Governo Norte Americano à época, que tem como foco principal o combate ao terrorismo e as suas causas. As medidas estabelecidas são bastante controversas, uma vez que permitem a gravação das conversas entre o acusado e o seu advogado, impedem que determinados acusados possam constituir o advogado da sua preferência, permite a prisão de suspeitos, mesmo sem a indicação de elementos mínimos de autoria e materialidade, interceptações sem autorização judicial, além do "interrogatório intensivo" do suspeito.

3   AMARAL, Alberto Carvalho. *O Conflito entre dois modelos de política criminal contraditórios. O eficientismo e o garantismo*. Conteúdo Jurídico: Brasília, 2008.

o descompasso na voluntariedade da colaboração premiada.

Em qualquer circunstância isso daria ensejo à revogação da prisão e à decretação da nulidade do ato, contudo, as circunstâncias "graves e excepcionais" fundamentam o desrespeito às garantias.

Como oposição a este Direito Penal Máximo e de Emergência, está o Garantismo Penal, desenvolvido pelo Professor Italiano Luigi Ferrajoli[4].

O garantismo está assentado em alguns parâmetros: - a racionalidade; - a justiça e a legitimidade da intervenção punitiva.

Diante disso, Sylvia Steiner, citada por Fábio Bechara[5], diz que o garantismo é *fruto da evolução humana, a partir do momento em que o delinquente passa a ser considerado sujeito de direitos, tutelado pelo estado, garantindo-se a ele o respeito devido, seja na fase pré-processual, durante o julgamento ou execução.*

Resta claro, portanto, que o garantismo apresenta limites à atuação do estado através do Direito e do Processo Penal, ao exigir que essa atuação seja proporcional, justa e nos estritos limites da legalidade.

Diante dos argumentos trazidos, resta claro que o sistema processual penal brasileiro teve seus pilares calcados no garantismo, e nos seus fundamentos, contudo, as recentes alterações legislativas evidenciam uma guinada ao eficientismo, e as suas consequentes medidas desproporcionais, tudo por conta de uma suposta violência crescente.

Isso fica ainda mais claro quando pensamos nas duas leis objetos de análise.

A fim de encontrar uma alternativa intermediária entre as duas correntes ideológicas, surge o Processo Penal Efetivo[6], que é *"um processo penal adequado ao projeto constitucional de vida digna para todos, inclusive aqueles que praticam condutas criminalizadas, o que exige, além do respeito aos limites semânticos ao exercício do poder penal, expressos tanto no texto constitucional quanto nos tratados internacionais de direitos humanos e textos legislativos infraconstitucionais (existentes e válidos), uma compreensão adequada das garantias penais e processuais (entendidas como limites intransponíveis à opressão; normas que perdem a legitimidade –e, portanto, podem ser afastadas – sempre que, diante do caso concreto, não sirvam de óbice à opressão), das finalidades do Estado e da atuação dos agentes estatais que tratam com o poder penal".*

Em suma, a persecução penal deve estar pautada nos limites de atuação estatal, pois, o desrespeito a estas sob a justificativa de combate aos inimigos não traz legitimidade ao estado, mas o torna igual ao inimigo.

---

4   FERRAJOLI, Luigi. *Direito e Razão.* São Paulo: Revista dos Tribunais, 2011.
5   *Op. cit.*, p.30
6   Expressão trazida por diversos autores. A título de referência utilizaremos a obra *processo penal do espetáculo,* e o conteúdo utilizado pelo seu autor, cf. CASARA, Rubens R. R. *Processo Penal do Espetáculo: Ensaios sobre o poder penal, a dogmática e o autoritarismo na sociedade brasileira.* Florianópolis: Empório do Direito, 2015, p.145.

3. Do processo penal de terceira velocidade.

Jesús María Silva Sánchez em sua consagrada obra *"A Expansão do Direito Penal – Aspectos da política criminal nas sociedades pós-industriais"*, dedica um capítulo inteiro ao desenvolvimento de uma Terceira Velocidade do Direito Penal. Segundo o doutrinador[7] *"o Direito Penal da pena de prisão concorra com uma ampla relativização de garantias político-criminais, regras de imputação e critérios processuais"*, ou seja, este sugere que há a junção de parte das características inerentes as duas velocidades anteriores (da primeira velocidade será extraída a prisão e da segunda será extraída a flexibilização das garantias do acusado).

Essa fusão decorre de fenômenos de delinquência que justificam uma maior repressão estatal, conforme já amplamente tratado nos dois tópicos anteriores (Direito Penal do Inimigo e Eficientismo Penal).

A fim de justificar a existência desse direito o autor indica (não se deve utilizar o verbo justificar, uma vez que esse deixa nítido que é contrário ao posicionamento) que o abandono do direito e a ausência da mínima segurança cognitiva na conduta do inimigo justificam um incremento das penas e a relativização das garantias substantivas e processuais.

Por fim, sustenta ainda que a existência de um direito dessa ordem depende de um contexto de absoluta necessidade[8], como forma de reação defensiva de fato aos atos dos excluídos (terroristas e membros de organizações criminosas).

E neste ponto está a reflexão, tendo em vista que as garantias construídas até aqui são frutos de séculos de lutas e conflitos, não podendo um discurso de medo, sem justificativas seguras e embasamento teórico, servir para o afastamento destas.

Os meios de prova indicados na Lei 12.850 indicam uma tendência a adoção da Processo Penal de Terceira Velocidade, especialmente a Delação Premiada, fato que merece atenção pelos operadores do direito, especialmente do órgão julgador, ele deve utilizá-la com ponderação e racionalidade.

4. Da distensão dos meios de prova.

Em primeiro lugar, cabe indicar que a denominação empregada no título do item é a trazida por Cezar Roberto Bitencourt e Paulo César Busato[9], a fim de indicar que a Lei 12.850, de 2013, ocasionou o estiramento dos meios de provas, no sentido de se admitir a utilização de "fórmulas específicas" para as condutas praticadas por uma organização criminosa (e agora em relação ao Terrorismo).

Este alargamento dos meios de provas decorre da suposta maior lesividade social operada por estas condutas, conforme desenvolvido nos itens anteriores, visto que o combate aos "inimigos" determina a formulação de instrumentos mais

---

7   *Op. cit.*, p. 193.

8   *Op. cit.*, p.197.

9   BITENCOURT, Cezar Roberto; BUSATO, Paulo César. *Comentários à Lei das Organizações Criminosas*. São Paulo: Saraiva, 2014.

eficazes, mesmo que excepcionais[10], circunstâncias que correspondem a Expansão do Direito e do Processo Penal e do Direito e Processo Penal de Terceira Velocidade.

A partir disso, resta evidente que há uma desproporção na dinâmica probatória, pois a acusação disporá de uma maior quantidade de instrumentos, fator que ocasionará uma maior carga contra o acusado, sem que este disponha de meios para contraditar tais meios.

Urge indicar, por fim, que a formulação de meios de prova excepcionais, em virtude da especificidade do crime cometido, pode ocasionar a mera imputação desta modalidade pela autoridade, apenas como forma de justificação na utilização destes meios, dando aparência de legalidade a provas evidentemente ilícitas.

5. Da delação premiada como atestado da incapacidade estatal.

Entre todos os meios de prova trazidos pelo artigo 3°, da Lei 12.850, e aplicáveis aos crimes da Lei 13.260, o que dá ensejo a uma maior quantidade de reflexões – e críticas – é a Delação Premiada[11].

Referido instituto é utilizado em diversos outros países[12], e tem como fulcro principal estimular que um, ou mais, dos coautores, partícipes, associados ou membros da organização criminosa, num arroubo de arrependimento, ou visando a obtenção de um benefício, indiquem elementos sobre o crime, tais como autoria, materialidade, provas, ou que conduzam a localização do produto ou da vítima.

Nitidamente, o legislador quis transparecer o caráter de benefício conferido ao instituto, uma vez o delator pode ser até perdoado judicialmente pelos delitos perpetrados.

Contudo, a legislação não demonstra as faces obscuras na formulação do instituto, pois: a) estimula a falta de ética entre os homens, mesmo que estes estejam em circunstâncias à margem da lei; b) denota a incapacidade do Estado em criar meios de ação eficientes, éticos e coerentes.

Ao lançar mão desse instituto, o Estado aposta na quebra de confiança estabelecida entre os supostos delinquentes, manipulando os interesses desses, a seu favor. Veja que o Estado faz uso dos meandros do crime, sob o pretexto de combater o crime.

Ainda na esfera da imoralidade, a Delação Premiada vem sendo utilizada como instrumento de chantagem pelo Estado, uma vez que em grandes investigações o Estado promove uma "disputa" entre os envolvidos, concedendo maiores benefícios aos que façam uso do instituto antes do demais.

Ou, ainda, os órgãos estatais impõem medidas gravosas aos investigados – como a prisão, por exemplo – a fim de "estimulá-lo" a aderir a delação.

Não bastassem essas circunstâncias, que além de imorais, são também ilegais[13], há na utilização do instituto em face das condutas previstas na Lei 13.260,

---

10   Terminologia empregada por Cézar Roberto Bitencourt e Paulo César Busato. *Op. cit.*, p. 97.
11   As suas circunstâncias estão indicadas nos artigos 9°, e seguintes da Lei.
12   Estados Unidos, Inglaterra, Chile, Colômbia, Itália, Espanha, entre outros.
13   Vide artigo 157 do Código de Processo Penal.

uma certa ingenuidade estatal, uma vez que estas estão, normalmente, associadas a sujeitos motivados por razões maiores, e mais complexas, do que a financeira ou a locupletação pessoal.

Basta citar como exemplo os "fanáticos religiosos" que praticam atentados terroristas sob o pretexto de serem beneficiados junto ao ser no qual creem. Não é razoável pensar que alguém que dispõe de tamanha crença vá trair sua fé a fim de ter a sua pena reduzida.

6. Da ação controlada e o estado de flagrante.

O Código de Processo Penal consagrou, a partir do artigo 301, algumas modalidades de flagrante[14]. Não se trata de rol exaustivo, uma vez que há a previsão de outras modalidades, seja em virtude de entendimento doutrinário[15], sejam em virtude de previsão de modalidade específica em legislação especial, como é o que caso do artigo 8°, da Lei 12.850, de 2013, e do artigo 53, da Lei 11.343, de 2006.

Referido artigo trata da Ação Controlada, sinônimo do flagrante retardado ou esperado, que constitui hipótese onde a autoridade policial deixará de atuar quando da ocorrência do estado flagrancial, com vistas a realização da prisão em um momento posterior, mais eficaz do ponto de vista probatório.

Alguns aspectos surgem. Um primeiro, defendido por Bitencourt e Busato[16], dispõe tratar-se de exceção à regra do artigo 301, que determina ser obrigação da autoridade a realização da prisão durante o estado flagrancial.

No entender dos autores, há justificação procedimental, no sentido de haver circunstância que excepcionalmente permite a omissão da autoridade, com a finalidade de alcançar um maior rendimento probatório.

O segundo aspecto, que é decorrência do primeiro, entende haver a extensão do estado de flagrante, no sentido que desde a sua configuração, até o momento da realização da prisão efetiva, permanecem presentes os seus elementos.

A demonstração legal dessa opção pela extensão do estado de flagrante está inserida no próprio artigo 8°, quando há a exigência da observação e do acompanhamento da medida legal.

Disso, resulta que não há interrupção do flagrante, mas o seu prolongamento até o momento mais eficaz, ou seja, esse estado é estendido até o momento mais oportuno.

---

14 Flagrante Próprio, Impróprio e Quase-flagrante.
15 Flagrante Ficto, Forjado, Preparado.
16 *Op. cit.*, p. 144.

Referências bibliográficas.

AMARAL, Alberto Carvalho. *O Conflito entre dois modelos de política criminal contraditórios. O eficientismo e o garantismo.* Conteúdo Jurídico: Brasília, 2008.

BITENCOURT, Cezar Roberto; BUSATO, Paulo César. *Comentários à Lei das Organizações Criminosas.* São Paulo: Saraiva, 2014.

CASARA, Rubens R. R. *Processo Penal do Espetáculo: Ensaios sobre o poder penal, a dogmática e o autoritarismo na sociedade brasileira.* Florianópolis: Empório do Direito, 2015.

FERRAJOLI, Luigi. *Direito e Razão.* São Paulo: Revista dos Tribunais, 2011.

JAKOBS, Günther. *Direito Penal do Inimigo. Noções e Críticas.* Porto Alegre: Livraria do Advogado, 2012.

Art. 17.
Aplicam-se as disposições da Lei 8.072, de 25 de Julho de 1990, aos crimes previstos nesta Lei.

por Acacio Miranda da Silva Filho e
Pedro Luciano Evangelista Ferreira

Conforme expressamente indicado no artigo 1° desta Lei, o crime de terrorismo compõe o rol de crimes constitucionalmente equiparados os crimes hediondos[1]. Essa circunstância já seria suficiente para determinar a aplicabilidade das disposições materiais e procedimentais dispostas na Lei 8.072, de 1990, as condutas aqui previstas. Apesar disso, o legislador entendeu por bem afirmar esta possibilidade no artigo em comento.

1. Delimitações e mandamentos constitucionais de criminalização acerca dos crimes hediondos.

O sistema de controle social como conjunto de mecanismos de submissão individual à modelos, comportamentos e normas aceitas/impostas em um determinado contexto social se divide em controle formal e controle informal. Tem-se por mecanismos de controle social informal a família, a escola, a religião, a opinião pública, entre outros, enquanto que os mecanismos de controle social formal envolvem a atuação estatal, como a Polícia, o Ministério Público, o Poder Judiciário, Administração Penitenciária, por exemplo.

Tomando como base a indesejabilidade e danosidade sociais bem como a gravidade das sanções (e efeitos decorrentes), nota-se que os mecanismos de controle social informal são utilizados de forma subsidiária, cabendo ao Direito Penal, o papel de *ultima ratio* justamente em razão da severidade de suas sanções. A justiça criminal estigmatiza e pune severamente sujeitos nem sempre culpados, causa exclusão social, mas é um *mal talvez necessário* em sociedades que ainda não atingiram um nível de desenvolvimento e que não conseguem obter os benefícios atribuídos ao Direito Penal de forma mais inteligente, humana e adequada ao Estado Social de Direito.[2]

A partir da concepção sociológica de Constituição de Ferdinad Lassale[3], dentre todas as opções ideológicas estes mecanismos de controle social atendem (ou devem atender) a um modelo social assentado pelas forças reais de poder que dominam e determinam o destino de um país, modelo este que corresponde ao conteúdo material da Constituição, em razão do qual se fundamenta todo o ordenamento jurídico.

---

1 Artigo 5°, inciso XLIII, da Constituição Federal: *"a lei considerará crimes inafiançáveis e insuscetíveis de graça ou anistia a prática da tortura, o tráfico ilícito de entorpecentes e drogas afins, o terrorismo e os definidos como crimes hediondos, por eles respondendo os mandantes, os executores e os que, podendo evitá-los, se omitirem".*

2 ROXIN, Claus. *Estudos de Direito Penal.* Tradução Luís Greco. Rio de Janeiro: Renovar, 2006. p. 2.

3 LASSALLE, Ferdinand. *A Essência da Constituição.* 4. ed. Rio de Janeiro: Lúmen Juris, 1998.

GRUPO MODERNAS TENDÊNCIAS DO SISTEMA CRIMINAL

Foram estas forças sociais, políticas e econômicas, materializadas no poder constituinte originário que – a partir de valorações político-criminais passionais oriundas do movimento *lei e ordem* – não se limitaram a estabelecer um mandado de criminalização centrado na eleição de bens jurídicos aos quais o legislador ordinário se obriga a tutelar penalmente. Também não se limitaram a criar restrições de natureza penal e processual, mas foram além e optaram por criar no altiplano constitucional um *microssistema autônomo e fechado* que recebeu a alcunha de *crimes hediondos*[4] para denominar, dentre os ilícitos penais, aqueles dotados de maior reprovabilidade, inserindo-os no art. 5º, inciso XLIII, o que impede a sua exclusão pelo poder constituinte derivado reformador.[5]

Mesmo que ainda estivesse por acontecer a ação do legislador ordinário criadora do rol de referidos crimes, o legislador constituinte originário equiparou aos crimes hediondos, os crimes de tortura, terrorismo e de tráfico ilícito de entorpecentes e de drogas afins.

2. Gênese da Lei n. 8.072 de 1990.

Cumprindo ao legislador ordinário atender ao mandado de criminalização do inciso XLIII do art. 5º, pouco antes de se esgotar o prazo de um ano da promulgação da Constituição Federal de 1988, foi enviado ao Presidente da República pelo Ministro da Justiça projeto de lei de autoria do Conselho Nacional de Política Criminal e Penitenciária que - a pretexto de conter os altos índices de criminalidade violenta pelo recrudescimento do *jus puniendi* estatal - elencou e rotulou como hediondos determinadas figuras típicas, incluindo no texto legal reflexos de ordem material e processual (PL 3.754/89).

Neste sentido, cumpre citar também a existência de outros projetos de lei, como os Projetos de Lei nº 2.105/89, 2154/89, 2.529/89, 3.875/89, 5.270/90 e 5.821/90, que buscavam aumentar penas, propor critérios para a definição dos crimes hediondos, elencar crimes, afastar garantias e benefícios legais. Do amálgama destas propostas, movido mais pela passionalidade midiática do que por uma reflexão racional, surge o Projeto Substitutivo 5.405/90, elaborado pelo Deputado Roberto Jeferson, então Relator da Comissão de Constituição, Justiça e Redação que foi aprovado pela Câmara dos Deputados e Senado Federal, surgindo então a Lei nº 8.072 promulgada em 25 de julho de 1990.[6]

3. Das vedações impostas pelo Artigo 2°, da Lei 8.072, de 1990.

Em complementação ao artigo 5°, inciso LVIII, da CF, que veda a concessão da anistia, da graça e da liberdade mediante fiança, o artigo 2°, da Lei dos Crimes Hediondos veda expressamente a concessão da graça, da anistia, do indulto e da

---

4   Sistemas de classificação das infrações penais como crimes hediondos: a) sistema legal; b) sistema judicial; c) sistema misto. O Brasil adotou o sistema legal.
5   FRANCO, Alberto Silva. *Crimes hediondos*. 6ª ed. rev. atual. e ampl. São Paulo: Ed. Revista dos Tribunais, 2007. P. 75
6   FRANCO, Alberto Silva. *op. cit.* pp. 91-93.

liberdade mediante fiança aos referidos crimes.

Conforme já indicado, trata-se de Norma de Eficácia Limitada[7], cabendo ao legislador ordinário complementar o conteúdo da norma, respeitando as premissas mínimas trazidas pelo constituinte, e dando-lhe efetiva aplicabilidade.

3.1. Da vedação a concessão da anistia, da graça, do indulto e da fiança.

O inciso I trata da vedação a concessão da anistia, graça e indulto. Importa salientar que estas são, incialmente, causas extintivas da punibilidade, conforme artigo 107, inciso II, do Código Penal.

A anistia é medida de interesse coletivo, que compreende atos e não pessoas. Esta atinge todos os efeitos penais decorrentes da prática da infração penal, antes ou após o trânsito em julgado de sentença condenatória. A concessão deste depende de lei exarada pelo Congresso Nacional, na forma do artigo 48, inciso VIII, da Constituição Federal, cabendo ao Poder Judiciário a sua aplicação no caso concreto.

Há discussão em curso acerca da possibilidade da revogação da lei que concedeu a anistia[8], na forma da Lei 6683, de 1979, estando o entendimento contrário fundamentado no artigo 5°, inciso XXXVI[9], da Constituição Federal.

Esta Lei 6683, de 1979, concedeu anistia a todos os que no período entre 02 de setembro de 1961 e 15 de agosto de 1979 cometeram crimes políticos ou conexos com estes, assim como aos que cometeram crimes eleitorais, aos que tiveram seus direitos políticos suspensos, aos que foram punidos em atos institucionais e complementares, excetuando-se do benefício os que foram condenados por crimes de terrorismo, assalto, sequestro e atentando pessoal.

E neste ponto surge um dos aspectos merecedores de reflexão, tanto na lei de 1979, como na agora em comento: A prática do terrorismo pode estar associada ao enfrentamento de um regime de exceção política vigente no país. Nesta hipótese, mesmo após a restauração do Estado Democrático de Direito, aqueles que agiram com vistas a sua restauração, e foram considerados terroristas sob essa ótica, não poderão ter essa situação revertida, mesmo que através de lei, por conta da expressa vedação à concessão da anistia.

É notório, e a história mundial traz vários exemplos disso, que alguns sujeitos abandonam o direito temporariamente, visando combater outros sujeitos que utilizam o direito para fins escusos. Com o cenário trazido pela Lei 13.260, de 2016, esses sujeitos não poderão ser anistiados após a normalização das circunstâncias. Em resumo: Há a expressa vedação a concessão de anistia aos que lutaram pela restauração do Estado de Direito.

A graça é medida destinada ao perdão da pena de um, ou mais condenados, desde que considerados individualmente. O ato que a concede é privativo do Presidente da República, conforme artigo 84, inciso XII, da Constituição Federal.

---

7   Segundo a classificação do Professor José Afonso da Silva.
8   ADPF 153/STF; ADPF 320.
9   "A lei não prejudicará o direito adquirido, o ato jurídico perfeito e a coisa julgada".

O pedido para a sua concessão pode ser da iniciativa do Ministério Público, do Conselho Penitenciário, da Autoridade Administrativa ou de ofício do Presidente da República. Importa salientar que, apesar da denominação do artigo 5°, inciso XLVIII, o citado artigo 84, inciso XII, trata a graça por indulto individual, denominação análoga a trazida pelos artigos 188 até 192, da Lei das Execuções Penais, fato que levou parcela da doutrina a entender pela sua abolição do ordenamento jurídico pátrio.

Independentemente desta discussão, esta não será concedida aos autores dos Crimes Hediondos e do Terrorismo.

Por fim, o indulto é modalidade concedida pelo Presidente da República, através de Decreto, que abrangerá todos os sentenciados que preencham os requisitos por este estabelecidos. A principal característica deste é a sua generalidade, por ser destinado a determinadas circunstâncias, e não exclusivamente a determinadas pessoas.

Já o inciso II, do artigo 2°, da Lei 8072, de 1990, veda expressamente a concessão da fiança aos que cometam os crimes hediondos ou equiparados. Percebe-se que a redação foi estabelecida em conformidade ao disposto no artigo 5°, inciso XLIII, da Constituição Federal, que diz que referidos crimes são "inafiançáveis".

E neste ponto surge um problema, porque o Código de Processo Penal, a partir do seu artigo 321, estabelece os requisitos para a concessão da Liberdade Provisória, com ou sem Fiança.

Importa salientar que a fiança, segundo a dinâmica estabelecida pela legislação processual, é uma forma de garantia, que, em determinadas circunstâncias, será exigida para a concessão da Liberdade Provisória, ou seja, esta não é requisito essencial para a concessão da liberdade.

Diante disso, nos parece que o objetivo do constituinte e do legislador ordinário – a vedação a concessão da liberdade aos que cometam crimes dessa natureza – não pode ser alcançado.

Isso porque, em matéria penal e processual penal vigoram o princípio absoluto da estrita legalidade, e, em conformidade ao estabelecido por este, a lei penal será interpretada nos exatos termos da sua redação, contudo, havendo margem a mais de uma interpretação, essa se dará em benefício ao acusado (princípio do *"in dubio pro reo"*).

A corroborar esse entendimento[10], há quem afirme que o *"Código de Processo Penal, ao disciplinar a liberdade provisória, emprega o termo fiança para designar a liberdade provisória com fiança, valendo-se da locução liberdade provisória para indicar a modalidade sem fiança".*

Na hipótese em comento, constituinte e legislador ordinário só vedaram a concessão da fiança, não havendo qualquer vedação a Liberdade Provisória, razão pela qual, em consonância aos princípios citados, não pode haver vedação a

---

10 JUNQUEIRA, Gustavo Diniz. *Legislação Penal Especial*. São Paulo: Saraiva, 2010.

concessão da liberdade provisória, sem fiança, aos que cometam crimes hediondos, equiparados, e, consequentemente, o terrorismo disposto na Lei 13.260, de 2016.

Obviamente, isso só será possível, quando os requisitos para a concessão da liberdade provisória estiverem preenchidos na forma do Código de Processo Penal.

3.2. Do Regime Inicialmente Fechado e da Progressão de Regime.

Dispõe o parágrafo 1°, do artigo 2°, da Lei 8.072, de 1990, acerca do regime inicialmente fechado para o cumprimento da pena. Referida configuração é uma decorrência da Lei 11.464, de 2007.

Importa salientar que a redação inicial trazida pela Lei 8.072, de 1990, dispunha sobre o cumprimento da pena, na sua totalidade, no regime fechado, ou seja, os condenados pelo cometimento de crimes hediondos ou equiparados não eram detentores do direito a progressão de regime.

Tal vedação foi objeto de inúmeras discussões jurídicas, até que em 2006, o Supremo Tribunal Federal, em decisão exarada no HC 82.959/SP, entendeu pela inconstitucionalidade desta vedação absoluta, por afrontar o princípio da individualização da pena.

Trata-se de inconstitucionalidade declarada em um caso concreto, apesar disso, os ministros entenderam por conferir eficácia *"erga omnes"* a esta decisão, e, a partir disso, todos os condenados por crimes hediondos passaram a ser detentores do direito a progressão de regime de cumprimento de pena.

A fração para a obtenção do benefício passou a ser a regra geral estabelecida pelo Código Penal: um sexto.

Ademais, diante do princípio da retroatividade benéfica, todos os estavam cumprindo pena pelo cometimento de crimes hediondos e assemelhados foram consagrados pelo benefício.

Diante disso, muitas foram as críticas ao entendimento consagrado pelo Supremo Tribunal Federal, uma vez que aos condenados pelos crimes ditos "comuns" e aos condenados por crimes hediondos, as circunstâncias para a progressão seriam as mesmas.

Como "resposta" a essa circunstância, o Congresso Nacional aprovou em 2007, a já citada Lei 11.464, que além de manter o regime inicialmente fechado aos que tenham cometido crimes hediondos, também estabeleceu novas frações para a progressão de regime de cumprimento de pena aos condenados por crimes hediondos ou equiparados.

Segundo a regra do parágrafo 2°, do artigo 2°, a progressão ocorre após o cumprimento de dois quintos da pena pelos primários, e após três quintos pelos reincidentes.

Duas reflexões surgem a partir desse ponto:

A primeira trata da reincidência citada na segunda fração para a progressão. Há um primeiro entendimento dizendo que a reincidência a ser considerada é a genérica, ou seja, mesmo que a primeira condenação seja por crime comum, quando a segunda for por um crime hediondo, em relação a este será considerada a maior fração (três quintos). Isso porque o legislador não fez indicação expressa à necessária presença do termo "específica", conforme empregado pelo Código Penal, no artigo 83, inciso V, e na Lei de Drogas, no artigo 44, parágrafo único. O segundo entendimento defende que, para a aplicação da maior fração, faz-se necessária a reincidência específica, ou seja, que as duas condenações sejam por crimes hediondos. Este entendimento está amparado no caráter especial da Lei 8.072, de 1990, ou seja, esta trata especificamente dos crimes hediondos. Ademais, quisesse o legislador a inclusão da reincidência simples, este o faria expressamente, como feito nos artigos supracitados, enfatizando a sua orientação nesse sentido, tendo em vista a suposta maior gravidade dos crimes hediondos.

A segunda reflexão trata da aplicação desta regra. Segundo o princípio da irretroatividade da lei penal prejudicial ao acusado, as frações para a progressão estabelecidas pela Lei 11.464 só serão aplicáveis aos que tenham cometido crimes hediondos a partir da data em que esta começou a vigorar, porque, os que tenham cometido crimes hediondos antes da sua vigência, mesmo que a condenação seja posterior, estarão sujeitos a menor fração, qual seja, um sexto.

Por fim, no que tange ao Terrorismo, consagrado na lei objeto de análise no presente, vale frisar que a sua vigência é posterior à vigência da Lei 11.464, razão pela qual o cumprimento da pena se dará em regime inicialmente fechado, e a progressão em dois quintos aos primários e três quintos aos reincidentes.

3.3. Da Presunção de Inocência e o parágrafo 3° do artigo 2°.

Dispõe o citado parágrafo que, em caso de sentença condenatória, o juiz decidirá fundamentadamente, se o réu pode apelar em liberdade.

Trata-se, obviamente, de tentativa de relativizar a aplicação do princípio da presunção de inocência, conforme consagrado no artigo 5°, inciso LVII, da Constituição Federal.

Referido princípio, que atualmente é objeto de ampla discussão[11], serve como um dever de tratamento[12], no sentido que o acusado deve ser tratado como efetivamente inocente pelo magistrado, e, todas as ações que contrariem este dever, devem ser fundamentadas em elementos concretos e suficientes.

A redação do parágrafo 3° inverte a lógica processual, ao afirmar que a liberdade pode (liberalidade) ser concedida, desde que devidamente fundamentada.

O legislador, quando da inclusão deste parágrafo, deixou evidente o seu viés punitivista e preconceituoso em relação aos crimes hediondos, visto que, em virtude da presunção de inocência, a liberdade é a regra, e a prisão exceção, que, quando aplicada, deve ser fundamentada em elementos factíveis e concretos. Existem leis posteriores a esta, que indicam o dever do legislador em agir em

---

11 Habeas Corpus 126.292, de 17.02.2016 e Habeas Corpus 135.100 – Voto do Ministro Celso de Melo.
12 Expressão cunhada com brilhantismo por LOPES JR., *Direito Processual Penal*, Saraiva: São Paulo, 11 ed., p. 220.

conformidade a este entendimento, como a 12.403, de 2011, por exemplo.

Não bastasse isso, o legislador ignora a existência de outro preceito constitucional, consagrado no artigo 93, inciso IX, da Constituição Federal, o livre convencimento motivado do magistrado.

Segundo este princípio, o Juiz tem liberdade para a apreciação dos elementos postos à sua disposição, desde que a sua escolha seja motivada e que sejam indicados os fundamentos utilizados.

Diante de tudo isso, resta evidente que o legislador ordinário quis que a sua vontade se sobrepusesse a do constituinte, razão pela qual esse preceito não merece guarida, seja em relação aos crimes hediondos, seja em relação aos equiparados, entre eles o Terrorismo.

3.4. O prazo de duração da Prisão Temporária.

A Lei 7.960, de 1989, dispõe que a prisão temporária, terá, como regra, a duração de 05 (cinco) dias, prorrogáveis por igual período.

É sabido que a prisão temporária só pode ser decretada na fase pré-processual, a um rol taxativo de crimes indicados no artigo 1°, inciso III, da Lei.

Importa salientar que alguns dos crimes citados no referido artigo 1° também compõem o rol exaustivo de crimes hediondos.

Neste caso, a Lei 8.072, de 1990, dispõe que a duração será de 30 (trinta) dias, prorrogáveis por igual período em caso de comprovada e extrema necessidade.

Ademais, o Terrorismo está englobado por esta regra em virtude da redação do parágrafo 4°, do artigo 2°, ao afirmar: *"...nos crimes previstos neste artigo, terá duração de 30 (trinta) dias...".*

Isso porque, mesmo este crime não estando indicado no rol de crimes sujeitos à prisão temporária, o legislador quando da confecção do *caput* do artigo[13] supracitado, inseriu os equiparados aos hediondos.

3.5. Livramento Condicional: prazo diferenciado.

O livramento condicional como substitutivo penal parcial segue a sistemática dos arts. 83 a 90 do Código Penal, complementado por disposições da LEP e pode ser concedido desde que atendidos os requisitos objetivos (cumprimento de parte da pena; reparação do dano salvo impossibilidade de fazê-lo) e subjetivos (bom comportamento durante a execução penal, condições pessoais que façam presumir que não voltará a delinquir nos crimes dolosos com violência ou grave a emaça a pessoa).

A quantidade de pena a ser cumprida tem suas medidas estabelecidas no art. 83 do Código Penal e começa em um terço para condenados não reincidentes em crime doloso. Conforme o art. 5º da Lei 8.072 de 1990, que insere o inciso V, a concessão do livramento condicional nos casos de crimes hediondos, prática de

---

13 Artigo 2°: *"Os crimes hediondos, a prática da tortura, o tráfico ilícito de entorpecentes e drogas afins e o terrorismo..."*

tortura, tráfico ilícito de entorpecentes e drogas afins, e terrorismo, ocorrerá desde que cumpridos mais de dois terços da pena. Em caso de reincidência específica, fica vedada a concessão.

3.6. Associação Criminosa e Terrorismo.

O artigo 8° dispõe que sobre uma qualificadora ao crime disposto no artigo 288, do Código Penal, quando a associação criminosa ocorrer para a prática de crimes hediondos os equiparados.

Diante disso, resta evidente que a qualificadora só será aplicada quando os crimes para o qual foi constituída a associação criminosa forem todos eles hediondos, ou mais especificamente, o Terrorismo.

É evidente que pode ser constituída uma associação criminosa para a prática de crimes de terrorismo, ou até mesmo, uma organização criminosa que vislumbre a prática do terrorismo, quando preenchidos os requisitos do artigo 1°, parágrafo 1°, da Lei 12.850, de 2013.

Aliás, foi a mesma Lei 12.850, de 2013, de alterou o conteúdo do artigo 288, ora em comento, ao reduzir os requisitos necessários à sua configuração.

Diante disso, quis o legislador torna-lo um tipo subsidiário em relação a organização criminosa, que tem requisitos mais complexos, ou, nas palavras de Nelson Hungria, quis torna-lo um "soldado de reserva".

Referências bibliográficas.

FRANCO, Alberto Silva. *Crimes hediondos*. 6ª ed. rev. atual. e ampl. São Paulo: Ed. Revista dos Tribunais, 2007.

JUNQUEIRA, Gustavo Diniz. *Legislação Penal Especial*. São Paulo: Saraiva, 2010.

LASSALLE, Ferdinand. *A Essência da Constituição*. 4. ed. Rio de Janeiro: Lúmen Juris, 1998.

LOPES JUNIOR, Aury. *Direito Processual Penal*, Saraiva: São Paulo, 2014.

ROXIN, Claus. *Estudos de Direito Penal*. Tradução Luís Greco. Rio de Janeiro: Renovar, 2006.

Art. 18.
O inciso III do art. 1° da Lei n° 7.960, de 21 de dezembro de 1989, passa a vigorar acrescido da seguinte alínea p:
"Art. 1° [...]
III [...]
p) crimes previstos na Lei de Terrorismo. "

por Gabriel Rodrigues de Carvalho

1. A prisão temporária na Lei 13.260/2016.

Quanto às prisões temporárias, veja-se que o art. 18 da Lei antiterror incluiu seus crimes (todos eles) no rol de delitos em que se autoriza a decretação de tal medida prisional.

Diferentemente das medidas cautelares reais, portanto, não se pode decretar a prisão temporária de ofício, uma vez que o artigo 2º da Lei nº 7.960 admite a medida prisional apenas "em face da representação da autoridade policial ou de requerimento do Ministério Público".

Outro elemento que merece atenção é o fato de que o artigo 17 da Lei antiterror determina que, nos casos por ela regulados, se aplicam as disposições da Lei nº 8.072/1990, ou seja, da Lei dos crimes hediondos. Isso influencia diretamente o prazo da prisão temporária, que não será de apenas cinco dias, prorrogável por igual período (art. 2º da Lei nº 7.960/1989), mas sim de trinta dias, prorrogáveis por mais trinta dias, por força do art. 2º, § 4º, da Lei de crimes hediondos.

Das previsões legislativas constantes na Lei de prisões temporárias, vale destaque a necessidade de dar maior atenção ao que dispõe seu art. 2º, § 3°, *in verbis*: "O Juiz poderá, de ofício, ou a requerimento do Ministério Público e do Advogado, determinar que o preso lhe seja apresentado, solicitar informações e esclarecimentos da autoridade policial e submetê-lo a exame de corpo de delito". T endo em vista a regulamentação das audiências de custódia por todo o país, inexistem motivos para perdurar o ostracismo em relação a dita solenidade em face das prisões temporárias, há muito prevista nos mais diversos regramentos internacionais de direitos humanos.

2. Da excepcionalidade das medidas prisionais.

Outro ponto que merece destaque, permitindo considerações acerca da aplicação das medidas cautelares pessoais como um todo (aqui, incluindo a prisão preventiva), é a necessidade de se atentar ao caráter excepcional da prisão provisória (temporária ou preventiva) em face de alguns crimes previstos na Lei antiterror.

O crime previsto pelo artigo 3º da Lei antiterror, por exemplo, criminaliza a conduta de "Promover, constituir, integrar ou prestar auxílio, pessoalmente ou por interposta pessoa, a organização terrorista" e, pelo seu texto deveras abrangente, pode acarretar a criminalização de situações nas quais não deveria intervir o Direito penal.

De igual forma se pode comentar a respeito do artigo 5º, o qual configura um dos exemplos de "avanços de barreiras de imputação", isso sem comentar a "flagrante falta de técnica legislativa" que o dispositivo exterioriza (remete-se o leitor, aqui, aos comentários elaborados aos artigos 3º e 5º da Lei antiterror, nesta obra).

De qualquer forma, tais tipos penais foram promulgados e poderão (deverão) surtir efeitos práticos, cabendo à doutrina e à prática judiciária evitar o máximo de abusos possíveis por parte da intervenção penal. E, dos muitos abusos que a máquina estatal exerce na prática, tem-se o (ab)uso das prisões provisórias.

Assim, considerando possíveis abusos de acusações em relação aos mencionados crimes, frágeis dogmaticamente desde seu nascimento, mais do que nunca cabe ao Poder Judiciário "utilizar a lógica da ponderação. De um lado, o imenso custo de submeter alguém que é presumidamente inocente a uma pena de prisão, sem processo e sem sentença, e, de outro lado, a necessidade da prisão e os elementos probatórios existentes"[1].

Se a criminalização é, como visto, eivada de falhas e críticas robustas, cabe a práxis evitar que tais equívocos ocasionem ainda mais prejuízos aos indivíduos, evitando-se que o medo irracional naturalmente causado pelo terrorismo acarrete numa descabida e desproporcional utilização das prisões provisórias que tenham por objeto as acusações baseadas na Lei 13.260/2016. Obviamente que esse desafio é antigo, muito anterior à Lei antiterror, travado diariamente pela melhor doutrina e, nas práxis, por (muitos) membros da advocacia, Ministério Público, e Poder Judiciário. A Lei antiterror é apenas um incremento a essa luta constante, a qual não pode arrefecer ao se deparar com a mais recente criminalização existente no ordenamento jurídico brasileiro: o combate ao terrorismo.

Referência bibliográfica.

LOPES JUNIOR, Aury. *Direito Processual Penal*. 11ª ed. São Paulo: Saraiva, 2014.

---

1   LOPES JR., Aury. *Direito Processual Penal*. 11ª ed. São Paulo: Saraiva, 2014, p. 821.

Art. 19.

O art. 1° da Lei n° 12.850, de 2 de agosto de 2013, passa a vigorar com a seguinte alteração:

"Art. 1° [...]

§ 2° [...]

II - às organizações terroristas, entendidas como aquelas voltadas para a prática dos atos de terrorismo legalmente definidos. "

por Paulo César Busato

1. Organizações criminosas terroristas? Breves comentários.

A Lei 12.850, de 02 de agosto de 2013, que trouxe à baila a discussão penal e principalmente processual penal a respeito do crime organizado recebe, por este dispotivo, um inciso mais.

O que se visa com ele, claramente, é incluir as chamadas "organizações terroristas" como réus contra cujas ações ilícitas seja permitido o manejo de meios especiais de produção de provas.

O Art. 1o daquela lei explicita o seu conteúdo, dizendo que seu escopo é definir organização criminosa e dispor sobre a investigação criminal, os meios de obtenção da prova, infrações penais correlatas e o procedimento criminal a ser aplicado.

Enquanto o § 1o estabelece um conceito de *organização criminosa*, o § 2o foi pensado tendo em vista definir o âmbito de aplicação segundo os casos que envolvessem organização criminosa, desde um ponto de vista territorial. *É precisamente isso o que se vislumbra do seu inciso I, quando refere que a lei será aplicável às infrações penais previstas em tratado ou convenção internacional quando, iniciada a execução no País, o resultado tenha ou devesse ter ocorrido no estrangeiro, ou reciprocamente.*

Naturalmente, o entendimento não pode ser outro, além de que nestes casos, havendo organizações criminosas envolvidas, aplica-se a lei.

Pois bem, a descuidada inserção de um inciso II, tratando de assunto completamente diverso, desvirtua o dispositivo.

É que a previsão legal foi simplesmente de inserção de um inciso que diz serem aplicáveis os dispositivos da lei *às organizações terroristas, entendidas como aquelas voltadas para a prática dos atos de terrorismo legalmente definidos, revogando a disposição anterior, que ao menos referia, ainda que de modo confuso, a uma delimitação territorial de atos.*

Esta nova disposição marca simplesmente a aplicabilidade da lei às organizações terroristas, sem definir os atos nem os lugares a que se refere. Caberia perguntar: 1) a todas, ou só aquelas que cumpram também os requisitos do conceito de organização criminosa? 2) por qualquer crime ou só os de terrorismo? 3) se aplica a elas mesmo que não seja praticado nenhum crime, somente pelo fato de serem organizações "voltadas para a prática" de atos terroristas? 4) o que significa ser "voltado" para algo? 5) estaríamos diante de uma incriminação de um estado (ser) e não de uma ação (fazer)?

Todas estas perguntas derivam – mais uma vez – de uma constrangedora falta de técnica legislativa. É mais do que evidente o que pretendeu o legislador, e o que não fez. O que se queria, obviamente, é que os meios de produção de prova que são estampados na Lei 12.850/2013 pudessem ser aplicados aos casos de organizações terroristas.

Para tanto bastava dizer, no referido inciso: *"II – aos delitos previstos na Lei 13.260/2016, onde quer que tenham sido praticados"*.

Uma redação assim obedeceria os preceitos de justiça universal regentes do tema, definiria precisamente a que sanções se refere e atenderia ao escopo do legislador.

Claro que uma coisa é o que se quer e outra o que se escreveu e que não se pode constituir recortes de garantias a partir de ilações sobre uma suposta "vontade do legislador".

Porém, este caso tem uma peculiaridade: qualquer outra interpretação que se dê, além daquela aqui oferecida ao escrito no art. 19 desta Lei, leva a uma ampliação inaceitável do âmbito do punível.

A interpretação restritiva coincide com a aparente pretensão legislativa, pelo que, isso é o que deve prosperar.

A consequência, então, é apenas uma: os meios de prova excepcionais utilizados para organizações criminosas passam a poder ser aplicados para os casos de crimes descritos pela Lei Antiterror.

Referências Bibliográficas

ALVARENGA, Aristides Junqueira. *A competência Criminal da Justiça Federal de Primeira Instância*. São Paulo: Saraiva, 1978.

AMARAL, Alberto Carvalho. *O Conflito entre dois modelos de política criminal contraditórios. O eficientismo e o garantismo*. Conteúdo Jurídico: Brasília, 2008.

ARISTÓTELES. *Retórica*. [Tradução Manuel Rodrigues Júnior e colaboradores]. Lisboa: Imprensa Nacional – Casa da Moeda, 2005.

ASÚA BATARRITA, Adela Asúa. *Concepto jurídico de terrorismo y elementos subjetivos de finalidad. Fines políticos últimos y fines de terror instrumental*. In: ECHANO BASALDÚA, Juan I (coord.). Estudios Jurídicos en Memoria de José María Lidón. Bilbao: Universidad de Deusto, 2002. Ataque em sede do jornal Charlie Hebdo em Paris deixa mortos. G1. 07 jan. 2015. Mundo. Disponível em: <http://g1.globo. com/mundo/noticia/2015/01/tiroteio-deixa-vitimas-em-paris.html>. Acesso em: 07 out. 2016.

BADARÓ, Gustavo. *Juiz Natural no Processo Penal*. São Paulo: Revista dos Tribunais, 2014.

BADARÓ, Gustavo. *Processo Penal*. 3ª ed. rev., atual. e ampl. São Paulo: Revista dos Tribunais, 2015.

BARATTA, Alessandro. *"Integrations-Prävention. Eine Systemtheoretische Neubegründung der Strafe"*, Kriminologisches Journal, XVI, 1984, 2.

BARATTA, Alessandro. *Criminologia crítica e crítica do direito penal: introdução à sociologia do direito penal*. [Tradução Juarez Cirino dos Santos]. 6. ed. Rio de Janeiro: Revan: Instituto Carioca de Criminologia, 2011.

BARBI, Celso Agrícola. *Comentários ao Código de Processo Civil*. Vol. I, 14ª edição, Rio, Forense, 2010.

BARBOSA, Ruchester Marreiros. *A inconstitucionalidade do art. 11 da Lei Antiterrorismo*. Disponível em <http://canalcienciascriminais.com.br/artigo/a-inconstitucionalidade-do-art-11-da-lei-antiterrorismo>. Acesso em 7 ago. 2016.

BARROS, Marco Antonio de. *A Lei de Segurança Nacional e a Legislação Penal Militar*. Disponível em: http://www.revistajustitia.com.br/artigos/4714cb.pdf. Acesso em: 7 nov. 2016.

BARROSO, Luís Roberto. *Curso de direito constitucional contemporâneo*: os conceitos fundamentais e a construção do novo modelo. 3 ed. São Paulo: Saraiva, 2011.

BÁRTOLI, Márcio; PANZERI, André. *Código Penal e sua Interpretação*: Doutrina e Jurisprudência. Alberto Silva Franco e Rui Stoco (Coord). 8 ed. São Paulo: Revista dos Tribunais, 2007.

BECHARA, Fábio Ramazzini. *Cooperação Jurídica Internacional em matéria penal.* São Paulo: Saraiva, 2011.

BECK, Ulrich. *La sociedad del riesgo: Hacia una nueva modernidade.* Barcelona: Paidós, 1998 (ed. orig. 1986).

BITENCOURT, Cezar Roberto. *Tratado de Direito Penal*: Parte Geral. 17ª ed. rev. amp. e atual. São Paulo: Saraiva, 2012.

BITENCOURT, Cezar Roberto. *Tratado de direito penal.* Parte especial, vol. 4. 8. ed. São Paulo: Saraiva, 2014.

BITENCOURT, Cezar Roberto; MUÑOZ CONDE, Francisco. *Teoria geral do delito.* 2. ed. São Paulo: Saraiva, 2004.

BITENCOURT, Cezar Roberto, e BUSATO, Paulo César. *Comentários à lei de organização criminosa – Lei n.* 12.850/2013. São Paulo: Saraiva, 2014.

BOBBIO, Norberto; MATTEUCCI, Nicola; e PASQUINO, Gianfranco. *Dicionário de política.* Brasília: Editora Universidade de Brasília: Editora UNB, 1998.

BÖHM, María Laura. "Securitización", in: AMBOS, K.; BÖHM, M. L.; ZULUAGA, J. E. (Orgs.). *Desarrollos actuales de las ciencias criminales en Alemania: Segunda y Tercera Escuela de Verano en ciencias criminales y dogmática penal alemana.* Göttingen: Göttingen University Press, 2016, v. 1, p. 173-202.

BONFIM, Edílson Mougenot. *Curso de Processo Penal.* 8ª ed. atual. São Paulo: Saraiva, 2013.

BRASIL. Supremo Tribunal Federal. *Habeas Corpus* n º 111.840/ES, Tribunal Pleno, rel. Min. Dias Toffoli, j. 27-6-2012; STF,

BRASIL. Supremo Tribunal Federal. *Habeas Corpus* n º 94.404, 2ª T., rel. Min. Celso De Mello, , j. 18/11/2008, DJe-110.

BRASIL. Supremo Tribunal Federal. *Habeas Corpus* n º 114.568/ES, 1ª T., rel. Min. Dias Toffoli, j. 16-10-2012, DJe n. 220, de 8-11-2012;

BRASIL. Supremo Tribunal Federal. *Habeas Corpus* n º 120.274/ES, 2ª T., rela. Mina. Cármen Lúcia, j. 10-6-2014, DJe n. 118, de 20-6-2014.

BRASIL. Supremo Tribunal Federal. *Súmula Vinculante nº 26*. Sessão Plenária de 16/12/2009. Dje n. 238, de 23-12-2009.

BURI, Maximilian von. *"Zur Lehre vom Versuche"*, in Der Gerichtsaal, no 19. Erlander: Ferdinand Enfe, 1867.

BUSATO, Paulo César. *Direito penal e ação significativa*. 2a ed., Rio de Janeiro: Lumen Juris, 2010.

BUSATO, Paulo César. *Direito Penal;* Parte Geral. São Paulo: Atlas, 2013.

BUSATO, Paulo César. *Direito Penal:* Parte Geral. 2 ed. São Paulo: Atlas, 2015.

BUSATO, Paulo César. *Direito Penal*: Parte Especial 1. São Paulo: Atlas, 2014.

BUSATO, Paulo César. *Direito Penal:* Parte Especial 2. São Paulo: Atlas, 2016.

BUSATO, Paulo César. *Fundamentos para um direito penal democrático*. 5ª ed. São Paulo: Atlas, 2015.

BUSATO, Paulo César; ANDRADE, Andressa Paula de; CARUNCHO, Alexey Choi. Org. *29 DE ABRIL: Reflexões sobre as manifestações no Centro Cívico de Curitiba* – PR. Disponível em: http://www.sistemacriminal.org/site/files/29_de_abril_de_2015_reflexes_sobre_as_manifestaes_no_Centro_Cvico_de_Curitiba-PR.pdf.

BUSATO, Paulo César. *"Una crítica a los delitos de posesión a partir del concepto de acción significativa. Conexiones entre el civil law y el common law en las tesis de Tomás Vives Antón y George Fletcher"*. Revista Penal, Valencia, n. 35, ene. 2015.

BUSATO, Paulo César. *"Uma crítica aos delitos de posse a partir do conceito de ação significativa: conexões entre o civil law e o common law nas teses de Tomás Vives Antón e George Fletcher"*, in Delitos de posse: drogas, porte de arma e pornografia. [José Danilo Tavares Lobato, Eduardo Saad-Diniz e Andrés Falcone – org.] São Paulo: Liber Ars, 2016.

CALLEGARI, André Luís; LIRA, Cláudio Rogério Sousa. *Direito Penal antiterror: necessidade de definição jurídico-penal para a tipificação do terrorismo no Brasil.* Disponível em: http://www.egov.ufsc.br/portal/conteudo/direito-penal-antiterror-necessidadeefini%C3%A7%C3%A3o-jur%C3%ADdico-penal-para tipifica%C3%A7%C3%A3o-de. Acesso em: 05 de agosto de 2016.

CALLEGARI, André Luís et al. *O crime de terrorismo:* reflexões críticas e comentários à Lei de Terrorismo: de acordo com a Lei nº 13.260/2016. Porto Alegre: Livraria do Advogado, 2016.

CÂMARA, Guilherme Costa. *Programa de política criminal:* orientado para a vítima de crime. Coimbra: Coimbra Editora, 2008.

CAMARGO, Antonio Luís Chaves de. *Tipo penal e linguagem.* Rio de Janeiro: Forense, 1982.

CANCIO MELIÁ, Manuel. *Los delitos de terrorismo:* Estructura típica e injusto. Madrid: Editorial Reus, 2010.

CANOFRE, Fernanda. *Spray de pimenta na cara, 40 estudantes e dois jornalistas presos: o saldo da ação da PM com estudantes das ocupações do RS.* Disponível em: <http://www.vice.com/pt_br/read/40-estudantes-2-jornalistas-presos-nas-ocupas-do-rs>. Acesso em 13 jul. 2016.

CARNELUTTI, Francesco. *Arte do Direito.* São Paulo: Edicamp, 2001. p.79.

CARTA CAPITAL. *Justiça mantém prisão de morador de rua por Pinho Sol.* Disponível em: <http://www.cartacapital.com.br/sociedade/justica-decide-manter-prisao-de-morador-de-rua-que-carregava-pinho-sol-e-agua-sanitaria-4961.html>. Acesso em 01 jul. 2016.

CARVALHO, Salo de. *Pena e garantias.* Rio de Janeiro: Lumen Juris. 2003.

CARVALHO, Vladimir Souza. *Competência da Justiça Federal.* 3ª ed. Curitiba: Juruá, 1998.

CASARA, Rubens R. R. *Processo Penal do Espetáculo:* Ensaios sobre o poder penal, a dogmática e o autoritarismo na sociedade brasileira. Florianópolis: Empório do Direito, 2015.

CASTELLS Manuel. *Redes de indignação e esperança:* movimentos sociais na era da internet. Rio de Janeiro: Zahar, 2013.

CAVAGNARI, Rodrigo Jacob. 29/04 – O relato de uma testemunha. In: BUSATO, Paulo Cesar; ANDRADE, Andressa de Paula; CARUNCHO, Alexey Choi. 29 de abril de 2015: reflexões sobre as manifestações no Centro Cívico de Curitiba/PR. Curitiba: Modernas Tendências do Sistema Criminal, 2016. p.15.

CONSENZO, José Carlos. Arts. 121 a 128. In: JALIL, Maurício Schaun; GRECO FILHO, Vicente. Código Penal Comentado: Doutrina e Jurisprudência. Barueri: Manole, 2016, p. 335-375.

CORDOBA RODA, Juan; GARCÍA ARÁN, Mercedes. Comentarios al Código Penal – parte especial, tomo II. Barcelona: Marcial Pons, 2004.

COSTA JÚNIOR, Paulo José da. Parte II. In: CERNICCHIARO, Luiz Vicente; COSTA JÚNIOR, Paulo José da. Direito Penal na Constituição. 2. ed. São Paulo: Revista dos Tribunais, 1991, p. 197-259.

COUTINHO, Jacinto Nelson de Miranda. Temas de Direito Processual & Processo Penal (por prefácios selecionados). Rio de Janeiro: Lumen Juris, 2010.

COUTINHO, Jacinto Nelson de Miranda. "O Princípio do Juiz Natural na CF/88: ordem e desordem". In: Revista de Informação Legislativa, v. 45, n. 179, jul./set. 2008, p. 168.

COUTINHO, Jacinto Nelson de Miranda; CARVALHO, Edward Rocha de. Elementos normativos e descrição da tipicidade na denúncia. Boletim IBCCRIM, ano 13, n. 166, set./2006.

CRETELLA NETO, José. Curso de Direito Internacional Penal. 2. ed. São Paulo: Saraiva, 2014. CRUZ, Felipe Lopes da;

DAVID, Décio Franco. Funções do tipo e contenção da ampliação punitiva em matéria penal econômica. Escola Superior de Direito Público. Disponível em: <http://esdp. net.br/6821-2/>. Acesso em 15 nov. 2016.

DAVID, Décio Franco. Fundamentação principiológica do Direito Penal Econômico: um debate sobre a autonomia científica da tutela penal na seara econômica. 2014.263. Dissertação (Mestrado em Ciência Jurídica) – Universidade Estadual do Norte do Paraná, Jacarezinho, Paraná.

DAVID, Décio Franco. Tutela Penal Ambiental e Delitos de Acumulação. 246. 2016. Dissertação (Mestrado em Direito Penal) – Universidade de São Paulo, São Paulo.

DAVID, Décio Franco; CHRISTOFFOLI, Gustavo. Trento. *Constatações sobre a política repressiva antidrogas: seletividade penal e falácia do bem jurídico saúde pública.* In: CARVALHO, Érika Mendes de; ÁVILA, Gustavo Noronha de. (Org.). 10 Anos da Lei de Drogas: Aspectos criminológicos, dogmáticos e político-criminais. Belo Horizonte: D'Plácido, 2016, p. 585-609.

DAVID, Décio Franco. *Simbolismo: o hambúrguer do marketing Político-Criminal. Justificando.* 2015. Disponível em: <http://justificando.com/2015/04/01/simbolismo-o-hamburguer-do-marketing-politico-criminal/.>. Acesso: 19/10/2016.

DAVID, Décio Franco; ZAMBIAZI, Larissa Horn. *Substitutivos Penais: Alternativas à Prisão.* In: BUSATO, Paulo César; CARUNCHO, Alexey Choi. (Org.). Teoria da Pena (Série Direito Penal Baseado em Casos, v. III). Curitiba: Juruá, 2014, p. 275-304.

DELMANTO, Celso. [et al]. *Código penal comentado.* 7. ed. Rio de Janeiro: Renovar, 2007.

DIAS, Jorge de Figueiredo. *Direito Processual Penal.* reimp. da 1ª ed. de 1974. Coimbra: Coimbra Editora, 2004.

DOTTI, René Ariel. *Curso de Direito Penal:* Parte Geral. 3. ed. São Paulo: Revista dos Tribunais, 2010.

D'URSO, Adriana Filizzola; D'URSO, Luiz Flávio Borges. Arts. 140 a 133. *In*: JALIL, Maurício Schaun; GRECO FILHO, Vicente. *Código Penal Comentado: Doutrina e Jurisprudência.* Barueri: Manole, 2016, p. 386-392.

ESTELLITA, Heloisa. *Criminalidade de empresa, quadrilha ou bando e organização criminosa.* Porto Alegre: Livraria do Advogado, 2009.

ESTELLITA, Heloisa. *Tipicidade no Direito Penal Econômico.* In: PRADO, Luiz Regis; DOTTI, René Ariel. Direito Penal Econômico e da Empresa: Direito Penal econômico. Coleção doutrinas essenciais; v. 2. São Paulo: Revista dos Tribunais, 2011, p. 153-171.

FELDENS, Luciano. *Constituição e direito penal:* o legislador entre a proibição, a legitimidade e a obrigação de penalizar. In: SCHMIDT, Andrei Zenkner (Coord.). Novos rumos do direito penal contemporâneo: livro em homenagem ao Prof. Dr. Cezar Roberto Bitencourt. Rio de Janeiro: Lumen Juris, 2006.

FELDENS, Luciano. *Comentário ao artigo 5º*, inciso XLIII. In: CANOTILHO, J.J. Gomes; MENDES, Gilmar F.; SARLET, Ingo W.; STRECK, Lenio L. (Coords.). Comentários à Constituição do Brasil. São Paulo: Saraiva/Almedina, 2013.

FERNANDES, Florestan. *A revolução burguesa no Brasil: ensaio de interpretação sociológica*. 5.ed. São Paulo: Globo, 2005. G1. Belo Horizonte participa do 'Dia da Liberdade de Impostos'. Disponível em: <http://g1.globo.com/minas-gerais/noticia/2016/06/belo-horizonte-participa-do-dia-da-liberdade-de-impostos.html>. Acesso em 31 de julho de 2016.

FERNANDES, Jorge Henrique C. *Um estudo da necessidade de informação como estratégia para combate ao crime cibernético*. In: Segurança Pública e Cidadania. Brasília. V. 2. N. 2, p. 139-153, jul-dez. 2009. Disponível em: file:///C:/Users/prisc/Downloads/93-302-1-PB.pdf. Acesso em: 07 nov. 2016.

FERRAJOLI, Luigi, *Derechos y garantias*: La ley del más débil. 2. ed. Madrid: Trotta, 2001.

FERRAJOLI, Luigi. *Diritto e ragione*: teoria del garantismo penale. 8 ed. Bari: Laterza, 2004.

FERRAJOLI, Luigi. *Direito e Razão*. São Paulo: Revista dos Tribunais, 2011.

FERRAJOLI, Luigi. *"Filosofía del mal y garantismo"*, in: FORERO, A.; RIVERA BEIRAS, I.; SILVEIRA, H. C. (Orgs.). Filosofía del mal y memoria. Barcelona: Anthropos, 2012, p. 99-125.

FRAGOSO, Heleno Cláudio. *A Nova Lei de Segurança Nacional*. http://www.fragoso.com.br/eng/arq_pdf/heleno_artigos/arquivo32.pdf. (Jan-jun de 1983).

FRAGOSO, Heleno Cláudio. *Lições de Direito Penal*: Parte Geral. 15 ed. Rio de Janeiro: Forense, 1994.

FRANCO, Alberto Silva et. al. *Código Penal e sua interpretação*: doutrina e jurisprudência. São Paulo: Revista dos Tribunais. 8ª. ed., rev., atual. e amp.

FRANCO, Alberto Silva. *Crimes hediondos*. 6ª ed. rev. atual. e ampl. São Paulo: Ed. Revista dos Tribunais, 2007.

FRANK, Reinhard. *Das Strafgesetzbuch für das Deutsche Reich nebst Einführungsgesetz*. 18. ed. Tübingen: J. C. B. Mohr, 1931.

GALÁN MUÑOZ, Alfonso. *"La problemática utilización del principio de precaución como referente de la política criminal del moderno derecho penal. ¿Hacia un derecho penal del miedo a lo desconocido o hacia uno realmente preventivo? "*. In: Revista General de Derecho Penal, V. 23, Iustel, 2015.

GALVÃO, Fernando. *Direito Penal – Parte Geral*. 5 ed. São Paulo: Saraiva, 2013.

GARCÍA ANDRADE, José Antonio. *La xenofobia y el crimen*. Cuadernos de política criminal, n. 54. Madrid : Dykinson, 1994, p. 915-926.

GARGARELLA, Roberto. *El derecho a la Protesta:* El primer derecho. 1 ed. Buenos Aries: Ad-Hoc, 2007.

GARÓFALO, Raffaele. *La Criminología*. Trad. de Pedro Dorado Montero. Montevideo-Buenos Aires: BdeF, 2005.

Gases Tóxicos. Portal da Educação. 30 nov. 2012. Disponível em: <https://www.portaleducacao.com.br/farmacia/artigos/22624/gases-toxicos>. Acesso em: 11 de novembro de 2016.

GIACOMOLLI, Nereu José. *O devido processo penal: abordagem conforme a Constituição Federal e o Pacto de São José da Costa Rica*. São Paulo: Atlas, 2014.

GOHN, Maria da Glória. *A sociedade brasileira em movimento: vozes das ruas e seus ecos políticos e sociais*. Cad. CRH, Salvador , v. 27, n. 71, p. 431-441, Disponível em <http://www.scielo.br/scielo.php?script=sci_arttext&pid=S0103-49792014000200013&lng=en&nrm=iso>. Acesso em 20 jul. 2016.

GOLDER, Ben; WILLIAMS, George. What is "Terrorism"? Problems of Legal Definition. In: *University of New South Wales Law Journal*, Vol. 27, n. 2, 2004.

GOMES, Luiz Flávio; BIANCHINI, Alice. *Criminalidade Econômica Organizada*. In: OLIVEIRA, William Terra de; LEITE NETO, Pedro Ferreira; ESSADO, Tiago Cintra; SAAD-DINIZ, Eduardo. *Direito penal econômico:* Estudos em homenagem aos 75 anos do Professor Klaus Tiedmann. São Paulo: LiberArs, 2013, p. 175-189.

GÓMEZ, Eusebio. *Tratado de Derecho penal*, t.I. Buenos Aires: Compañia Argentina de Editores, 1939.

GONÇALVES, Luiz Carlos dos Santos. *Mandamentos expressos de criminalização e a proteção de direitos fundamentais na Constituição brasileira* de 1988. Belo Horizonte: Fórum, 2007.

GOVERNO DO PARANÁ. SECRETARIA DA EDUCAÇÃO. *Gases Tóxicos.* Disponível em: <http://www.quimica.seed.pr.gov.br/modules/conteudo/conteudo. php?conteudo=240>. Acesso em: 11 de novembro de 2016.

GRECO, Rogério. *Curso de Direito Penal*, parte especial, vol. IV: dos arts. 250 a 361 do Código Penal. 11.ed. Niterói: Impetus,2015.

GRECO, Luís. *Breves reflexões sobre os princípios da proteção de bens jurídicos e da subsidiariedade no Direito Penal.* In: SCHMIDT, Andrei Zenkner (coord). *Novos rumos do Direito Penal Contemporâneo:* Livro em homenagem ao Prof. Dr. Cezar Roberto Bitencourt. Rio de Janeiro: Lumen Juris, 2006, p. 401-426.

GUASTINI, Vicente Celso da Rocha. Arts. 122 a 129 (capt e §§ 1º ao 5º). In: FRANCO, Alberto Silva; STOCO, Rui. Código Penal e sua interpretação jurisprudencial. vol. 2. 7. ed. São Paulo: Revista dos Tribunais, 2001, p. 2209-2236.

GUIMARÃES, Marcello Ovidio Lopes. *Tratamento Penal do Terrorismo.* São Paulo: Quartier Latin, 2007.

HÄBERLE, Peter. Estado constitucional cooperativo. Trad. Marcos Augusto Maliska e Elisete Antoniuk. Rio de Janeiro: Renovar, 2007.

HIPPEL, Robert von. *Deutsches Strafrecht. Zweiter Band: das Verbrechen:* Allgemeine Lehre. Berlin: Springer, 1930.

HORN, Norbert. *Introdução à ciência do Direito e à filosofia jurídica.* Porto Alegre: Sergio Antonio Fabris Editor, 2005.

HOUAISS, Antônio; VILLAR, Mauro de Salles. *Dicionário Houaiss da língua portuguesa.* Rio de Janeiro: Objetiva, 2009.

HUNGRIA, Nélson. *Comentários ao Código Penal*, vol. IX . 2. ed. Rio de Janeiro: Forense, 1959.

IHERING, Rudolf Von. *A luta pelo direito.* São Paulo: Martin Claret, 2005.

IUDÍCIBUS, Sérgio de. *Contabilidade introdutória.* São Paulo: Atlas, 2010.

JAKOBS, Günther. *Direito Penal do Inimigo. Noções e Críticas.* Porto Alegre: Livraria do Advogado, 2012.

JESCHECK, Hans-Heinrich; WEIGAND, Thomas. *Tratado de Derecho Penal.* 5. ed. Trad. de Miguel Olmedo Cardenete. Comares: Granada, 2002.

JESUS, Damásio E. de. *Direito Penal;* Parte Especial. 22a ed. São Paulo: Saraiva, 1992.

JIMÉNEZ DE ASÚA, Luiz. *Principios de Derecho Penal – La ley y el delito.* Buenos Aires: Abeledo-Perrot, 1990.

JUNQUEIRA, Gustavo Diniz. *Legislação Penal Especial.* São Paulo: Saraiva, 2010.

JUSTEN FILHO, Marçal. *Curso de Direito Administrativo.* 2ª ed., rev. e atual. São Paulo: Saraiva, 2006.

KARAM, Maria Lúcia. *Competência no Processo Penal.* 3ª ed., rev. e atual. São Paulo: Revista dos Tribunais, 2002.

KAROLYI, George Andrew; MARTELL, Rodolfo. *Terrorism and the Stock Market.* http://dx.doi.org/10.2139/ssrn.823465 (Junho de 2006).

KHAN, Ali. A Theory of International Terrorism. In: *Connecticut Law Review,* Vol. 19, 1987. MENDES, Gilmar Ferreira. Direitos fundamentais e controle de constitucionalidade. 4 ed. São Paulo: Saraiva, 2012.

KNOPFHOLZ, Alexandre. *A denúncia Genérica nos crimes econômicos.* Porto Alegre: Nuria Fabris, 2013.

LASSALLE, Ferdinand. A *Essência da Constituição.* 4. ed. Rio de Janeiro: Lúmen Juris, 1998.

LIMA, Renato Brasileiro de. *Manual de Competência Criminal.* Niterói: Impetus, 2013.

LOPES JUNIOR, Aury. *Direito Processual Penal.* 11ª ed. São Paulo: Saraiva, 2014.

LOPES JUNIOR, Aury; GLOECKNER, Ricardo Jacobsen. *Investigação Preliminar no Processo Penal.* 5ª ed., rev. atual. e ampl. São Paulo: Saraiva, 2013.

MARQUES, Camila; RIELLI, Mariana. *PL antiterrorismo é ameaça a movimentos sociais e manifestantes.* http://www.conjur.com.br/2016-mar-15/pl-antiterrorismo-ameaca-movimentos-sociais-manifestantes.(Março de 2016).

MARTINELLI, João Paulo Orsini; BEM, Leonardo Schmitt de. *Lições fundamentais de Direito Penal:* Parte Geral. São Paulo: Saraiva, 2016.

MARTÍNEZ-BUJÁN PÉREZ, Carlos. *Derecho Penal económico y de la empresa* – parte general. 2ª Ed. Valencia: Tirant lo Blanch, 2007.

MATTOS, Rodrigo. *"Prisões foram para dissuadir outros terroristas"*, diz ministro. Disponível em: <http://olimpiadas.uol.com.br/noticias/redacao/2016/07/24/prisoes-foram-para-dissuadir-outro-terroristas-diz-ministro.htm>. Acesso em 25 jul. 2016.

MAURACH, Reinhart; GÖSSEL, Karl Heinz; ZIPF, Heinz. *Derecho penal.* Parte General. 2. Trad. de Jorge Bofill Genzsch. Buenos Aires: Astrea, 1995.

MAYER, Max Ernst. *Derecho penal.* Parte General. Trad. de Sergio Politoff Lifschitz. Buenos Aires-Montevideo: BdeF, 2007.

MEIERRIEKS, Daniel; KRIEGER, Tim. *What Causes Terrorism?* http://dx.doi.org/10.2139/ssrn.114868, (Junho de 2009).

MIR PUIG, Santiago. *Derecho Penal:* Parte Geral. 7 ed. Barcelona: Editorial Reppertor, 2004.

MIRANDA, Jorge. *Os direitos fundamentais e o terrorismo: os fins nunca justificam os meios, nem para um lado, nem para outro.* In: COSTA, José de Faria; SILVA, Marco Antonio Marques da. (Coord.). *Direito Penal Especial, Processo Penal e Direitos Fundamentais:* Visão Luso-Brasileira. São Paulo: Quartier Latin, 2006, p. 171-185.

MOURA, Maria Thereza Rocha de Assis; SAAD, Marta. *Código Penal e sua Interpretação: Doutrina e Jurisprudência.* Alberto Silva Franco e Rui Stoco (Coord). 8 ed. São Paulo: Editora Revista dos Tribunais, 2007.

Muçulmanos são um terço dos mortos em atentado terrorista em Nic. UOL. 19 jul. 2016. Inter. Disponível em: <http://noticias.uol.com.br/internacional/ultimas-noticias/2016/07/19/muculmanos-sao-um-terco-dos-mortos-em-atentado-terrorista-em-nice.htm>. Acesso em: 07 out. 2016.

MUÑOZ CONDE, Francisco; GARCÍA ARÁN, Mercedes. *Derecho penal.* Parte General. 8. ed. Valencia: Tirant lo Blanch, 2010.

MUÑOZ CONDE, Francisco. *Direito Penal. Parte Especial.* 20. ed. Valencia, Tirant lo Blanch, 2015.

NORONHA, E. Magalhães. *Direito Penal,* vol. II. 29 ed. São Paulo: Saraiva, 1991.

NUCCI, Guilherme de Souza. *Código Penal Comentado.* 13. ed. São Paulo: Revista dos Tribunais, 2013.

NUCCI, Guilherme de Souza. *Leis penais e processuais penais comentadas*. 4. ed. São Paulo: Revista dos Tribunais, 2009.

NUCCI, Guilherme de Souza. *Leis Penais e Processuais Penais Comentadas*. 6 ed. 1 vol. São Paulo: Editora Revista dos Tribunais, 2012.

NUÑEZ CASTAÑO, Elena. *Los delitos de colaboración con organización y grupos terroristas*. Valencia, Tirant lo Blanch, 2013.

PACELLI, Eugênio; FISCHER, Douglas. *Comentários ao Código de Processo Penal e sua Jurisprudência*. 8ª ed. rev., atual. e ampl. São Paulo: Atlas, 2016.

PATARA, Alexandre Augusto. Arts. 286 a 288-A. In: JALIL, Maurício Schaun; GRECO FILHO, Vicente. *Código Penal Comentado*: Doutrina e Jurisprudência. Barueri: Manole, 2016, p. 727-740.

PINHO, Márcio; SANTIAGO, Tatiana. *Nova versão da Marcha da Família percorre ruas do Centro de SP*. Disponível em: <http://g1.globo.com/sao-paulo/noticia/2014/03/manifestantes-se-reunem-para-nova-versao-da-marcha-da-familia-em-sp.html>. Acesso em 16 jul. 2016.

PIOVESAN, Flávia. *Direitos Humanos e o Direito Constitucional Internacional*. São Paulo: Saraiva, 2008.

PIOVESAN, Flávia. *Direitos Humanos e o Direito Constitucional Internacional*. 11ª ed., rev. e atual. São Paulo: Saraiva, 2010.

PIOVESAN, Flávia. Comentário ao artigo 4º, inciso VIII. In: CANOTILHO, J.J. Gomes; MENDES, Gilmar F.; SARLET, Ingo W.; STRECK, Lenio L. (Coords.). *Comentários à Constituição do Brasil*. São Paulo: Saraiva/Almedina, 2013.

PITCH, Tamar. *La sociedad de la prevención*. Buenos Aires: Ad-Hoc, 2009.

PONTES DE MIRANDA, Francisco Cavalcanti. *Comentários à Constituição de 1967*. Tomo IV (Arts. 113-150, § 1º). São Paulo: Revista dos Tribunais, 1967.

PRADO, Luiz Regis, CARVALHO, Érika Mendes de. *Delito político e terrorismo: uma aproximação conceitual*. Disponível em: http://www.professorregisprado.com/Artigos/Luiz%20Regis%20Prado/Delito%20pol%EDtico%20e%20terrorismo.pdf. Acesso em: 11 de julho de 2016.
ROSA, Alexandre Morais da. *Guia Compacto do Processo Penal Conforme a Teoria dos Jogos*. 3ª ed. rev. atual e ampl. Florianópolis: Empório do Direito, 2016.

ROSA, Alexandre Morais da; AMARAL, Augusto Jobim do. *A cultura da punição*: a ostentação do horror. 2. ed. Florianópolis: Empório do Direito, 2015.

ROXIN, Claus. Derecho Penal. Parte General. Tomo I. Fundamentos. *La Estructura de la Teoría del Delito*. Traducción y Notas. 2ª ed. alemaña. 1ª reimpresión. Diego-Manuel Luzón Peña; Miguel Díaz y García Conlledo; Javíer de Vicente Remesal. Madrid: Civitas, 1997.

ROXIN, Claus. *Estudos de Direito Penal*. Tradução Luís Greco. Rio de Janeiro: Renovar, 2006.

SABADELL, Ana Lucia. *Manual de Sociologia Jurídica: Introdução a uma leitura externa do Direito*. 5. ed. São Paulo: Revista dos Tribunais, 2010

SALVADOR NETTO, Alamiro Velludo. *Direito Penal e Propriedade Privada*: A racionalidade do sistema penal na tutela do patrimônio. São Paulo: Atlas, 2014.
SAMPAIO DORIA, Antônio. *Direito constitucional*: comentários a Constituição de 1946. TII. p. 57. Apud: SILVA, José Afonso da. Curso de Direito Constitucional Positivo. 16. ed. rev. e atual. São Paulo: Malheiros Editores, 1998.

SANTOS, Juarez Cirino dos. *Direito Penal*: Parte Geral. Curitiba: ICPC, 2006.

SANTOS, Juarez Cirino dos. *Direito Penal*: Parte geral. 6. ed. Curitiba: ICPC Cursos e Edições, 2014.

SARMENTO, Daniel; SOUZA NETO, Cláudio Pereira de. *Direito constitucional*: teoria, história e métodos de trabalho. 2 ed. Belo Horizonte: Fórum, 2014.

SCHWARCZ, Lilia Moritz. *Racismo no Brasil*. 2. ed. São Paulo: Publifolha, 2012.

SHECAIRA, Sérgio Salomão. Racismo (noticiário). *In*: ESCRITOS em homenagem a Alberto Silva Franco. São Paulo: Revista dos Tribunais, 2003, p. 401-418.
SILVA, De Plácido e. *Vocabulário Jurídico*. 15. ed. Rio de Janeiro: Editora Forense, 1999.

SILVA, Eduardo Sanz de Oliveira e. *Direito Penal Preventivo e os Crimes de Perigo*. In: COSTA, Jose de Faria (Coord.). *Temas de Direito penal Económico*. Coimbra: Coimbra ed. 2005, p. 251-283.

SILVA, José Afonso da. *Curso de Direito Constitucional Positivo*. 16. ed. rev. e atual. São Paulo: Malheiros Editores, 1998.

SILVA, Oscar Joseph de Plácido e. *Vocabulário Jurídico*. Atualizadores: Nagib Slaibi Filho e Gláucia Carvalho. 24. ed. Rio de Janeiro:Forense, 2004.

SILVA SÁNCHEZ, Jesús María. *Lecciones de Derecho Penal*: parte especial. Barcelona: Atelier, 2006.

SILVA SÁNCHEZ, Jesús María. *La expansión del derecho penal*: aspectos de la política criminal en las sociedades postindustriales. Madrid; Montevideo: Edisofer; B de F, 2011.

SILVA SÁNCHEZ, Jesús-María. *A expansão do direito penal*: aspectos da política criminal nas sociedades pós-industriais. [Tradução Luiz Otávio de Oliveira Rocha]. 3. ed. rev. e atual. São Paulo: Editora Revista dos Tribunais, 2013.

SILVA SÁNCHEZ, Jesús-María. ¿Derecho penal regulatorio? *InDret Penal*, Barcelona, n. 2, 2015.

SILVEIRA, Fabiano Augusto Martins. *Da criminalização do racismo*: Aspectos jurídicos e sociocriminológicos. Belo Horizonte: Del Rey, 2007.

SILVEIRA, Renato de Mello Jorge. *A segurança como critério de estipulação de crimes*. In: GRECO, Luís; MARTINS, António Carvalho. *Direito penal como crítica da pena*: estudos em homenagem a Juarez Tavares por seu 70° aniversário em 2 de setembro de 2012. Madrid: Marcial Pons, 2012, p. 649-659.

SILVEIRA, Renato de Mello Jorge. *Organização e associação criminosa nos crimes econômicos*: Realidade típica ou contradição em termos? In: OLIVEIRA, William Terra de; LEITE NETO, Pedro Ferreira; ESSADO, Tiago Cintra; SAAD-DINIZ, Eduardo. *Direito penal econômico*: Estudos em homenagem aos 75 anos do Professor Klaus Tiedmann. São Paulo: LiberArs, 2013, p. 157-173.

SINGER, André. Brasil, junho de 2013: *Classes e ideologias cruzadas*. Disponível em: <http://www.scielo.br/scielo.php?script=sci_arttext&pid=S0101-33002013000300003>. Acesso em 18 jul. 2016.

SOUZA, Gills Lopes Macêdo; PEREIRA, Dalliana Vilar. *A Convenção de Budapeste e as leis brasileiras. Trabalho apresentado e aceito para publicação nos Anais do 1°*

Seminário Cibercrime e Cooperação Penal Internacional, organizado pelo CCJ da UFPB e pela *Association Internacionale de Lutte Contra la Cybercriminalite (França)*, João Pessoa/PB, maio de 2009. Disponível em: http://www.charlieoscartango.com.br/Images/A%20convencao%20de%20Budapeste%20e%20as%20leis%20brasileiras.pdf. Acesso em: 07 nov. 2016.

SZNICK, Valdir. *Comentários à Lei dos Crimes Hediondos*. São Paulo: Edição Universitária de Direito, 1991.

TANGERINO, Davi de Paiva Costa; D'AVILA, Fábio Roberto; CARVALHO, Salo de. O *direito penal na "luta contra o terrorismo": delineamentos teóricos a partir da criminalização dos movimentos sociais* (o caso dos trabalhadores rurais sem-terra). In: ZILIO, Jacson; BOZZA, Fábio. *Estudos críticos sobre o sistema penal: homenagem ao Professor Doutor Juarez Cirino dos Santos por seu 70º aniversário*. Curitiba: LedZe Editora, 2012. pp. 639-677.

TAVARES, Juarez. *Teoria do Injusto* Penal. 3. ed. Belo Horizonte: Del Rey, 2003.

TÁVORA, Nestor; ALENCAR, Rosmar Rodrigues. *Curso de Direito Processual Penal*. 10ª ed. Salvador: JusPodivum, 2015.

TELES, Nei Moura. *Direito penal. Parte especial* III. São Paulo: Atlas, 2004.

VARGAS, José Cirilo de. *Introdução ao estudo dos crimes em espécie*. Belo Horizonte: Del Rey, 1993.

WALTER, Christian. *Defining terrorism in national and international law*. Disponível em: https://www.unodc.org/tldb/bibliography/Biblio_Terr_Def_Walter_2003.pdf. Acesso em: 15 de julho de 2015.

WELZEL, Hans. *Derecho penal alemán*. 4. ed. Trad. de Juan Bustos Ramírez e Sérgio Yáñez Pérez. Santiago: Editorial Jurídica de Chile, 1997.

WESSELS, Johannes. *Derecho penal. Parte General*. Trad. de Conrado Finzi, Buenos Aires: Depalma, 1980.

WITTGENSTEIN, Ludwig. *Investigações filosóficas*. 7a. ed., trad. de Marcos G. Montagnoli, Petrópolis: Vozes, 2012.

YOO, John, HO, James C. The Status of Terrorists. In: *Virginia Journal of International Law*, Agosto/2003.
ZAFFARONI, Eugenio Raúl; PIERANGELI, José Henrique. *Da tentativa*. 5. ed. São Paulo: Revista dos Tribunais, 1998.

ZAFFARONI, Eugenio Raúl; ALAGIA, Alejando; SLOKAR, Alejandro. *Derecho penal. Parte General.* 2. ed. Buenos Aires: Ediar, 2002.

ZAFFARONI, Eugenio Raúl; PIERANGELI, José Henrique. *Manual de direito penal brasileiro:* parte geral. 5 ed. São Paulo: Revista dos Tribunais, 2004.

ZAFFARONI, Eugenio Raúl; PIERANGELI, José Henrique. *Manual de Direito Penal brasileiro* – volume 1 – parte geral. 9.ed. São Paulo: Revista dos Tribunais, 2009.

ZAFFARONI, Eugenio Raúl; BATISTA, Nilo; ALAGIA, Alejandro; SLOKAR, Alejandro. *Direito penal brasileiro: teoria geral do direito penal.* Vol. 1. 2 ed. Rio de Janeiro: Revan, 2003.

ZAFFARONI, Eugenio Raúl. *Derecho Penal – Parte General.* Buenos Aires: Ediar, 2007.

ZAFFARONI, Eugenio Raúl. *A questão criminal.* Trad. Sérgio Lamarão. 1. ed. Rio de Janeiro: Revan, 2013.

Impressão e Acabamento:

EXPRESSÃO & ARTE
EDITORA E GRÁFICA

Fones: (11) 3951-5240 | 3951-5188 | 3966-3488
E-mail: atendimento@expressaoearte.com
www.graficaexpressaoearte.com.br